上海政法學院 建校40周年系列丛书
SHANGHAI UNIVERSITY OF POLITICAL SCIENCE AND LAW

北京仲裁委员会/北京国际仲裁中心科研基金资助项目

# 中俄经贸投资指南

姜思源◎著

法律出版社
LAW PRESS·CHINA
北京

**图书在版编目（CIP）数据**

中俄经贸投资指南 / 姜思源著. -- 北京 : 法律出版社, 2024. -- ISBN 978-7-5197-9592-4

Ⅰ. F752.751.2-62

中国国家版本馆 CIP 数据核字第 2024B700D2 号

**中俄经贸投资指南**
**ZHONG E JINGMAO TOUZI ZHINAN**

姜思源 著

责任编辑 韩满春
装帧设计 李　瞻

**出版发行** 法律出版社
**编辑统筹** 学术·对外出版分社
**责任校对** 王语童
**责任印制** 胡晓雅　宋万春
**经　　销** 新华书店

**开本** 710 毫米×1000 毫米　1/16
**印张** 18.5　　**字数** 301 千
**版本** 2024 年 11 月第 1 版
**印次** 2024 年 11 月第 1 次印刷
**印刷** 北京新生代彩印制版有限公司

地址:北京市丰台区莲花池西里 7 号(100073)
网址:www.lawpress.com.cn
投稿邮箱:info@lawpress.com.cn
举报盗版邮箱:jbwq@lawpress.com.cn

销售电话:010-83938349
客服电话:010-83938350
咨询电话:010-63939796



**书号**:ISBN 978-7-5197-9592-4
**定价**:88.00 元

凡购买本社图书,如有印装错误,我社负责退换。电话:010-83938349

# 上海政法学院建校四十周年系列丛书
# 总序

四秩芳华，似锦繁花。幸蒙改革开放的春风，上海政法学院与时代同进步，与法治同发展。如今，这所佘山北麓的高等政法学府正以稳健铿锵的步伐在新时代新征程上砥砺奋进。建校四十年来，学校始终坚持“立足政法、服务上海、面向全国、放眼世界”的办学理念，秉承“刻苦求实、开拓创新”的校训精神，走“以需育特、以特促强”的创新发展之路，努力培养德法兼修、全面发展，具有宽厚基础、实践能力、创新思维和全球视野的高素质复合型应用型人才。四十载初心如磐，奋楫笃行，上海政法学院在中国特色社会主义法治建设的征程中书写了浓墨重彩的一笔。

上政之四十载，是蓬勃发展之四十载。全体上政人同心同德，上下协力，实现了办学规模、办学层次和办学水平的飞跃。步入新时代，实现新突破，上政始终以敢于争先的勇气奋力向前，学校不仅是全国为数不多获批教育部、司法部法律硕士（涉外律师）培养项目和法律硕士（国际仲裁）培养项目的高校之一；法学学科亦在“2022 软科中国最好学科排名”中跻身全国前列（前 9%）；监狱学、社区矫正专业更是在“2023 软科中国大学专业排名”中获评 A+，位居全国第一。

上政之四十载，是立德树人之四十载。四十年春风化雨、桃李芬芳。莘莘学子在上政校园勤学苦读，修身博识，尽显青春风采。走出上政校门，他们用出色的表现展示上政形象,和千千万万普通劳动者一起,绘就了社会主义现代化国家建设新征程上的绚丽风景。须臾之间,日积月累,学校的办学成效赢得了上政学子的认同。根据2023软科中国大学生满意度调查结果,在本科生关注前20的项目上,上政9次上榜,位居全国同类高校首位。

上政之四十载,是胸怀家国之四十载。学校始终坚持以服务国家和社会需要为己任,锐意进取,勇担使命。我们不会忘记,2013年9月13日,习近平主席在上海合作组织比什凯克峰会上宣布,"中方将在上海政法学院设立中国-上海合作组织国际司法交流合作培训基地,愿意利用这一平台为其他成员国培训司法人才。"十余年间,学校依托中国-上合基地,推动上合组织国家司法、执法和人文交流,为服务国家安全和外交战略、维护地区和平稳定作出上政贡献,为推进国家治理体系和治理能力现代化提供上政智慧。

历经四十载开拓奋进,学校学科门类从单一性向多元化发展,形成了以法学为主干,多学科协调发展之学科体系,学科布局日益完善,学科交叉日趋合理。历史坚定信仰,岁月见证初心。建校四十周年系列丛书的出版,不仅是上政教师展现其学术风采、阐述其学术思想的集体亮相,更是彰显上政四十年发展历程的学术标识。

著名教育家梅贻琦先生曾言,"所谓大学者,有大师之谓也,非谓有大楼之谓也。"在过去的四十年里,一代代上政人勤学不辍、笃行不息,传递教书育人、著书立说的接力棒。讲台上,他们是传道授业解惑的师者;书桌前,他们是理论研究创新的学者。《礼记·大学》曰:"古之欲明明德于天下者,先治其国"。本系列丛书充分体现了上政学人想国家之所想的高度责任心与使命感,体现了上政学人把自己植根于国家、把事业做到人民心中、把论文写在祖国大地上的学术品格。激扬文字间,不同的观点和理论如繁星、似皓月,各自独立,又相互辉映,形成了一幅波澜壮阔的学术画卷。

吾辈之源,无悠长之水;校园之草,亦仅绿数十载。然四十载青葱岁月光阴荏苒。其间,上政人品尝过成功的甘甜,也品味过挫折的苦涩。展望未来,如何把握历史机遇,实现新的跨越,将上海政法学院建成具有鲜明政法特色的一流应用型大学,为国家的法治建设和繁荣富强作出新的贡献,是所有上政人努力的目标和方向。

四十年,上政人竖起了一方里程碑。未来的事业,依然任重道远。今天,借建校四十周年之际,将著书立说作为上政一个阶段之学术结晶,是为了激励上政学人在学术追求上续写新的篇章,亦是为了激励全体上政人为学校的发展事业共创新的辉煌。

党委书记 葛卫华教授
校　　长 刘晓红教授
2024 年 1 月 16 日

# 目　录

# 1. 俄罗斯投资环境分析

## 1.1 俄罗斯经济环境

近年来,俄罗斯经济发展的中心词可以总结为“经济复苏”。在世界新冠疫情形势影响下,2021 年俄罗斯 GDP 增长仍势头强劲,预计增速可达 4.7%,预计名义国民生产总值为 130.8 万亿卢布,比 2020 年增长 22 个百分点。展望 2022 年,地缘政治、西方国家制裁等风险因素影响力的急剧上升给俄罗斯经济发展带来了不确定性,预计 2022 年经济维稳和抗通货膨胀将取代“经济复苏”,成为该年度经济发展的主要基调。

2021 年,俄罗斯经济成果丰硕,在 5 个方面均超越了历史最佳纪录。

第一,投资者数量达到了史无前例的规模。

2021 年,资本市场发展提速,受贷款利率放宽等影响,在开户数量、交易活跃度和交易完成数量方面均达到了新的水平。据莫斯科交易所数据,2021 年个人投资者交易账户数量为 2650 万户,自然人投资者数量为 1620 万人。11 月交易人数超过 260 万人,活跃度达到峰值。圣彼得堡交易所数据显示,截至 11 月底,交易所登记账户数量为 1740 万户,也突破了历史最高纪录。

第二,俄罗斯农产品出口规模刷新纪录。

俄罗斯联邦农业部数据显示,截至 2021 年 12 月 12 日,俄罗斯农产品出口数量为 6110 万吨,出口额为 335 亿美元,刷新了历史纪录。

从出口农作物结构来看，油料作物出口增长幅度较大，较年初增长 50.0%，占农作物出口总量的 19.7%，主要运往土耳其、中国；粮食作物出口比重最大为 30.4%，较 2020 年增长 10 个百分点，主要出口国是土耳其和埃及；鱼类及海产品出口占比为 19.1%，比 2020 年增长 29.0%，主要运往韩国和欧盟各国；肉类、奶制品等其他加工农产品出口比重合计占到 13.4%，同比增长 11.0%。

第三，GDP 增长创历史峰值。

据俄罗斯联邦统计局数据，2021 年第二季度 GDP 增长达 10.5%，打破了 2000 年创造的同期增长历史纪录。俄罗斯联邦统计局公布的数据显示，2021 年前三个季度，GDP 为 91.53 万亿卢布。俄罗斯联邦财政部预计，2021 年 GDP 增速将达到 3.8%—4.2%。

第四，俄罗斯国产疫苗出口增长创历史记录。

据俄罗斯联邦海关数据，2021 年前三季度，包括抗新冠疫苗卫星-V 在内的俄罗斯国产疫苗出口量共计 60.86 万剂，出口额超过 12 亿美元，仅 10 月疫苗出口额就达到了 3.56 亿美元，创造了近 10 年来俄罗斯疫苗出口的最高纪录。疫苗主要销往阿富汗、墨西哥、阿拉伯联合酋长国、哈萨克斯坦和印度。

第五，俄罗斯国际储备资产空前充盈。

据俄罗斯银行数据，截至 2021 年 12 月 3 日，国际储备资产达 6228 亿美元。这主要得益于 2021 年 8 月从世界货币组织取得的特别提款权储备金的增加，该储备金超过 175 亿美元。从资产结构上来看，73%的资产为外汇储备，黄金储备占 21%，特别提款权占 4%，世界货币组织储备占 0.8%，其他资产占 0.6%。

据莫斯科国际贸易中心金融分析师预估，2022 年俄罗斯 GDP 增长水平将在 1.5%左右。俄罗斯经济发展将取决于 OPEC 协议框架下放宽能源开采配额程度，以及受新冠疫情影响而搁置的投资项目的完成情况。

根据俄罗斯联邦政府于 2021 年 9 月作出的 2022 年度政府财政预算，较 2021 年度财政预算支出减少了 2.0%。据莫斯科国际贸易中心金融专家分析，上述财政预算并不能够满足 2022 年度经济发展的需要：一是制定预算时对 2021 年通胀水平的预估是 5.8%，而现实通胀水平已达到 8.0%—8.5%；二是自 2022 年起，公民福利基金将纳入财政支出，这将给劳动力市场造成压力；三是实现无碳化经济转型，需要每年约 32 亿卢布的财政资金投入。

## 1.2　俄罗斯重点产业及发展规划

### 一、重点产业

在矿产资源开采、军工、航空航天领域,俄罗斯均跻身世界前列。近几年,俄罗斯竞争力提升的领域有石油天然气、贵重金属及宝石的开采加工、火箭航空器制造、核工业、军工生产、电力、造纸业、汽车工业等。

(一)能源产业

石油天然气工业长期以来在俄罗斯经济中发挥着核心作用。以石油为例,据俄罗斯联邦统计局数据,2021 年俄罗斯石油产量为 5. 24 亿吨,出口量为 2. 3 亿吨,出口比例为 43. 9%,石油出口占俄罗斯全年出口总额的比重为 22. 4%,俄罗斯成为世界第二大石油出口国。据俄罗斯联邦海关数据,2021 年俄罗斯出口总额为 4933 亿美元,比 2020 年增长了 45. 7%,其中,能源出口占 54. 3%,比 2020 年增长了 4. 6 个百分点,比重增加主要是受到国际能源价格上涨的影响。本行业主要企业包括:(1)俄罗斯石油公司(Роснефть),成立于 1995 年,是俄罗斯最大的国有石油公司,2021 年产量为 1. 85 亿吨;(2)卢克石油公司(ЛУКОЙЛ),成立于 1991 年,是俄罗斯最大的私人石油公司,2021 年产量为 7573 万吨;(3)苏尔古特石油天然气股份公司(Сургутнефтегаз),成立于 1993 年,2021 年石油产量为 5545 万吨;(4)天然气工业股份公司(Газпром нефть),成立于 1993 年,主要从事天然气勘探、开采、运输、加工和销售,为俄罗斯营业额最高和利润最大的公司,也是世界最大的天然气开采企业,2021 年石油产量为 3857 万吨;(5)鞑靼石油(Татнефть),2021 年石油产量为 2783 万吨;(6)斯拉夫石油(Славнефть),2021 年石油产量为 983 万吨;(7)诺瓦泰克公司(НОВАТЭК),是俄罗斯最大的独立天然气生产商,主要从事天然气和液态烃的勘探、生产、加工和销售,2021 年石油产量为 805 万吨;(8)罗斯石油(РуссНефть),2021 年石油产量为 668 万吨。

(二)冶金行业

俄罗斯矿产资源丰富,铁、铝、铜、镍等金属矿产的储量和产量都居于世界前列,矿石开采和冶金行业在俄罗斯经济中发挥着重要作用,其产值约占 GDP

的5%。除能源外，冶金产品也是俄罗斯主要出口商品之一。2021年，冶金产品出口额为511.25亿美元，占出口总额的10.4%，仅次于能源出口，其中，黑色金属及金属制品出口额为328.71亿美元，有色金属及金属制品出口额为170.28亿美元。俄罗斯该行业中的领军企业包括：(1)极地公司(Полюс)，俄罗斯最大的黄金生产企业；(2)新利佩茨克钢铁联合企业(Новолипецкий металлургический комбинат)，俄罗斯最大的冶金企业；(3)俄罗斯铝业联合公司(РУСАЛ)，世界最大的铝和氧化铝生产企业；(4)冶金投资公司(Металлоинвест)，世界最大的铁矿生产企业之一；(5)马格尼托戈尔斯克冶金联合企业(МАГНИТОГОРСКИЙ МЕТАЛЛУРГИЧЕСКИЙ КОМБИНАТ)，世界最大的黑色金属冶金公司之一。

(三)农业

俄罗斯农业在GDP中所占份额为4.5%左右。2021年农产量实际比2020年减少1.3%，其中粮食产量为1.2亿吨，比2020年减少9.1%。俄罗斯联邦农业部数据显示，截至2021年12月12日，俄罗斯农产品出口数量为6110万吨，出口额为335亿美元，刷新了历史纪录，其对出口贸易的贡献率仅低于能源产品、金属及金属制品和化工产品，以7.3%的比重位居第四。但与2020年相比，农产品出口所占比重下降约1.5个百分点，差异的产生原因是受到了国际市场粮食价格上涨的影响。农业领域主要的俄罗斯企业有：(1)友谊集团(Содружество)，主要从事油料作物加工；(2)俄农集团(Русагро)，主要从事糖料、油料作物及粮食种植、猪畜养殖；(3)艾芙科集团(Эфко)，主要从事植物油精炼；(4)世界贸易农业集团(Мираторг)，主要从事畜牧业、种植业及加工业；(5)切尔基佐沃集团(Черкизово)，主要从事猪畜、禽类养殖、肉制品加工生产；(6)达诺集团(Данон)，主要从事奶品、果汁、饮用水等饮品生产。

## 二、发展规划

2020年7月21日，《关于2030年前俄罗斯联邦国家发展目标》(第474号俄罗斯联邦总统令)确定了2030年前俄罗斯需完成的国家发展目标。2021年10月1日，俄罗斯联邦政府依据上述总统令出台《2024年前及2030年前规划期俄罗斯联邦国家发展目标成就统一规划》。

上述规划将国家发展目标设定为5方面内容：维持人口，维护人民健康和福祉；保障公民实现自我和发展才能的机会；提供舒适和安全的生活环境；保障受尊重且高效的劳动和成功经营；数字化转型。同时，就如何实现发展目标，提出了具体指标：

1. 在经济领域，到2030年前，在保持宏观经济稳定的基础上，实现GDP增速超过世界平均水平。与2020年相比，非能源非原料产品出口额实际增长不低于70.0%；固定资产投资实际至少增加70.0%。

2. 在教育和民生方面，保持人口稳定增长，人均预期寿命提高到78岁，贫困人口降到2017年的一半；通过建立有效的高等教育体系，确保科研开发工作的总体规模跻身世界前十；等等。

3. 在城市建设方面，住房建设面积每年至少增加1.2亿平方米；确保合乎标准的道路网在最大城市中的占比不低于85.0%；建立可持续的城市固体废物处理系统，确保100.0%垃圾分类，并将运往垃圾填埋场的废物量减少一半；将对环境和人类健康危害最大的有害污染物排放量减少一半；消除对周围环境造成危害的设施，确保伏尔加河、贝加尔湖和捷列茨科耶湖等水体的生态健康。

4. 在数字化方面，确保经济和社会领域的主要行业实现"数字成熟"，如医疗、教育和国家管理等；将具有社会重要意义的大众电子化服务的比例提高到95%；将可接入"互联网"（宽带）家庭的比例提高到97%；将信息技术领域的本国投资扩大至2019年的3倍。

## 1.3　俄罗斯法律环境

从历史上看，俄罗斯属于大陆法系，根据既定立法程序通过的成文法是主要的法律渊源。每年俄罗斯通过约1万项法律、法规和其他法律文件。其法律渊源主要有宪法、联邦宪法性法律、联邦法律、国际条约、总统法令、政府规章及其他规范性法律文件、司法决定、苏联立法。

按照俄罗斯法律体制，俄罗斯司法制度分为两大体系：一是宪法法院体系；二是以俄罗斯联邦最高法院为最高审级，下设普通法院系统和仲裁法院系统的体系。俄罗斯联邦宪法法院法官和俄罗斯联邦最高法院法官由俄罗斯联邦会议联邦委员会（上院）根据俄罗斯联邦总统的提议任命。

俄罗斯是大陆法系国家，法律主要为成文法。同时，为吸引外资，俄罗斯积极借鉴并引进西方的法律制度，制定了《俄罗斯联邦外国投资法》《俄罗斯联邦产品分成协议法》《关于外国资本对保障国防和国家安全具有战略意义的经营公司进行投资的程序法》《俄罗斯联邦经济特区法》《俄罗斯联邦国家——私人合作、自治地区——私人合作和俄罗斯联邦特定法规修订联邦法》《俄罗斯联邦社会经济超前发展区法》《俄罗斯联邦符拉迪沃斯托克自由港法》等一系列专门规范投资的法律。加入世界贸易组织(以下简称WTO)后,俄罗斯承诺对于经济改革减少政府干预,并出台了一系列法律,简化投资手续,保障外国投资者权益。但是,由于俄罗斯法律数量庞大,法律修改频繁,外国投资者在适用法律时存在较大障碍。

俄罗斯主管国内和国外投资的政府部门有经济发展部、俄罗斯联邦工业和贸易部、国家资产委员会、司法部国家注册局、反垄断局、联邦政府外国投资咨询委员会、中央银行、财政部、联邦金融资产管理署、联邦政府外国投资者监管委员会等。

## 1.4 中国企业在俄罗斯的投资状况

商务部制定的《对外投资合作国别(地区)指南:俄罗斯》(2020年版)数据显示,目前,在中国驻俄罗斯大使馆经商处备案的在俄中资企业共400余家,投资主要分布在采矿业、农林牧渔业、制造业、批发零售业、租赁和商务服务业、金融业等领域。据俄罗斯统计,中国企业共在俄罗斯设立生产企业1000多家。

目前,中国主要的在俄参股企业有亚马尔LNG股份公司、北极LNG2有限责任公司、西布尔公司、乌德穆尔特石油公司、克拉斯诺亚尔斯克市丁腈橡胶厂、上乔油气股份公司、华电捷宁斯卡娅热电有限责任公司、露天煤矿有限责任公司等。

# 2. 俄罗斯投资法律风险控制

## 2.1 经营主体的设立及运行

### 2.1.1 设立有限责任公司

有限责任公司（Общество с ограниченной ответственностью），是俄罗斯最普遍的公司运营法律组织形式。根据俄罗斯联邦税务局统计数据，截至 2022 年 4 月 1 日，俄罗斯在册营利性法人组织共有 263 万余家，其中有限责任公司 246 万余家，股份公司 5.3 万余家。

与股份公司相比，有限责任公司在设立时周期短、门槛低、手续便捷，后续运营中决策更为灵活、运行成本低、执行效率高，也是中国企业进入俄罗斯市场设立法人主体的最主要选择。

俄罗斯税务机关负责受理并审核有限责任公司注册的申请材料，审核周期为 3 个工作日。注册完成后，新设公司信息将在俄罗斯联邦税务局官方网站上公示。不予注册的，将作出驳回决定并告知理由，申请人可在消除不当因素后重新提交注册，也可就驳回决定向上一级主管机关提出申诉。

有限责任公司的注册资本金不得低于 10000 卢布，股东应按照公司章程约定期限实缴注册资本金，但实缴期限不得晚于公司设立后 4 个月。

有限责任公司的股东数量不得超过 50 人，股东以出资额为限对公司债务承担有限责任，股东之间的权利义务分配通过公司章程进行约定。外国公民、外国法人均可注册为俄罗斯有限责任公司股东,但因违反俄罗斯法律被限制登记为俄罗斯法人股东的主体除外。

近年来,随着俄罗斯行政服务无纸化办公的发展趋势,俄罗斯公司法也进行了相应的调整。对于有限责任公司来说,公司公章已不是公司法人设立运行的必备要项,公司可以自行选择是否设置公章;公司章程未明确规定公司设置公章的,视为无公章。

为了促进小微型经营者创业,俄罗斯主管机关拟制了有限责任公司章程样本,小微经营者在设立有限责任公司时可以选择适用样本章程,降低了创业者的起步成本。对于对公司运营管理有一定架构要求的投资者来说,应慎重选择适用样本章程。

### 2.1.2 公司注册地址

有限责任公司作为独立的法人实体,应设有固定的经营场所。公司设立阶段,需要向主管机关提交公司经营场所地址证明,并将其作为公司的注册地址。

根据《俄罗斯联邦民法典》第 54 条第 2 款相关规定,法人国家注册登记地是法人所在地,应在法人执行机构所在地进行国家注册,但法人国家注册法另有规定的除外。

注册地址作为公司的公示信息,具有重要的法律意义,是公司接收信函的地址;当实际经营地址与注册地址不一致时,行政机关、司法机关向注册地址送达文书则视为送达。

目前,俄罗斯法律并未明确禁止居民住宅用作公司注册地址。俄罗斯仲裁法院裁判文书网公布的案例显示,法院认为,以居民住宅不能用作公司注册地址为由驳回注册申请的行政决定不适当,但实践中,各地方主管机关在处理居民住宅登记为公司注册地址问题上有着不同的管理要求。因而,在选用居民住宅注册公司时,应事先咨询当地主管机关,并按照要求准备相关材料。

### 2.1.3 公司法定代表人的风险控制和防范

在俄罗斯有限责任公司治理结构中,法定代表人的通常俄文表述为“лицо, имеющее право без доверенности действовать от имени юридического лица”,常见职务为总经理或经理。

总经理是公司执行机关,对外代表公司意志进行民事活动。总经理应勤勉、诚信地履行职务,维护公司利益,对股东会或董事会负责。

在总经理的选任问题上,其风险根本上属于用人风险,股东或者公司可以通过构建公司治理方式来制约总经理权力,从而降低风险的不可控性。常见的方式如下:

1. 拟制公司章程,限制总经理职权范围、完善总经理汇报制度、建立对总经理履职监督体系;

2. 订立劳动合同,与总经理订立有固定期限的劳动合同,明确总经理岗位职责和履职界限,约定考核内容和履职评价标准,明确总经理违约责任后果,以降低总经理违约的主观意志,也可以另设竞业限制等其他约定;

3. 设立董事会,将部分重要事项通过董事会集体决策;

4. 建立完善的公司文件、公章管理体系,人章分离。

### 2.1.4 外国人担任法定代表人

从俄罗斯公司法层面讲,俄罗斯法律未对外国人担任法人主体法定代表人作出禁止性规定,外国人可以登记为有限责任公司法定代表人。从《俄罗斯移民法》规定来看,外国人在俄罗斯境内从事劳动活动,应当办理工作许可证。也就是说,外国人担任公司法定代表人的,公司应按照《俄罗斯移民法》规定为该外国人申办工作许可证;申办完成后,外国人凭工作许可证办理工作签证入境俄罗斯,履行职务。

外国人应当严格按照工作许可设定范围从事劳动;未办理工作许可证的,公司和法定代表人本人均会面临受到行政违法处罚的法律风险。

### 2.1.5 公司主要管理机构:股东会、董事会、执行机构和监事会

依照《俄罗斯联邦有限责任公司法》相关规定,依法成立的有限责任公司一般来说会有两个组织机构:股东会(Общее собрание участников),是公司的最高权力机构;执行机构(исполнительный орган),实践中总经理是公司的执行机构。而董事会(Совет директоров)、监事会(Ревизионная комиссия)等其他机构的设立与否皆由公司章程规定。

#### 一、股东会

股东会是公司的最高权力机构,除法律或公司章程另有规定外,有限责任公司股东按出资比例享有表决权。股东会的职能如下:

(1)确定公司运营基本方针,决定是否加入协会和其他商业团体;

(2)通过公司章程,决定对公司章程的修订、更新,决定公司是否继续使用样本章程,决定变更注册资本金、公司名称、公司住所等事项;

(3)设置公司执行机构并提前终止其职权,决定将执行机构职权委托管理人履行并确认管理人和合同条款,但公司章程将该权力赋予董事会执行的除外;

(4)选任并提前解任监事会(监事);

(5)批准年度报告和年度财务报表;

(6)决定公司股东进行净利润分配;

(7)批准公司内部活动规范文件(内部文件);

(8)决定公司债权和其他有价证券的发行;

(9)指定审计检查、选定审计员并确定审计服务支出;

(10)决定公司的重组和清算;

(11)指定清算委员会并通过清算报告;

(12)决定法律或公司章程规定的其他事项。

上述职能中属于股东会专属职权的有第 2、4、5、6、10 和 11 项,公司章程不得另作约定。

## 二、董事会

根据《俄罗斯联邦有限责任公司法》第 32 条的相关规定,董事会依据公司章程而设立,设立与否由股东通过公司章程来确定。

董事会的组织运作流程、董事会成员的罢免程序、董事会主席的职权范围等问题,也均由公司章程作出规定。

公司执行委员会成员在董事会所占比重不得超过 1/4,董事长不可由公司总经理担任。

董事会可根据公司章程规定行使以下职权:

(1)决定公司的主要经营方向;

(2)组织、提前解散公司的执行机构,决定将公司执行机构的职权转由商业组织或个体经营者[以下简称管理人(управляющий)]管理,确定管理人和相关的合同条款;

(3)制定执行机构、执行委员会成员、管理人的酬劳以及补偿金额度;

(4)决定公司与其他商业组织的联合;

(5)指派审计检查、确定审计人员以及审计服务的报酬;

(6)确定并通过关于调整组织公司经营活动的文件(公司内部文件);

(7)设立分公司、开设代表处;

(8)批准关联交易合同(сделки, в совершении которых имеется заинтересованность)的问题;

(9)批准重大交易(крупные сделки);

(10)决定与准备、召集、组织召开股东大会相关的问题;

(11)《俄罗斯联邦有限责任公司法》所规定的其他事项,以及公司章程规定的且不属于公司股东大会或公司执行机构职权范围的其他事项。

对于不同行业的公司,考虑到各不相同的股权结构、总经理人选、公司发展方向等个性因素,对于是否设立董事会、如何定位董事会在公司权力结构中的位置、如何合理分配董事会和总经理的权限等问题,都需要结合公司发展战略,进行个案分析,合理安排。

从外资在俄罗斯设立有限责任公司的运营控制实践来看,设立董事会,不仅可以增加对俄罗斯公司的控制,也可以提高对俄罗斯公司的管理效率,提高中国企业在俄罗斯的抗风险能力。设立董事会的意义主要体现在以下几方面:

(1)实现对公司执行机构的权力制衡

董事会可直接对包括总经理在内的公司执行机构进行任免,并可根据公司章程规定对约定的公司事项行使决策权,可以实现对公司执行机构的制约,有利于提高决策质量。根据俄罗斯法律,总经理相当于中国法律中的法定代表人,对于公司管理享有相当多的权力。由于《俄罗斯移民法》的限制,外国人取得俄罗斯工作许可证比较麻烦,所以,中国公司聘请俄罗斯人担任总经理的情况比较普遍。将总经理的部分权力划归董事会,既可以进行集体决策,也可以避免总经理独揽大权不受制约,避免因总经理滥用职权而可能给公司造成的损失。

(2)提高公司权力机构的决策效率

通过设立董事会,在俄罗斯法律允许的范围内,将部分属于股东会的决策权下放至董事会,可以通过董事会来合理规避召开股东会,提高公司的决策效率。如果公司不设立董事会,涉及公司管理的重大事项时,如批准重大建议或者关联利益、对外投资、开设代表处、聘任或者解聘总经理时,都需要股东会作出决议,而如果股东是外国法人,就需要该外国法人的权力机构作出相应决议,程序上会比较麻烦。同时,俄罗斯法律作出修改,对股东会的程序作出了严格的限制性规定，需要在召开股东会时严格遵守有关程序。而对于董事会，俄罗斯法律并没有严格的规定，可以通过公司章程设定较为灵活的议事程序，提高公司的决策效率。

(3)在一定范围内规避俄罗斯严格的移民法律制度

对于在俄罗斯的投资，投资人需要进行必要的监管，但由于俄罗斯严格的移民制度，取得俄罗斯的工作签证非常麻烦，也没有保障。如果设立了董事会，外国投资人可以派驻董事，取得商务签证，即可以在俄罗斯合法逗留，并进行必要的商务活动（不能是劳务活动，以董事会期限范围内的活动为限，也不能长期在俄罗斯居留）。

## 三、执行机构

执行机构领导公司日常运营事务，向董事会或股东会负责。执行机构可分为集体执行机构和单一执行机构，大多数有限责任公司会采用单一执行机构（Единоличный исполнительный орган）的领导模式，即由一人担任法定代表人，职务通常为总经理。总经理由股东会或董事会任命，任职期限由公司章程规定。

总经理的职权如下：

(1)无须任何授权，就可代表公司行事，包括订立并执行合同；

(2)以公司名义对外进行授权委托，并可授予转委托权；

(3)签发人事任命书，采取奖惩措施；

(4)除法律或公司章程规定属于股东会、董事会等其他机构职权范围外的其他活动。

## 四、监事会

监事会或者监事由股东会任命，股东人数未超过15人的，可以不设立监事会或者监事；董事会成员或者执行机构成员不得兼任监事。

监事会或者监事的主要职权如下：

(1)随时对公司财务经营状况进行检查，并要求公司执行机构或公司职员进行必要的口头或书面解释；

(2)检查公司的年度财务报告和资产负债表。

### 2.1.6 股东滥用控制权

企业在对外投资过程中,一般倾向于对被投资企业进行控股。通过控股来减少母公司的投资风险是投资领域通行的做法。但是,在俄罗斯的法律环境之下,考虑到《俄罗斯联邦有限责任公司法》和《俄罗斯联邦破产法》的要求,控股股东需要注意,在俄罗斯公司破产时控股股东可能需要承担连带清偿责任。

根据最新的《俄罗斯联邦破产法》的相关规定,在公司破产并且没有足够资产清偿债务时,控股股东要对破产债权人的债务承担连带清偿责任,除非控股股东能够证明自身没有责任,即对控股股东实行过错推定和举证责任倒置。

在俄罗斯司法实践中,已有这样的判例,应引起股东的足够重视。

中国安徽某国企,在俄罗斯投资设立了一家有限责任公司(以下简称俄罗斯子公司),独资控股。后来,俄罗斯子公司破产,破产管理人提起诉讼,认为股东有转移资产的行为,要求认定子公司转移不动产的交易损害公司利益而无效,应该予以撤销,该诉讼请求得到了俄罗斯法院的支持(以下简称交易无效案件)。在这起案件中,中国企业没有参与诉讼。之后,俄罗斯子公司破产管理人乘胜追击,再次提起诉讼,要求法院认定中国企业作为控股股东应当对俄罗斯子公司的债务承担连带清偿责任(以下简称连带责任案件),中国企业利用股东地位实施了上述交易,属于转移公司资产的行为,导致子公司破产,依照《俄罗斯联邦破产法》应当承担连带清偿责任。

中国企业不服提起三审上诉,理由是没有参加交易无效案件的审理,这个案件的判决对中国企业没有既判力。但是,三审法院指出,无论交易无效案件是否有既判力,相关判决都可以作为认定事实的证据,而中国企业没有提供任何证据可以推翻交易无效案件判决所认定的事实和破产管理人在连带责任案件中的主张;所以,三审法院最终维持了二审法院的裁定(一审法院驳回了破产管理人的主张,但破产管理人二审胜诉),认定有理由要求中国企业在约2亿(200, 154, 588. 80)卢布的范围内对俄罗斯子公司的债务承担连带清偿责任。

### 2.1.7 公司股权的转让及股东退出

#### 一、有限责任公司股权转让

(一)相关法律规定

《俄罗斯联邦有限责任公司法》第21条规定,对公司股权在股东之间、股东与公司之间、股东向第三人转让，以及基于不同法律行为和法律事实发生之股权转让的基本程序作出了规定：

公司股东只能转让其已经足额缴纳的部分份额。

公司股权可以基于交易、按照继承程序或根据其他法定理由转让给该公司的一个或几个股东，或者转让给第三人。公司股东有权将其股权（部分股权）出售或以其他方式转让给该公司的一个或几个股东，无须取得公司或其他股东的同意，公司章程另有规定的除外。如果公司章程没有禁止，在遵守《俄罗斯联邦有限责任公司法》规定的情况下，可以向第三人出售或以其他方式出让公司股权（部分股权）。

意欲向第三人出售其股权（部分股权）的股东，应当向其他股东和公司发送经过公证的要约，书面告知其他股东和公司其股权出售价格和其他条件。公司股东有权自公司收到要约后30日内对股权（部分股权）行使优先购买权。损害股东优先购买权而转让股权（部分股权）的，任何股东或公司（若公司章程规定了公司拥有优先购买权）有权自知道或应当知道上述侵权行为之日起3个月内以诉讼的方式要求将买方的权利义务转移给自己。

转让股权（部分股权）的交易应当订立一份经由双方签字的文件，并经公证。未经公证的，该交易无效。

（二）俄罗斯有限责任公司股权转让中的公证问题

股权转让交易必须公证是原则。根据《俄罗斯联邦有限责任公司法》第21条第11款的规定，转让股权的交易应该编制由双方签署的文件，并对其进行公证。如果未履行公证程序，将导致该交易无效。

特殊类型股权转让交易豁免公证是例外。股权转让交易无须进行公证的情况有：根据《俄罗斯联邦有限责任公司法》第24条的规定，将属于公司的股权在股东间进行分配，或者将其转让给全部或部分股东或第三人；根据《俄罗斯联邦有限责任公司法》第21条第18款和第23条第4—6款的规定，将股权转让给公司。

股权转让交易公证需要提供的文件。公证人员需要确认转让股权的股东对所转让的股权是否具有处分权，并且需要确认股东对出让股权已经足额出资。此外，公证人员还应该审查股权转让交易中的签名和盖章，向交易双方释明相关法律规定等。一般来说，股东在转让或者受让俄罗斯公司股权时，除了交易双方的主体证明文件和授权委托书外，还需要提供以下文件：

1. 由出让方和受让方共同签字的股权转让协议（由公证处根据双方提供的

文件准备,一般不提供文件模板)。

2. 双方股东会或者董事会批准交易的决议。

3. 公司股东受让股权,则应提供书面购买的承诺。

4. 出让股东,则应提供其对出让股权享有所有权的证明文件,主要是指:在一人公司设立时,唯一股东所作的设立公司的决议;多名股东设立公司时,于2009年7月1日之前订立的公司创立协议;如果股权(部分股权)是依据交易取得,依据的文件指的是能够使股东取得股权(部分股权)的合同或其他契约;如果股东通过权利继受取得股权,证明文件指的是权利继受证明;如果司法文书直接确定了股东对股权(部分股权)享有的权利,证明文件指的是法院的判决;如果是股东因公司增资扩股、公司向股东分配公司持有的股权或其他根据股东会决议直接取得股权(部分股权)的情形,证明文件指的是股东会会议纪要。

在办理俄罗斯公司股权转让协议的公证时,出于对法律理解和所关注的法律风险点的不同,每一个公证员所要求交易双方提供的文件数量和格式(是否公证等),都会有所不同。所以,建议在办理公证之前,事先和公证员咨询和确认所需要文件的数量和格式,然后再开始准备文件。

股权转让交易生效的时间。在2016年1月15日之前,确定股权转让的时间取决于该股权转让是否需要公证。如果股权转让需要公证,那么股权自公证时转让;在其他情形下,股权自完成国家统一法人目录登记后转让。根据2015年12月29日《俄罗斯联邦有限责任公司法》第21条第12款和第14款的修正案规定,自2016年1月15日起,公证人员应在完成对转让协议或公司其他股东出具的"承兑单"的公证之后的2个工作日内向登记机关提交国家统一法人目录信息变更申请。股权自完成国家统一法人目录登记后转让。但是,《俄罗斯联邦有限责任公司法》第23条第7款所列举的情况除外。根据《俄罗斯联邦有限责任公司法》第23条第7款的规定,自下列事由发生之日起,股权转移至公司所有:公司收到股东提出的股权回购请求;公司收到股东退出公司的申请(如果公司章程中规定了股东的退出权);出资期限或《俄罗斯联邦有限责任公司法》第15条第3款规定的补偿期限届满;法院作出的开除公司股东或根据《俄罗斯联邦有限责任公司法》第21条第18款规定作出的将股权转移给公司的判决生效;公司收到任一股东拒绝同意将股权转移给自然人股东的继承人(法人股东的权利继受人),或者拒绝同意将股权转让给被解散法人股东的创立者(股东),或者拒绝同意将股权转让给被解散机构、国有企业、市政企业财产的所有者,或者拒绝同意将股权转让给在通过拍卖取得股权的人的通知;公司根据股东的债权人的要求，支付股东股权的实际价值。

## 二、有限责任公司股东退出

### （一）相关法律规定

股东退出权，是俄罗斯有限责任公司立法中的一大特色。在公司章程赋予股东退出权利的情况下，股东可以在任意时刻以单方通知的形式向公司行使权利，从而使公司产生回购义务，也就意味着，公司要以回购份额对应的实际资产价值作为对价，向退出股东履行支付义务。

2020年7月31日《俄罗斯联邦有限责任公司法》对股东退出权进行了修改，赋予了公司章程对股东退出权作出细化、区别化规定的效能，这使股东退出权从之前的“绝对权”过渡到“相对权”层面。公司章程可以约定部分股东或具有一定特征的股东享有退出权，还可以对享有退出权的股东实际行使权利作出进一步限制。与此同时，此次修订还规定了公证程序在股东退出权实现过程中享有主导作用，将原有的公司向注册机关申报股权变动国家登记公示，调整为由公证人员直接向注册机关“线上申报”国家登记，并以国家登记作为因股东行使退出权而发生股权变动的权利变动时点，大大降低了股权实际变动与国家登记公示不一致产生的法律风险。

### （二）股东退股的税收负担问题

根据《俄罗斯联邦有限责任公司法》的规定，在股东提出退出申请后，公司应该在法律或公司章程规定的期限内，向退出股东支付其股份的实际价值。

根据《俄罗斯联邦有限责任公司法》第23条第2款第3项的规定，在股东退出公司时，公司向股东支付其股份实际价值的形式不仅可以是货币，也可以经退出股东同意，向其交付同等价值的实物资产。而值得关注的是，如果以实物形式向退出股东支付股价，股东和公司分别应如何纳税。

1. 股东退股所得是否缴纳所得税

俄罗斯有限责任公司股东根据其身份系自然人或法人，所适用的所得税缴纳标准不同。

2018年年末，《俄罗斯联邦税法典》进行了修改，根据其中第250条第1款的规定，自2019年1月1日起，法人股东在退出公司时，从公司取得的财产属于股息，需要缴纳所得税。结合该法典第251条第1款第4项的规定，股东退出公司时所取得的财产价值在其股份出资额范围内的部分无须缴纳所得税。也就是说，如果退出股东取得的财产价值在该股东的出资范围之内，则无须缴纳所得税。当该财产价值超过了其出资额，对于超过部分，如果满足该法典第 284 条第 3 款中的条件，即俄罗斯法人股东自退出公司的决定作出前一年内持续持股 50%以上，适用 0%的税率，但该规定不适用于属于俄罗斯居民纳税人的外国法人股东；如果是外国法人股东，满足该法典第 24.2 条国际控股公司的条件，并且在支付股息决定作出前一年内持续持股 15%以上，也适用 0%的税率。不满足上述条件的，需要缴纳 13%或 15%的股息税（俄罗斯本国公司缴纳 13%，外国公司需缴纳 15%）。

而对于自然人股东来说，俄罗斯财政部税收与海关政策局 2018 年 11 月 9 日作出的一份文件中指出，根据《俄罗斯联邦税法典》第 217 条第 17.2 款和《俄罗斯联邦有限责任公司法》第 5 条第 7 款的规定，如果是 2011 年 1 月 1 日之后获得的股份，在其退出公司时，无论向其支付的是现金还是实物，均不需要缴纳个人所得税。但是，根据 2018 年年末对《俄罗斯联邦税法典》相关规定的修改，以及《俄罗斯联邦有限责任公司法》第 5 条第 7 款的规定被废止，目前，无论自然人股东的股份是何时获得的，均可以免缴个人所得税。

2. 公司对股东退股所得是否缴纳增值税

根据《俄罗斯联邦税法典》第 39 条第 3 款第 5 项的规定，在股东退出公司时，以其原始出资范围内的价格向其转移财产，不属于销售行为。而根据该法典第 146 条第 2 款第 1 项的规定，对此无须缴纳增值税。

但是，如果公司向股东支付的实物价款超过其股份出资价值，超过的部分需要缴纳 18%的增值税。此外，根据该法典第 170 条第 3 款第 2 项的规定，对于被扣除了增值税的部分，如果在以后的生产作业中继续使用该实物，则应补缴增值税。

3. 中国法人股东纳税的具体问题

根据《俄罗斯联邦税法典》第 309 条的规定，向作为俄罗斯公司股东的外国公司支付的股息，无论以何种形式支付，均需要征税。

当退出俄罗斯公司的股东是中国公司时，根据《中华人民共和国政府和俄罗斯联邦政府对所得避免双重征税和防止偷漏税的协定》第 10 条的规定，如果俄罗斯按照其本国法律对中国公司征税，如该公司拥有俄罗斯公司至少 25%资本且持股金额达到 8 万欧元（或等值的其他货币），不应超过股息总额的 5%；其他情况下，不应超过股息总额的 10%。此外，根据该协定第 22 条的规定，在中国，按照中国法律规定消除双重征税时，从俄罗斯取得的所得是俄罗斯公司支付给中国公司的股息，并且该中国公司拥有支付股息公司股份不少于 20%的，该项抵免应考虑支付该股息公司就该项所得缴纳的俄罗斯税收。

在俄罗斯缴纳完所得税后,根据我国《企业所得税法》第23条的规定,居民企业来源于中国境外的应税所得,可以从其当期应纳税额中抵免,抵免限额为该项所得依照该法规定计算的应纳税额;超过限额的部分,可以在以后5个年度内,用每年度抵免限额抵免当年应抵税额后的余额进行抵补。同时,根据《企业所得税法实施条例》第81条的规定,企业依照《企业所得税法》第23条的规定抵免企业所得税税额时,应当提供中国境外税务机关出具的税款所属年度的有关纳税凭证。

此外,根据财政部、国家税务总局《关于企业境外所得税收抵免有关问题的通知》中第3条第2项的规定,居民企业应就其来源于境外的股息、红利等权益性投资收益,扣除按照《企业所得税法》及实施条例等规定计算的与取得该项收入有关的各项合理支出后的余额为应纳税所得额。

关于如何确认股息收入时间,根据上述通知中的规定,来源于境外的股息、红利等权益性投资收益,应按被投资方作出利润分配决定的日期确认收入时间。

### 2.1.8 公司被非法侵占的风险防范

在俄罗斯有限责任公司治理结构中,总经理相当于我国公司的法定代表人,有权对外代表公司从事一切活动。也就是说,总经理完全可以通过各种手段,侵吞公司资金、资产。由此,司法实践中不乏不法分子利用总经理这个撬杆,来攫取、骗取公司资产,达到非法侵占的目的。

中国投资者往往有个认识误区,以为掌控公司50%以上的股权就高枕无忧了,但事实不是这样的。不仅是中国股东,就是俄罗斯当地股东也会遇到莫名发现总经理被"偷换",公司财产被处理的情况。此类案件的通常模式是,不法分子通过伪造公司变更总经理的决议,完成变更登记,进而,由新总经理变更公司印鉴等重要物品,转移处理公司银行账户,与他人订立合同出售公司其他财产。

中国投资者遭遇的较为常见的情况是,合资公司俄罗斯股东,违反公司章程约定程序偷偷撤换中国股东任命的总经理,控制公司资产。

那么,遇到上述情况,中国投资者应采取哪些法律措施来自救呢?

一是向当地执法机关报案,报案依据《俄罗斯联邦刑法典》第185.5条伪造公司股东会或董事会决议。但此举成效有限。

二是向当地仲裁法院起诉，要求确认变更总经理的公司决议无效、登记机关作出的变更登记无效。

三是如果涉及公司重要资产交易，同时向仲裁法院要求确认交易无效。构成重大交易的，以违反重大交易公司表决程序为由，一并主张相关公司决议无效。与此同时，如财产面临被转移的紧迫性，申请诉讼财产保全。

四是如果涉及公司不动产交易，除第三点外，还应向不动产登记机关申请中止程序或异议登记。

五是原总经理根据《俄罗斯联邦劳动法典》主张继续担任总经理。

六是如果上述不法行为，是由合资股东另一方实施，则可根据《俄罗斯联邦有限责任公司法》《俄罗斯联邦民法典》主张除名恶意股东。

一个中国公司在俄罗斯投资的公司就遇到了类似的遭遇。名义股东撤换中方总经理，公司名下土地被恶意转移——中国投资人“托管”公司不善。

### 2.1.9　股东权益的法律保护

一般情况下，有限责任公司股东权益的损害主要来自两个方面：一是股东之间的纠纷，通常表现为丧失对公司的控制权、小股东股东权益受损、股东分歧导致公司陷入决策困境等；二是高管行为不当给公司或股东带来损害。

对于股东之间表决权、管理权的分配，实践中以出资份额为基础进行确定，但是《俄罗斯联邦有限责任公司法》并不排除股东之间的意思自治。实践中，股东可以通过公司章程进行约定和调整，分清各自的权利义务界限，设置公司管理体制，建立决策机制。

对于公司高管人员的行为，一般指公司总经理的行为，股东可以通过公司章程、劳动合同、公司内部规章制度等方式对高管人员的职权作出限制，并明确高管人员履职不当给公司造成损失时的责任承担。

当股东权益受到损害时，股东可以直接通过诉讼维权。依照《俄罗斯联邦仲裁程序法》的一般性规定，除当事人之间约定交由商事仲裁机构审理外，公司争议应由公司住所地仲裁法院管辖。不可约定商事仲裁的公司争议类型有：

1. 股东会召集争议；
2. 由股权交易公证引发的争议；
3. 与政府机关具体行政行为有关的争议；
4. 涉及国家安全和国防的企业的争议；
5. 涉及持有或收购公众公司 30%以上股权的争议；

6. 股东除名的争议。

### 2.1.10 重大交易

《俄罗斯联邦有限责任公司法》第 46 条是重大交易的主要规范性条款。

#### 一、重大交易与日常经营活动的界定

根据《俄罗斯联邦有限责任公司法》第 46 条第 1 款的规定，重大交易是指超出公司日常经营活动范围，并符合以下条件的交易：

1. 与公司直接或间接获得、转让或者可能转让财产有关的交易，包括借款、贷款、抵押、担保、购买公众股份公司股份（或其他可兑换为股份的有价证券）且该行为能够触发《俄罗斯联邦股份公司法》第 11 章第 1 部分规定的强制要约收购机制，同时财产的价格或者账面价值达到公司最近一期会计（财务）报表资产账面价值的 25%及以上；

2. 为公司设定以下义务，包括暂时转移公司对财产的占有或使用权、通过设定许可将智力劳动成果或方法使用权提供给第三人，且交易的账面价值达到公司最近一期会计（财务）报表资产账面价值的 25%及以上。

日常经营活动是指，公司或者其他从事类似经营活动的经营主体在通常经营活动范围内进行的交易，无论其先前是否从事过类似交易；但是导致公司终止经营、变更经营范围或者实质上改变经营规模的交易除外。

#### 二、具体情形中对交易额所要求比率的计算

如果是转让或者可能转让财产的交易，则在计算百分比时，需要用该财产的账面价值或者其转让价格之中较高者与公司的账面资产价值进行对比计算；

如果是获得财产的交易，则在计算百分比时，需要用该获得财产的价值和账面价值进行对比计算；

如果是转移公司对财产的占有或使用权的交易，则在计算百分比时，需要用该财产的出售价格与公司的账面资产价值进行对比计算；

如果是获得公众公司股份的交易或者是一些关联交易（或其他可兑换为股份的有价证券）且该行为能够触发《俄罗斯联邦股份公司法》第 11 章第 1 部分规定的强制要约收购机制，则在计算百分比时，需要用获得的全部股份的价格与公司的账面资产价值进行对比计算。

## 三、重大交易的审批权

《俄罗斯联邦有限责任公司法》第 46 条第 3 款规定，公司的股东会或者董事会（监事会）对重大交易拥有审批权。

原则上，只有公司股东会对公司的重大交易有审批权。

但如果公司设有董事会（监事会），当重大交易系与公司直接或间接获得、转让或者可能转让财产有关的交易，且财产的价值占公司财产价值的 25%—50%，同时财产的价格或者账面价值达到公司最近一期会计（财务）报表资产账面价值的 25%及以上时，可以根据章程规定将重大交易的审批权授权董事会（监事会）行使。

## 四、重大交易的审批程序

1. 是否批准重大交易，通常由股东会（董事会）按照一般程序进行表决。此外，重大交易也可根据相关法律的规定，在股东会（董事会）作出决议前订立合同，并以股东会（董事会）的批准决议通过作为交易合同生效的条件。

2. 在批准重大交易的决议中，应当注明下列信息：

（1）交易方；

（2）受益人；

（3）交易价格；

（4）交易标的和其他的实质性条件或者确定这些实质性条件的程序。

如果交易采用招投标的方式，或者交易方、受益人在交易批准前尚未确定，决议中可以不标注交易方、受益人。

关于批准重大交易的决议或者事后追认决议中还可以注明以下事项：

（1）交易条件的最高指标和最低指标（购买财产的最高限额或者出售资产的最低限额）或者相应的确定方法；

（2）批准进行一系列类似交易；

（3）完成交易所需的交易条件的替代性方案；

（4）批准在同时完成多个交易的条件下才可以进行本交易。

关于批准重大交易的决议可以注明有效期，如果未注明有效期，则有效期为自决议通过之日起一年，但如果根据交易性质或交易条件应当存在其他有效期的除外。

3. 如果提交股东会审议的重大交易同时还属于关联交易，若重大交易在股东会的表决中取得了《俄罗斯联邦有限责任公司法》第 46 条要求的重大交易表决通过时必须取得的票数，则视为重大交易获得股东会的批准；如果同时还获得了半数以上无利害关系的表决权票数，则视为关联交易也获得股东会的批准。

## 五、俄罗斯司法实践中有关重大交易的认定和处理

根据《俄罗斯联邦民法典》第 173.1 条的规定，对于未经正当程序表决通过而进行的重大交易，董事会成员或表决权不低于 1%的股东有权向法院起诉，请求法院认定该项重大交易无效。

但是，如果诉讼时效届满，上述请求的诉讼时效期限不得恢复，即上述诉讼请求不适用《俄罗斯联邦民法典》第 205 条中有关诉讼时效恢复的规定。

符合下列情形之一的，法院不支持认定重大交易无效的请求：

(1)在审理前向法院提交了追认重大交易批准通过的证据；

(2)在法庭审理过程中，未能证明交易的另一方知道或者明显应当知道该项交易对于公司属于重大交易，并且(或者)知道交易未经正当程序批准。

## 六、不适用重大交易规则的特殊情况

根据《俄罗斯联邦有限责任公司法》第 46 条第 7 款的规定，重大交易规则不适用于以下特殊情况：

(1)公司为一人公司，且仅此股东具有公司执行部门所具有的权限；

(2)在法律允许的情况下，公司回购股份；

(3)在重组过程中(包括合并、分立)转让财产权利；

(4)俄罗斯法律法规要求公司必须实施的，并且需要按照俄罗斯联邦政府规定的方式确定价格进行结算的，或者俄罗斯联邦政府授权的联邦执行权力机关规定的价格和收费进行结算的重大交易，以及公司订立的公共合同；

(5)未触发强制邀约收购机制而取得公众股份公司股份(或可兑换为股份的有价证券)的交易；

(6)交易根据初步协议的条件而订立，而该初步协议包含了《俄罗斯联邦有限责任公司法》第 46 条第 3 款所规定的所有信息，且按照重大交易规定程序获得了批准。

### 2.1.11　公司的注销和破产

如果俄罗斯有限责任公司的股东决定解散公司,并且公司也不存在资不抵债或者其他必须破产清算的情况,则可以按照俄罗斯法律规定的自愿解散程序办理公司注销。

一般来说,俄罗斯有限责任公司注销的流程基本如下。

#### 一、股东会通过关于解散公司的决议

根据《俄罗斯联邦有限责任公司法》第 33 条的规定,关于解散公司的决议只能由股东会作出,并且需要全体股东一致通过。如果全体股东不能就解散公司作出一致决议,则不能启动自愿解散程序。

在关于解散公司的股东会决议中,应当任命股东、经理、总会计师、律师和其他人员组成注销清算委员会(清算人)。自任命并且在公司登记机关公示之日起,清算委员会负责人或者清算人将成为俄罗斯有限责任公司的法定代表人,将有权全权代表公司处理所有事务,包括出庭应诉、处置银行账户等。

#### 二、通知税务机关公司开始自愿解散程序

股东会通过注销公司的决议后的 3 日内(《俄罗斯联邦民法典》第 62 条),清算人应当向税务机关提交通知书(经公证的)和股东会决议。提交上述文件 5 个工作日后(《俄罗斯联邦法人和个体户注册法》第 8 条),税务机关应在国家统一法人登记簿上予以公示,注明有限责任公司处于注销清算程序,并向公司发出相关证明。

#### 三、在指定出版物和网站发布解散公告

在税务机关公示公司进入自愿解散程序之后,清算人需要在指定出版物(Вестник государственной регистрации)和网站(Федресурс)上发布解散公告。

解散公告发布期间不得少于 2 个月,之后解散程序方才可以继续进行。

#### 四、通知债权人公司解散

在发布解散公告的同时,清算人还应当书面通知债权人有关公司解散的事宜,通知书应当注明债权人申报债权的方式和期限。

## 五、通知员工并终止劳动关系

如果公司有员工，则需要不晚于正式解聘员工前 2 个月(《俄罗斯联邦劳动法典》第 180 条第 2 款)，通知员工有关公司解散的事宜。

公司可以就解除劳动关系的问题与员工达成协议，也可以按照《俄罗斯联邦劳动法典》的相关规定处理。

## 六、配合税务机关现场检查

在收到公司解散的通知后，税务机关有权对公司进行实地检查。一般来说，税务机关不会对每一家公司的清算进行检查，但是，一旦税务机关决定进行实地检查，有限责任公司必须等检查结果确定后才能进行后续的解散程序。

## 七、编制并向税务机关提交中期财务报表

有限责任公司需要召开股东会，批准向税务机关提交的中期财务报表。该表没有强制性格式要求，但是应当包括公司的资产信息、债权人的权利主张、债权主张处理结果等。

在债权人可以主张债权的期限结束后(《俄罗斯联邦法人和个体户注册法》第 20 条第 4 款)，如果没有法律规定的其他特殊情况，有限责任公司应当通知税务机关该报表的编制情况。

## 八、清偿公司债务

中期财务报表经股东会批准后，清算委员会根据公司的现有资产清偿债务。

根据《俄罗斯联邦民法典》第 64 条的规定，公司所欠债务应当以下列顺序清偿：

(1)公司因精神或生命健康损害对他人承担的赔偿责任；

(2)职工薪酬和知识产权费；

(3)向预算基金和非预算基金缴纳的费用(税、费、罚款)；

(4)其他债权人的剩余债务。

如果公司的货币资金不足以偿还所有债务，清算委员会应当公开拍卖公司非现金资产，偿还剩余债务。如果资产拍卖所得不足以偿还债务，则应当终止解散程序，并向公司注册地的俄罗斯仲裁法院申请破产清算。

**九、编制公司最终清算财务报表并分配公司资产**

公司债务清偿之后,清算委员会应当编制最终清算财务报表,报表应当包括公司清偿债务后剩余的可在股东间分配的资产信息。

最终清算财务报表应当经股东会批准。

股东根据股权比例对剩余资产进行分配。

**十、向税务机关提交注销申请**

上述步骤完成后,公司应当最后一次性向税务机关提交以下文件:

(1)注销申请书;

(2)最终清算财务报表;

(3)股东会批准最终清算财务报表的决议;

(4)800 卢布注销费用支付凭证;

(5)没有欠税的证明。

递交上述材料后 5 个工作日,税务机关会将公司注销,在国家统一法人登记簿上作相应登记,并向公司发出登记证明。公司注销正式完成。

当然,注销登记完成之后,还需要进行在银行销户、销毁印章、将文件归档等工作。

## 2.2 经营管理

### 2.2.1 税收

#### 2.2.1.1 主要税种

**一、联邦税费**

联邦税费在俄罗斯范围内缴纳,包括增值税、消费税、个人所得税、利润税、矿产资源开采税、水资源使用税、开采碳氢化合物额外收入税、野生动物和水生生物资源使用费、国家规费以及社会保险费 10 项税费。

(一)利润税(Налог на прибыль организаций)

俄罗斯利润税由所有取得应纳税所得额的法人单位在纳税年度缴纳。法人单位包括在俄罗斯注册和实际管理机构在俄罗斯的公司(居民企业)和通过常驻机构在俄罗斯开展活动或从俄罗斯获得收入的外国企业(非居民企业);应纳税所得额是按照《俄罗斯联邦税法典》第25章规定核算的收入减去税法规定的可扣除的支出和费用计算的利润,与中国利润税中的所得核算原则基本一致。按照与收入相匹配的原则,在经济上合理且适当记录的支出和费用,才可以扣除。《俄罗斯联邦税法典》第25章中明确了不能扣除的具体支出。

1. 居民企业

(1)定义:在俄罗斯注册成立的企业、实际管理机构在俄罗斯境内的外国企业,以及根据适用的税收协定被视为俄罗斯税收居民的外国企业。

符合下列条件之一的外国企业被视同其管理机构在俄罗斯境内:

A. 外国企业执行层的活动定期在俄罗斯进行;

B. 外国企业的高层管理人员在俄罗斯。

并且,即使外国法人证明其在任何其他国家也满足以上条件,只要该外国法人的以下活动之一是在俄罗斯进行的,其实际管理机构也被认定为在俄罗斯境内:

A. 记账或进行会计管理;

B. 工作文件管理;

C. 工作人员管理。

(2)征税对象:全球范围内的收入减去根据《俄罗斯联邦税法典》第25章所列费用后的利润,即全球范围内的应纳税所得额。

(3)税率:

A. 法定税率:20%[2%支付给联邦预算(2017年至2024年为3%),18%支付给联邦主体预算(2017年至2024年为17%)]。

B. 特定类型所得税率:股息红利、利息、某些特定财产转让收益所得税税率的税率视具体情况而有所不同。

(4)税收优惠:

A. 税率优惠。

《俄罗斯联邦税法典》第284条规定了可享受联邦税率优惠的主体,主要包括:

a. 根据《斯科尔科沃创新中心联邦法律》或2017年7月29日的《创新科技中心联邦法律》获得项目参与者(创新科技项目参与者)的税收居民;

b. 从事教育、医疗活动的法人,前提是符合税法规定的某些条件(《俄罗斯联邦税法典》第 284.1 条)；

c. 符合《俄罗斯联邦税法典》第 346.2 条规定标准的销售其自产的农产品或自行加工的农副产品的农业和渔业生产者；

d. 地方投资项目、特别投资合同、经济特区、超前发展区、符拉迪沃斯托克自由港、北极地区、克里米亚和塞瓦斯托波尔自由经济区的相关参与人；

e. 满足一定条件的在远东联邦区开展旅游和休闲活动的组织；

f. 满足一定条件的向公民提供社会服务的组织；

g. 城市固体废物管理区域运营商；

h. 在信息技术领域进行特定产品研发的企业。

B. 研发费用扣除优惠。

C. 安置残疾人就业税收优惠。

D. 社会公益事业(各种社会团体、社会联合会、社会慈善基金、创作联合会所属企业)的利润享受税收优惠。

E. 小微企业税收优惠。

F. 境外所得税收抵免。

2. 非居民企业

《俄罗斯联邦税法典》第 306—309 条确定了在俄罗斯境内进行业务活动的外国企业计算税款的细节。根据《俄罗斯联邦税法典》第 25 章的规定，通过常设机构在俄罗斯境内从事经营活动的外国企业，或者有来源于俄罗斯收入的外国企业，需要在俄罗斯缴纳利润税。其中，通过常设机构在俄罗斯境内从事经营活动的外国企业归属于常设机构的所得的利润税的纳税义务和税收管理与居民企业类似；外国企业的与常设机构无关的来源于俄罗斯境内的所得实行来源地税收管辖权，由俄罗斯境内的支付方代扣代缴利润税。

(1)常设机构的一般认定标准(《俄罗斯联邦税法典》第 306—309 条)

A. 在俄罗斯进行全部或部分营业的固定营业场所属于常设机构，包括管理场所、分支机构、办事处、工厂、作业场所、矿场、油井或气井、采石场或者其他开采自然资源的场所。但专为准备性、辅助性目的设立的场所且其全部活动属于准备性或辅助性活动的，不属于常设机构。

B. 非独立代理人属于常设机构。

C. 中国和俄罗斯税收条约中关于常设机构的特殊认定：

a. 工程型常设机构认定：建筑工地，建筑、装配或安装工程，或者与其有关的监督管理活动，但仅以该工地、工程或活动连续超过 18 个月的为限。

另根据《俄罗斯联邦税法典》第309条的规定，如果境外分包商未构成常设机构，则承包商不需要代扣代缴利润税；根据《俄罗斯联邦税法典》第308条的规定，如果境外分包商构成常设机构，则该分包商为纳税人。

b.劳务型常设机构认定：企业通过雇员或雇用的其他人员在缔约国一方提供劳务，包括咨询劳务，但仅以该性质的活动（为同一项目或相关联的项目）在相关纳税年度开始或结束的任何12个月中连续或累计超过183天的为限。

c.代理型常设机构认定：当一个人（独立地位代理人除外）在缔约国一方代表缔约国另一方的企业进行活动，有权以该企业的名义签订合同并经常行使这种权力，这个人为该企业进行的任何活动，应认为该企业在该缔约国一方设有常设机构，除非这个人通过固定营业场所进行的活动限于不构成常设机构的情形。

（2）征税对象

对通过常设机构在俄罗斯进行活动的非居民企业，征税对象是归属于常设机构的全球所得，即收入减去根据《俄罗斯联邦税法典》第25章所列的费用后的利润。

对于没有俄罗斯常设机构的非居民企业，或非居民企业的与常设机构的业务无关的来源于俄罗斯的收入，征税对象是《俄罗斯联邦税法典》第309条所列示的从俄罗斯境内获得的收入。

（3）税率

归属于非居民企业在俄罗斯设立的常设机构的利润，一般须按居民企业的税率征税，法定税率为20%；常设机构从居民企业取得的股息收入按15%的税率征税。

非居民企业未设立常设机构或与常设机构无关的股息红利、利息、股权转让收益所得、所得预提税率，情况不同税率也有所不同；国际运输收入适用10.0%的所得预提税率；租金、特许权使用费、转让不动产等除上述以外的其他所得适用20.0%的所得预提税率。

（4）外国企业申请享受税收协定待遇

俄罗斯签署的税收协定，一般规定了优于国内税法的税收协定待遇。非居民企业申请享用税收协定待遇，必须向扣缴义务人提交非居民企业居住国税务机关出具的税收居民身份证明，以及从俄罗斯企业取得证券收入（包括股息）的最终受益所有人资格和该收入权利在外国代名持有人、授权持有人或托管人的托管账户中进行登记的有关信息。如果扣缴义务人已扣缴税款，非居民企业可以在纳税年度后3年内提交退税表格和非居民企业居住国税务机关出具的税收居民身份证明、合同和代扣代缴证明等申请表格和资料,申请退还国内税法超过税收协定的税收差额。

（二）个人所得税( Налог на доходы физических лиц)

现行俄罗斯个人所得税纳税人分为2类:一类是俄罗斯常住居民个人,对其来源于俄罗斯境内外的全部所得纳税,除非税收协定另有规定,在境外缴纳的税款不会从在俄罗斯计算的税款中扣除;另一类是从俄罗斯境内取得收入的非俄罗斯常住居民个人,仅对其来源于俄罗斯境内的所得(只有特定的几类)纳税。

1. 居民纳税人

俄罗斯常住居民个人是指俄罗斯公民和外国公民或无国籍人士,在连续12个月内在俄罗斯居住至少183天。其中境外旅行、不到6个月的短期境外治疗或培训以及因用工合同或其他责任到境外工作或提供服务等情况不中止居住时间的计算。

(1)征税范围:受雇所得、营业和专业所得、投资所得、资本利得。

(2)税率:除某些特殊情形外,所有类型的年收入不足500万卢布的部分适用13%的个人所得税,超过500万卢布的部分适用15%的个人所得税。

2. 非居民纳税人

俄罗斯非居民个人所得税纳税人是指连续12个月内在俄罗斯居住不满183天,但有来源于俄罗斯境内应税所得的自然人。其中境外旅行、不到6个月的短期境外治疗或培训以及因用工合同或其他责任到境外工作或提供服务等情况,不中止居住时间的计算。

(1)征税范围:参照居民纳税人征税的范围,但仅就非居民纳税人来源于俄罗斯境内的所得征税。

(2)税率:

A. 具有高素质专家身份的外籍员工在俄罗斯受雇所得收入,以免签证形式停留在俄罗斯的非居民外籍人士和凭借特殊许可证从事为个人、家庭和类似需求工作的个人在俄罗斯受雇所得收入的税率为13%;

B. 非居民个人从俄罗斯公司收到的股息收入的税率为15%;

C. 上述A除外的非居民个人来源于俄罗斯的收入税率为30%;

D. 特定类型的非雇佣收入的税率为35%,包括各种博彩、竞赛中的得奖,奖金收入和广告收入等超过2000卢布以上的收入部分、纳税周期内超过中央银行规定的本币存款再融资利率加5个百分点或外币存款9%年利率的卢布或外币存款获得的利息收入、纳税人个人借款所获得的利息收入等。

(3)税收优惠:

《俄罗斯联邦税法典》第215条规定了特殊类别的外国公民的特定收入免于缴纳个人所得税,如外交使团人员等。

(三)增值税(Налог на добавленную стоимость)

俄罗斯目前实行的增值税是根据2000年8月5日通过的《俄罗斯联邦税法典》第2部分第21章征收的,属于消费型增值税,适用目的地原则,把国民经济的所有行业都纳入增值税征收范围。在俄罗斯境内销售或提供货物、劳务和服务的收入都要缴纳增值税,即对在俄罗斯境内消费或使用以及进口的货物、劳务和服务征收增值税,对在俄罗斯境外使用的出口货物或服务豁免征收增值税。2019年1月1日起,增税税率调整为0%、10%和20%三档。

1. 征税对象

(1)在俄罗斯领土上销售货物(劳务、服务),包括销售已质押的货物、根据补偿协议或续订协议转让货物(劳务、服务)以及转让产权;货物(劳务、服务)的销售是指货物(劳务成果、提供服务)所有权的转移。

(2)俄罗斯的企业内部用于自己生产需要转移的货物(劳务成果、提供服务)。

(3)自用建筑安装工程。

(4)进口到俄罗斯或其管辖范围内的其他领土的货物。

(5)外国企业通过互联网向俄罗斯居民提供的电子服务,包括通过互联网提供计算机软件使用权,提供游戏和数据库的使用权,以及提供互联网广告服务,提供发布信息服务,提供数据库服务,提供电子书和提供网上音乐、视频等。

2. 税收优惠

俄罗斯的税法规定了全国统一的增值税税收优惠,地方政府无权改动。

(1)豁免增值税纳税人义务。

根据《俄罗斯联邦税法典》第145、145.1条的规定,豁免下列主体的增值税纳税人义务:

A. 销售额在规定范围内的纳税人;

B. 满足一定条件的适用统一农业税制的农产品生产者;

C. 满足一定条件的创新科技项目参与者。

(2)《俄罗斯联邦税法典》第146条第2款规定了不征增值税项目。

(3)《俄罗斯联邦税法典》第 149 条规定了免征增值税项目。

(四)矿产资源开采税(Налог на добычу полезных ископаемых)

矿产资源开采税对有权使用地下资源的法律实体和个体工商户开采矿产资源所得征收,税率可以是从价税(通常是一个百分比)适用于应税基数(例如,提取钾盐的税率为 3.8%),也可以是从量税,具体适用于提取矿物的数量(例如,以卢布每吨计算),这取决于开采条件和矿物资源的类型。纳税人缴纳的矿产资源开采税可以在利润税税前扣除。

1. 税收优惠

《俄罗斯联邦税法典》第 342 条第 1 款规定了适用零税率的情况。

2. 减征税率

马加丹州经济特区、北极地区均规定了矿产资源开采税的减征税率。

## 二、联邦主体税

联邦主体税在相应的联邦主体范围内缴纳,包括企业财产税、博彩税和交通运输税 3 个税种。

(一)企业财产税(Налог на имущество организаций)

纳税人资产负债表中明确为资产的不动产(土地除外)须缴纳企业财产税。

1. 纳税人

(1)俄罗斯机构和组织包括俄罗斯法人以及单独编制资产负债表的俄罗斯法人的独立分支机构,其中独立分支机构应在其机构所在地缴纳财产税;

(2)在俄罗斯通过常设机构经营的外国机构和组织;

(3)在俄罗斯拥有不动产的外国机构和组织。

2. 征税对象

(1)通过常设机构进行经营,按照《俄罗斯联邦税法典》规定的会计方式,作为固定资产记入企业资产负债表的不动产(包括暂时占有、使用、处置、信托管理、参与联合活动或根据特许协议获得的不动产)。

(2)位于俄罗斯领土上且根据所有权、经济管理权属于纳税人或由纳税人根据特许协议获得的不动产。

3. 税率

(1)《俄罗斯联邦税法典》规定的企业财产税的税率最高不得超过 2.2%,另有特殊规定的除外;以地籍确定税基的房地产的企业财产税税率,最高不得超过2.0%。《俄罗斯联邦税法典》允许针对不同纳税人或应税财产的类别，适用差别税率，具体税率由各联邦主体的权力机关根据企业活动的类型确定。如果联邦主体的权力机关没有就具体税率作出决定，则应按照《俄罗斯联邦税法典》规定的税率征税。

(2)拥有天然气统一供气系统设施的企业或者直接或间接参与天然气统一供气系统设施超过了50%的企业，于2015年1月1日开始的纳税期内首次投入运营，则该企业全部或部分位于萨哈(雅库特)共和国、伊尔库茨克或阿穆尔州境内的下列不动产，适用零税率：

A. 天然气主管道及其生产设施，氦气生产及储存设施；

B. 用于开发矿藏、地下区块开采设计、基础设施设计和确保天然气主管道及其生产设施、氦气生产及储存设施有关的房地产正常运转的设施。

4. 税收优惠

税法规定的财产税减免情况，大致可分为以下三类：

(1)对特定组织免税；

(2)对纳税人部分财产免税；

(3)对经济特区等特定地区投资减免税。

(二)交通运输税

1. 纳税人

拥有应税交通运输工具的法人和自然人。

2. 征税对象

依法注册的交通运输工具为征税对象，包括汽车、摩托车、小轮摩托车、公共汽车、飞机、直升机、机动船舶、游艇、帆船、雪地车等。

3. 税率

根据征税对象的分类，区分有引擎的交通运输工具的发动机功率(马力、千克力、总吨位)和无引擎的交通运输工具的数量单位(个)，实行每单位马力(千克力、总吨位或交通运输工具的数量单位)1—200卢布不等的定额税率，具体由俄罗斯联邦主体的法律确定。联邦主体法律可以对《俄罗斯联邦税法典》规定的税率进行10倍以内的增减调整(发动机功率不超过150马力的乘用车除外)；可以根据交通工具生产以来已经过去的年数和其环境等级等，针对每种类型的交通工具建立差别的税率；可以为特定纳税人制定税收优惠政策和补贴。

4. 税收优惠

《俄罗斯联邦税法典》第 358 条第 2 款规定的特定种类的交通工具免税。

## 三、地方税费

地方税费在相应的市、区内缴纳,主要包括土地税、个人财产税(房产税)、交易费 3 项税费。

(一)土地税(Земельный налог)

土地税是由《俄罗斯联邦税法典》和市政代表机构的法律法规制定的,是所有在俄罗斯的市辖区域内拥有土地或根据特定条件使用土地的单位和个人应缴纳的地方税。

1. 纳税人

具有俄罗斯境内土地的所有权、永久使用权和终身可继承占有权的单位和个人,视为土地税的纳税人,包括:

(1)俄罗斯法律规定的法人,包括企业、联合公司、组织和机构;

(2)外国法人;

(3)国际非政府组织;

(4)个人,包括俄罗斯公民、外国公民和无国籍公民。

无偿、临时使用或承租土地的单位及个人不视为土地税的纳税人。

若该土地为单位投资资源的组成部分,视该单位的管理者为纳税人,以获得该土地资产的实际耗费计税。

2. 征税对象

(1)对于市(包括联邦直辖市莫斯科、圣彼得堡和塞瓦斯托波尔)辖区内的土地计征土地税,包括:

A. 提供给企业和农户、农场、农副业生产的其他企业的土地;

B. 提供给个人用于从事个体副业、住房建筑、园艺、蔬菜栽培和畜牧业的土地;

C. 提供给居民合作社用于园艺、蔬菜栽培和畜牧业的土地;

D. 提供给交通运输业、林业、水利、渔业和狩猎业企业、机构、组织的某些职工的份地;

E. 用于住宅、别墅和车库建设和其他目的的土地;

F. 工业、交通、通信、无线电广播、电视、信息、宇航保障和动力用地;

G. 物质生产和非生产领域其他部门用地;

H. 采伐木材的林地、林地中的农业用地；

I. 用于经济活动的水资源用地；

J. 用于休息目的的林地和水资源用地。

(2)以下土地不纳入征税范围：

A. 俄罗斯联邦法规定的不进入流通环节的土地。

B. 俄罗斯联邦法规定的流通受限制的土地，俄罗斯民族文化遗产中具有特别价值的建筑以及在世界遗产名录、历史和文化保护区、考古遗址、博物馆中的文物占用的土地；国有水利机构管辖的水资源占用的土地。

C. 森林资源占用的土地。

D. 公寓建筑公摊部分占用的土地。

3. 税基

土地税以《俄罗斯联邦土地法典》(国家土地登记清册)中列出的征税对象的土地价值为计税依据。如果房屋和建筑物用地由若干单位和个人分别使用，则分别按照各自的用地计算征税。

4. 税率

土地税实行差别税率，区分农业用地、住宅用地和非农业、非住宅用地等土地用途，并对其适用不同的税率。市政代表机构在下列《俄罗斯联邦税法典》规定的最高税率限定范围内，立法确定本市辖区域内的土地税税率。

(1)0.3%的税率：

A. 农业用地、用于农业生产或居住区中用于农业部分的土地；

B. 住宅、社区服务和居住的基础设施建设占用的土地以及购买的建筑用地；

C. 购买(取得)的用于个人业余时间耕种、园艺、卡车耕作、畜牧以及别墅农业的用地；

D. 根据俄罗斯联邦法律规定，流转受限的国防、安全和海关用地。

(2)1.5%的税率：

除上述规定以外的土地。

5. 税收优惠

《俄罗斯联邦税法典》第395条第1款规定的土地免税。

(二)个人财产税

1. 纳税人

拥有不动产并且由税务局进行评估后符合缴纳税款条件的个人须缴纳个人财产税。

2. 征税对象

以下位于市区的财产：

（1）住宅建筑，是指位于附有配套设施、园艺和个人住房构造的房屋；

（2）居所，指公寓（公摊部分除外）、房间；

（3）车库、停车位；

（4）单独的综合建筑；

（5）在建工程；

（6）任何其他建筑物、构筑物。

3. 税基

《俄罗斯联邦税法典》第378.2条规定的征税对象，以其在国家不动产统一登记清册中的价格计税；其余的以征税对象的存货价值为计税基础。

4. 税率

个人财产税税率由联邦和地方政府共同确定，联邦规定税率范围，地方政府可在联邦规定的税率范围内根据以下情况确定差别税率：

（1）征税对象的国家不动产统一登记清册价值，即应纳税对象的总存货价值乘以平减指数系数（考虑纳税人在共同拥有的权利中所占的份额）；

（2）征税对象的类型；

（3）征税对象的所在地；

（4）征税对象所在的区域类型。

5. 税收优惠

《俄罗斯联邦税法典》第407条第1款规定的个人有权对以下征税对象享受税收优惠：

（1）公寓或房间；

（2）住宅建筑；

（3）《俄罗斯联邦税法典》第407条第1款第14项所指明的住所或建筑；

（4）《俄罗斯联邦税法典》第407条第1款第15项规定的结构；

（5）车库或停车位。

享受税收优惠的纳税人应向所属税务机关提交减免税申请，并提供文件证明其享有税收优惠并选择其所享受项目的权利。

## 四、特别征税制度

《俄罗斯联邦税法典》规定了支持个体创业、小型企业和农业发展以及矿产合作开采的特别征税制度，提供了简单便捷的征税方式，供符合条件的纳税人选择使用。特别征税制度包括以下5种：简易征税制度、核定征收制度（特定经营活动估算收入统一税收制度，2021年1月1日起失效）、统一农业税、特许征税制度以及产品分成协议征税制度。除产品分成协议征税制度外，适用特别征税制度的纳税人仅支付单一的统一税，无须再缴纳其他税项。对于符合条件的纳税人来说，特别征税制度提供了一定的纳税便利与税收优惠。

（一）简易征税制度

符合条件的企业和个体工商户可以自愿选择适用简易征税制度。适用简易征税制度的企业和个体工商户无须缴纳与之相关的增值税、所得税（利润税或个人所得税）和财产税（企业财产税或个人财产税）。但进口环节的增值税、不动产财产税、企业分给个人的股息、《俄罗斯联邦税法典》第224条第2款和第5款规定的个人所得以及《俄罗斯联邦税法典》第284条第1.6款、第3款和第4款规定的企业所得除外；企业和个体工商户法定代扣代缴义务不能免除；其他税、费和社会保险税（费）需要按照有关税收和费用的法律缴纳。企业和个体工商户如果选择从下一日历年适用简化征税制度，需要在当年的12月31日前向企业和个体工商户所在地的税务机关提出书面申请。新设立的企业和新登记的个体工商户可在税务登记之日起30日内，向企业和个体工商户所在地的税务机关提出适用简化征税制度的书面申请，从税务登记之日起适用简化征税制度。

1. 纳税人

如果纳税人在一年的前9个月符合以下标准，可以申请适用简易征税制度：

（1）平均员工人数不超过100人；

（2）2017年1月1日起，公司的前9个月收入不超过1.125亿卢布；

（3）固定资产和无形资产的账面净值不超过1.5亿卢布；

（4）被其他企业持股比例不超过25%；

（5）没有分支机构。

如纳税人有以下情况，则不适用简易征税制度：

（1）有分支机构和代表机构的俄罗斯企业；

（2）银行、保险公司、私人养老基金、投资基金、职业保险市场参与者、典当行、从事特许经营的企业和个体工商户、组织和实施博彩业的企业、法律服务行业、外国组织、小额信贷机构、产品分成协议的各方以及统一农业税的纳税

人等;

(3)参股其他组织比例超过25%的法律实体(残疾人人数达到50%,且在劳动报酬基金所占份额不低于25%的组织除外)。

2. 税率

(1)对收入全额征税,税率为6%。联邦各主体税务局可根据纳税人类别设置1%—6%的差别税率。

(2)对收入减支出的差额征税,税率为15%。联邦各主体税务局可以根据纳税人类别设置5%—15%的差别税率。

(3)克里米亚共和国和塞瓦斯托波尔市的纳税人,2015—2016年适用税率为0%;2017—2021年的差额征税适用3%税率。

(4)在工业、社会科学、公共服务领域从事经营活动,并选择差额纳税的个体工商户,自登记之日起2年内适用零税率。条件是在税款所属期内,适用零税率的商品服务销售额应占全部销售额的70%以上。

纳税人可以在上年度12月31日之前通知所在地税务机关变更本年度的征税对象,但在税款所属期内不得变更。

(二)统一农业税

从事农业生产的企业和个体工商户,包括农民和农场主,可自愿选择缴纳统一农业税,而免除与农业相关的所得税(利润税或个人所得税)(《俄罗斯联邦税法典》第284条第1.6款、第3款和第4款规定的企业所得除外;企业分给个人的股息和《俄罗斯联邦税法典》第224条第2款和第5款规定的个人所得除外)、增值税(进口环节的增值税除外)和财产税(企业财产税或个人财产税)的纳税义务。企业和个体工商户法定代扣代缴义务不能免除;其他税、费和社会保险税(费)需要按照有关税收和费用的立法缴纳。

1. 纳税人

从事农产品生产加工、养殖畜牧的企业和个体工商户,农业生产合作社和不超过300人的渔业组织,如果相关产品销售额不低于其全部销售收入的70%,可以选择适用统一农业税制度。以下纳税人不适用于统一农业税制度:

(1)消费税应税商品生产的企业和个体工商户;

(2)从事博彩业的组织。

2. 征税对象和计税依据

统一农业税按收入减去可税前扣除的支出的利润征税。收入根据一般利润税规则计算。

3. 税率

统一农业税税率为6%。

(三)特许征税制度

特许征税制度适用于从事特定经营活动的个体工商户,在俄罗斯全境内有效。适用特许征税制度的纳税人不用再缴纳与之相关的个人所得税、个人财产税以及增值税(另有规定的除外)。许可限定在日历年度内有效,有效期为1—12个月。

1. 纳税人

满足下列两项条件的纳税人可以适用特许征税制度:

(1)用工人数不超过15人的个体工商户;

(2)经营范围为美容美发、家具修理、租售住宅、洗染服务、摄影冲印、建筑物修缮、看护服务、兽医服务、道路运输服务、水路运输服务、家政服务、装卸搬运服务、文化体育服务、租赁服务、饰品制作维修、设备修理、机动车养护、翻译服务、农产品生产销售、旅游服务、餐饮服务等。

以下纳税人不适用特许征税制度:

(1)合伙制和信托制企业;

(2)特许范围内在年销售收入超过6000万卢布;

(3)未按规定缴纳税款。

2. 征税对象和计税依据

以纳税人从事相关经营活动的预计年收入为征税对象。税款所属期为一年。

3. 税率

(1)特许征税税率为6%;

(2)初次登记从事工业、社会科学和个人服务领域的个体户,在2个日历年度内适用零税率。

(四)产品分成协议征税制度

产品分成协议征税制度是根据《俄罗斯联邦产品分成协议法》制定的特殊税收制度。产品分成协议是指俄罗斯按有偿原则,在一定期限内向投资人提供的在协议指定的矿产区块内拥有普查、勘探和开采矿物原料特权的一种合同。在产品分成协议下,投资人可以选择同国家分享生产的产品,而不再缴纳某些俄罗斯税收。投资人也可能被赋予其他税收特权。

### 2.2.1.2 税收优惠

特定税种的税收优惠（如利润税、个人所得税等）请见本指南本章“主要税种”部分；地区投资项目、经济特区、超前经济发展区、符拉迪沃斯托克自由港、北极地区的相关税收优惠请见本指南第3章“外商投资的优惠政策”。此外，相关法律对“斯科尔科沃”及联邦法律规定的其他创新中心、教育产业均规定了相关税收优惠。

#### 一、“斯科尔科沃”及联邦法律规定的其他创新中心税收优惠

（一）利润税税收优惠

1. 豁免利润税纳税人义务。

根据《斯科尔科沃创新中心联邦法律》或2017年7月29日的《创新科技中心联邦法律》获得一个项目参与者（创新科技项目参与者）的税收居民，自其按照指定的联邦法律获得项目参与者身份之日起10年内，其进行研究、开发并将其成果商业化所获得的利润，有权按照《俄罗斯联邦税法典》第246.1条规定的条件和方式豁免利润税纳税人义务；但创新科技项目参与者丧失了参与者身份或者创新科技项目参与者年销售货物、劳务、服务、产权等收入总额超过10亿卢布的除外。

2. 创新科技项目参与者，因其年销售货物、劳务、服务、产权等收入总额超过10亿卢布而丧失豁免利润税纳税人义务的权利后，其进行研究、开发并将其成果商业化所获得的利润，适用零税率。

自其纳税期的第一天起，按照权责发生制获得的累计利润总额超过3亿卢布[2017年1月1日至2021年12月31日（含）除外]。

（二）《俄罗斯联邦税法典》规定的其他税收优惠

创新科技项目参与者，自其按照指定的联邦法律获得项目参与者身份之日起10年内，免交增值税、企业财产税，且可享受低至14%的社会保险费。但创新科技项目参与者丧失了参与者身份或者创新科技项目参与者年销售货物、劳务、服务、产权等收入总额超过10亿卢布后出现下列情况的除外：

1. 创新科技项目参与者年销售货物、劳务、服务、产权等收入总额超过10亿卢布后的纳税期的第一天起，按照权责发生制获得的累计利润总额超过3亿卢布（企业研发中心除外）；

2. 自企业研发中心创新科技项目参与者年销售货物、劳务、服务、产权等收入总额超过10亿卢布后的纳税期的第一天起，按照权责发生制获得的累计利润总额超过10亿卢布，或者企业研发中心向关联方销售货物、劳务、服务、产权等收入的金额少于其总收入的50%。

（三）关税优惠

创新中心基金会承担海关经纪人的职能。如果创新中心内的员工在涉及货物入关时启用基金会为其经纪人，其关税及进口增值税将以津贴的形式从联邦预算中返还。返还补偿涉及的进口货物必须是以下2种：用于在创新中心基础设施建设或者是用于科研支持的设备和实施科研活动的设备。

（四）会计核算优惠

参与创新中心项目的企业，年度营业收入在10亿卢布以下的无须在俄罗斯开立会计账户。但是，其收入和支出明细必须以文档的形式记录在案。一旦其年度营业收入突破了10亿卢布的门槛，将不得在下年继续享受会计核算优惠。

## 二、教育产业税收优惠

（一）培训费用税前扣除优惠

纳税人为其员工提供专业培训发生的培训费，满足以下条件可全额税前抵扣：

1. 培训或教育由经俄罗斯或外国许可的教育机构提供；
2. 培训或教育提供给员工或未来员工。

（二）个人所得税免税额

若居民纳税人的年教育费用超过12万卢布，且其每个孩子的年教育费用超过5万卢布，则该居民纳税人的教育费用可税收抵扣。但税收抵扣的前提是，纳税人将教育费用支付给被许可的教育机构，一般只有俄罗斯机构才拥有这样的许可证。

### 2.2.1.3 征收和管理

俄罗斯联邦税务局隶属于俄罗斯联邦财政部，是俄罗斯负责税收征管的主要部门。俄罗斯联邦税务局下设9个行业跨区域特大型纳税人税务管理局、8个联邦管区税务管理局、84个联邦主体税务局（俄罗斯有85个联邦主体，阿尔汉格尔斯克州和涅涅茨自治区共设1个联邦主体税务局)、3个跨区域数据集中处理管理局、1个跨区域转让定价调查局和1个跨区域案头检查局。

跨区域特大型纳税人税务管理局对分管行业内的大企业进行管理;联邦管区税务管理局对管区内的联邦主体税务局的税收执法和行政管理进行监督;84个联邦主体税务局下设19个区税务管理局、104个市区税务管理局、112个市税务管理局和673个跨区税务管理局,全部为基层税务管理部门,统一征收俄罗斯联邦税费、联邦主体税费和地方税费,实行全国统一规范的税务管理和服务。

## 一、居民纳税人税收征收管理

### (一)注册登记

经营者进行注册登记,可以任意形式向俄罗斯联邦税务局提出注册登记申请,并附带提交下列文件:

1. 根据规定的程序予以证明的组织机构设立文件复印件;
2. 该组织机构或自然人在国家统一注册机构进行登记的事实确认文件复印件;
3. 在税务机关办理登记的证明文件复印件;
4. 投资报告(附带投资方案);
5. 根据《俄罗斯联邦税法典》和相应的俄罗斯联邦主体法律规定,针对地区投资项目或其参与方要求提供的其他文件。

俄罗斯联邦税务局审核注册申请文件不超过文件提交之日起3个工作日,根据审核结果向提交文件的经营者作出是否受理的决定。通过注册决定后下一个月的第一日为该经营者注册登记日期。

### (二)税务会计

《俄罗斯联邦税法典》第313条至第315条规定了税务会计的一般要求。税务会计规则可能不同于俄罗斯的法定会计原则(如有关折旧、利息开支确认等)。

### (三)纳税申报

在俄罗斯注册法人机构时,企业需获得税务登记证(号),依据联邦及地方政府的规定按时纳税。法人机构的会计师必须是俄罗斯公民。纳税申报时间依税种的不同,分为按月缴纳、按季度缴纳及按年度缴纳等,纳税人应当根据税收法律规定的具体期限进行纳税申报，提交申报表和有关资料。

纳税人应向办理税务登记的税务机关进行纳税申报，并载明纳税人识别号。纳税申报表的格式及填写方法由《俄罗斯联邦税法典》作出统一规定。除法律规定的内容之外，税务机关无权要求纳税人填报与税款计算缴纳无关的信息。

（四）税务检查

税务机关对纳税人实施的税务检查分为案头检查和实地检查。税务检查是对纳税人、支付人和扣缴人遵守税收法律情况的监督。

1. 案头检查，是税务机关根据自己掌握的纳税人提交的申报资料等进行的检查。税务机关工作人员无须上级批准，在纳税人提交申报之后 3 个月内进行案头检查。案头检查中发现纳税人提交的申报资料存在错误等情况的，纳税人必须在 5 日内作出说明或者在规定期限内进行纠正。

2. 实地检查。税务机关对纳税人实施实地检查，需要取得税务机关领导的批准。禁止税务机关针对同一税种在一个纳税期间内进行两次及以上的实地检查；除非有负有监督税收征管情况的联邦权力机关的批准，税务机关不得在一个日历年度内对同一个纳税人进行两次以上的实地检查。

（五）税收监控

从 2015 年 1 月 1 日起，一种新的税收监管形式——税收监控开始实施。这种形式的税收控制是税务机关与纳税人在签订加强合作协议的基础上进行的。该协议规定了合作的条件，特别是税务机关与纳税人之间的文件和信息的传递程序，使得税务机关可以监督纳税人计算和缴纳税款的正确性。纳税人参与税收监控是自愿的。上年度年收入总额超过 30 亿卢布，增值税、消费税、利润税、矿产资源开采税总额超过 3 亿卢布，资产价值超过 30 亿卢布的纳税人，都可以自愿申请进行税收监控。这一税收监管的特点是，纳税人定期向税务机关提供其财务、税收核算及内部控制系统数据的在线访问。俄罗斯联邦税务局期望，和纳税人的这种互动能够为纳税义务的全面执行创造一个良好的税收环境。俄罗斯联邦税务局的专家们认为，纳税人接受税收监管可避免税务机关的检查，这种新的税收监管方法将减少税收征管过程中发生的争议性问题。从 2016 年 1 月 1 日起，合并利润税报告的纳税人可以参加税务监控。从 2017 年 1 月 1 日起，社会保险费计算和缴纳的正确性也被纳入税务监控范围。

（六）在线收银机系统

俄罗斯于2017年年初开始分3个阶段强制推行在线收银机系统（OCR）。从2017年7月1日开始，此前曾被要求使用收银机的所有零售商必须使用新的在线收银机系统，包括使用一般税制或简化税制的零售业纳税人；从2018年7月1日开始，使用核定征收制度或特许征税制度的零售行业纳税人，以及提供公共餐饮服务而没有雇用员工的纳税人，都必须使用新的在线收银机系统；从2019年7月1日开始，所有在前两个阶段没有使用新的在线收银机系统的纳税人必须使用新系统，主要是以前没有义务使用收银机的服务业纳税人。

在线收银机可立即将销售数据上传到俄罗斯联邦税务局数据处理中心。客户可以通过手机App（可免费下载使用的移动应用程序）扫描在线收银机开具的发票的二维码，实时用税务管理部门存储的信息验证发票。在线收银机应用系统可以查验发票、监视收银机开具发票并在数据不匹配时自动提出风险提示。

（七）法律责任

根据《俄罗斯联邦税法典》第一部分，可以对纳税人不同类型的税务违法行为进行处罚。最重要的罚则包括以下几种：

1. 违反基本规定的处罚

（1）逾期税务登记。如果错过登记的截止时间，处1万卢布的罚款；如果在未登记的情况下开展业务，处该期间开展业务收入的10%但不低于4万卢布的罚款。

（2）违反税收会计规定。未造成税款少缴的，根据其性质和持续情况处以1万卢布至3万卢布的罚款（在几个纳税期均违规）；如果因少计税继而违规，处未缴税款的20%但不少于4万卢布的罚款。

（3）无正当理由逾期提交纳税申报表。处以应纳税额的5%且不低于1000卢布的罚款，但不得超过应纳税额的30%。

（4）未提交税收监控管理所需要的基本信息或提交的信息不完整。对于个人，处100—300卢布的罚款；对于公司管理人员，处300—500卢布的罚款。

2. 不履行纳税义务的处罚

（1）逾期纳税。每日向纳税人和扣缴义务人收取逾期纳税利息（滞纳金），利率为俄罗斯中央银行再融资利率的1/300。2018年12月27日之后产生的因未缴税款而征收的滞纳金，不得高于未缴税款。

(2)少缴税款。少报应缴税款的,处少报的未缴税款20%的罚款;如果故意少报税款,处少报的未缴税款40%的罚款。

(3)代扣代缴义务人未预提税款或欠缴税款。处代扣代缴义务人未预提或欠缴税款20%的罚款。

(4)《俄罗斯联邦刑法典》规定公司管理人员应承担的逃税责任。除公司外,其管理人员如果不履行税务义务,还可能根据俄罗斯法律受到行政罚款。此外,故意逃税导致严重少缴税款的行为可能受到刑事处罚。《俄罗斯联邦刑法典》第199条规定了受刑事处罚的逃税行为:根据法律规定应向税务机关提交而未提交纳税申报表或其他文件或者提交的纳税申报信息明知是不正确的。重大逃税行为可能导致最长6年的监禁,禁止开展特定业务3年,以及罚款20万—50万卢布或违法者1—3年的工资或其他收入总额。重大逃税行为是指连续3年少缴税费或社会保障金超过500万卢布并且少缴的税费或社会保障金超过应缴税费的25%或者超过1500万卢布而无论少缴税费的比例;特别重大逃税行为是指少缴税费或社会保障金超过1500万卢布并且少缴的税费或社会保障金超过应缴税费的50%或者超过4500万卢布而无论少缴税费的比例。如果组织或个人首次税务犯罪、并已全额支付未缴的税费或社会保障金以及相应逾期利息和罚款,则免于承担刑事责任。

3. 其他处罚

(1)俄罗斯法律规定,如果一家公司在至少12个月的时间内没有申报纳税,也没有进行任何银行交易,税务机关就可以对该公司进行清算。

(2)银行不遵守《俄罗斯联邦税法典》规定的相关义务的,有特别的处罚。

### (八)税务争议的申诉

纳税人认为税务机关及其工作人员行为不恰当的,可向上一级税务机关进行申诉。

如《俄罗斯联邦税法典》中未有其他规定,申诉人自知道或应当知道自身权益被损害之日起1年内有权直接向上一级税务机关进行申诉。

对未经申诉已经生效的追究或不追究税收违法行为责任的决定进行申诉的,应在该决定作出之日起1年内进行。

对受理申诉机关的申诉处理决定不服的,在该处理决定作出之日起3个月内向授权负责监督税收及费用征收的联邦执行权力机关进一步申诉。

纳税人认为税务机关及其工作人员行为不恰当的,也可以直接向法院起诉。

## 二、非居民纳税人税收征收管理

(一)征管措施

无论外国企业是否在俄罗斯设立常设机构,都应当遵从俄罗斯税务机关相应的登记和信息报告的有关规定。

1. 外国企业税务登记时间标准。根据相关规定,如果外国企业在 1 年内通过分支机构在俄罗斯进行或者准备进行超过 30 日(连续或者总计)的活动,则该公司应当在活动开始后的 30 日内在俄罗斯税务机关进行税务登记。

2. 经营活动告知义务。如果外国企业在俄罗斯进行活动的时间在 1 年内少于 30 日,则应当通知俄罗斯税务机关。当外国企业取得来源于俄罗斯境内的收入,但收入不属于该公司在俄罗斯的常设机构时,也应当通知俄罗斯税务机关。

3. 财产税务登记。如果外国企业在俄罗斯拥有不动产或者交通工具,以及外国企业在俄罗斯开立银行账户或者进行有价证券交易,则也必须在俄罗斯税务机关进行登记。

4. 增值税税务登记。自 2017 年 1 月 1 日开始,通过互联网向俄罗斯纳税人提供电子服务的外国企业,应当通过俄罗斯联邦税务局网站电子税务局“互联网公司增值税办公室”办理税务登记和纳税申报。

(二)税收管理

1. 设立子公司的税收管理

非居民企业在俄罗斯设立的子公司为俄罗斯居民企业纳税人,在俄罗斯负有居民企业纳税人义务。与此同时,子公司在俄罗斯也是《俄罗斯联邦税法典》规定的非居民母公司的代扣代缴义务人,需履行《俄罗斯联邦税法典》规定的代扣代缴义务,否则将承担法律责任。

2. 分公司或代表处的税收管理

非居民企业在俄罗斯设立的分公司或代表处在俄罗斯不是独立的法人,为俄罗斯非居民企业纳税人,负有非居民纳税人义务。其中,利润税依据其在俄罗斯所从事的经营活动是否构成常设机构来确定。构成常设机构的,需就归属于常设机构的利润在俄罗斯缴纳利润税,纳税期限为每季度预缴;不构成常设机构的,则这些活动的所得在俄罗斯免于缴纳利润税。外国企业作为总公司,取得俄罗斯办事处或分支机构汇回总部的利润无须缴纳任何预提税,但清算收益须在收益来源地缴税。

3. 取得的与常设机构无关的所得的税收管理

非居民企业在俄罗斯未设立机构场所,但有来源于俄罗斯的收入(如租金、特许权使用费、利息和股息、货运收入等)或者虽设立机构场所但取得的收入与机构场所无关,即该收入不属于常设机构的收入,则按照来源地征税原则,非居民企业在俄罗斯收入来源地需缴纳预提所得税,即由俄罗斯支付方代扣代缴的预提税(利润税)。

### 2.2.1.4　中俄税收协定

中国政府与俄罗斯政府于 1994 年 5 月 27 日在北京签订了《中华人民共和国政府和俄罗斯联邦政府关于对所得避免双重征税和防止偷漏税的协定》,于 2014 年 10 月 13 日在莫斯科重新签订了《中华人民共和国政府和俄罗斯联邦政府对所得避免双重征税和防止偷漏税的协定》(以下简称中俄税收协定)及议定书,于 2015 年 5 月 8 日在莫斯科签订了《关于修订〈中华人民共和国政府和俄罗斯联邦政府对所得避免双重征税和防止偷漏税的协定〉的议定书》,上述在莫斯科签订的两个协定于 2016 年 4 月 9 日生效,于 2017 年 1 月 1 日起执行。

根据《俄罗斯联邦宪法》和《俄罗斯联邦税法典》的规定,俄罗斯签订的国际条约规定与俄罗斯国内法律规定不一致时,应当遵守国际条约的规定,除非俄罗斯在批准该条约时另有保留。中国居民到俄罗斯进行投资、承包工程、提供劳务等跨国经济活动,在俄罗斯境内取得的营业利润等积极收入和租金、股息、利息、特许权使用费、财产收益等收入,在俄罗斯缴纳利润税等具有所得性质的税收时,优先适用中俄税收协定。

当依据俄罗斯国内税法缴纳的所得性质的税收高于中俄税收协定规定的税收时,中国居民可申请享受中俄税收协定给予的优惠待遇。根据《俄罗斯联邦税法典》的规定,若中俄税收协定规定了较低的税率或在俄罗斯境内免征税,中国居民作为受益所有人应向税款扣缴人提供中国税收居民身份证明,在获得所得的发生地进行减免;若支付款项之前未出具类似证明,则超出中俄税收协定税率的预扣款项应在中国居民作为俄罗斯非居民纳税人提交申请书之后给予退还。

#### 一、适用范围

(一)主体范围

中俄税收协定适用于中国和俄罗斯一方或者同时为双方居民的人,包括个人、公司和其他团体。居民是指按照中国或俄罗斯法律,由于住所、居所、成立地、实际管理机构所在地或者其他类似的标准,在中国或俄罗斯负有纳税义务的人。

同时为中俄双方居民的个人,其身份应按以下规则确定:

1. 应认为仅是其永久性住所所在国的居民;如果在中俄双方同时有永久性住所,应认为仅是与其个人和经济关系更密切(重要利益中心所在)的国家的居民。

2. 如果其重要利益中心所在国无法确定或者在缔约国任何一方都没有永久性住所,应认为仅是其习惯性居处所在国家的居民。

3. 如果其在中俄双方都有或者都没有习惯性居处,应认为仅是其国籍所属国家的居民。

4. 如果发生双重国籍问题或者其不是中俄任何一方的国民,中俄双方主管当局应通过协商解决。如果双方主管当局无法达成一致,该个人不应被认为是中俄任何一方的居民,且不可享受中俄税收协定规定的任何税收减免。

关于除个人以外的公司和其他团体,同时为中俄双方居民的人,应认为仅是其实际管理机构所在国家的居民。

(二)客体范围

中俄税收协定适用于对所得征收的税收。

## 二、常设机构的认定

(一)一般规定

1. 在中国或俄罗斯进行全部或部分营业的固定营业场所属于常设机构,特别包括管理场所、分支机构、办事处、工厂、作业场所、矿场、油井或气井、采石场或者其他开采自然资源的场所。

2. 非独立代理人(指某一企业、个人或其他团体在中国或俄罗斯有权并经常行使这种权利以俄罗斯或中国居民企业的名义签订合同,进行活动)属于常设机构。

3. 出于准备性、辅助性的目的设立的场所且其全部活动属于准备性或辅助性活动的,不属于常设机构。

(二)特殊认定

1. 工程型常设机构认定:建筑工地,建筑、装配或安装工程,或者与其有关的监督管理活动,但仅以该工地、工程或活动连续超过18个月的为限。

2. 劳务型常设机构认定:企业通过雇员或雇用的其他人员在缔约国一方提供劳务,包括咨询劳务,但仅以该性质的活动(为同一项目或相关联的项目)在相关纳税年度开始或结束的任何12个月中连续或累计超过183天的为限。

3. 代理型常设机构认定:当一个人(独立地位代理人除外)在缔约国一方代表缔约国另一方的企业进行活动,有权以该企业的名义签订合同并经常行使这种权力,这个人为该企业进行的任何活动,应认为该企业在该缔约国一方设有常设机构,除非这个人通过固定营业场所进行的活动限于准备性或辅助性活动。

## 三、主要收入的税收管辖

### (一)营业利润

中国居民企业在俄罗斯设立分支机构、代表处等进行经营活动或在俄罗斯进行承包工程、提供劳务等经营活动取得的营业利润,在俄罗斯是否负有利润税纳税义务,应依据其在俄罗斯所从事的经营活动是否构成常设机构和是否归属于该常设机构来确定。中俄税收协定给予了优于《俄罗斯联邦税法典》的对常设机构的判定标准,并仅对属于该常设机构的利润赋予俄罗斯征税权。在确定常设机构的利润时,应当允许其扣除营业发生的各项费用,包括行政和一般管理费用,无论其发生于俄罗斯,还是中国。如果在俄罗斯没有构成常设机构或者营业利润不属于该常设机构,则该营业利润在俄罗斯不用缴纳利润税。

### (二)国际运输

国际运输是指中国居民企业经营的涉及中俄两国国境的运输,不包括仅在俄罗斯各地之间经营的运输。中国居民企业以船舶或飞机经营国际运输业务所取得的利润,涉及来源于俄罗斯的所得,包括参加合伙经营、联合经营或者参加国际经营机构取得的利润,俄罗斯没有征税权。对于陆路国际运输,2014年签订的中俄税收协定没有规定,应当以中俄两国国内法的有关规定执行。

### (三)与常设机构无关的股息、利息、特许权使用费、财产收益、不动产所得

中俄税收协定针对中国居民企业来源于俄罗斯的与在俄罗斯构成的常设机构无关的股息、利息、特许权使用费、财产收益等所得设定了优于《俄罗斯联邦税法典》规定的预提所得税税率。为了防止滥用,同时规定了一些反避税条款。

比如,对与中国居民企业在俄罗斯构成的常设机构有实际联系的股息、利

息、特许权使用费、财产收益等所得，应并入该常设机构的利润，依据《俄罗斯联邦税法典》缴纳利润税。

（四）董事费

中国居民作为俄罗斯居民公司的董事会成员取得的董事费和其他类似款项，可以在俄罗斯征税。

## 四、俄罗斯税收抵免政策

在中国，中国居民企业从俄罗斯取得的所得，按照中俄税收协定规定在俄罗斯缴纳的税额，可以在中国征收的利润税中抵免，抵免额不应超过对该项所得按照中国利润税法计算的税收数额。其中，从俄罗斯取得的股息所得的税收抵免额为支付该股息公司就该项所得缴纳的俄罗斯税收，以中国居民企业拥有支付该股息公司不少于 20% 的股份为限。

## 五、在俄罗斯享受税收协定待遇的手续

根据《俄罗斯联邦税法典》的规定，非居民公司从俄罗斯取得的租金、特许权使用费、利息和股息、货运收入等所得需要在俄罗斯缴纳预提所得税。但根据与俄罗斯签署的双边税收协定，上述预提所得税可能会有优惠，非居民公司可以在俄罗斯申请享受税收协定待遇。

中国居民公司要想在俄罗斯享受中俄税收协定待遇，需要进行以下证明：

（1）提供中国主管税务机关出具的税收居民身份证明；

（2）证明受益所有人身份的相关证明。

如果能够证明俄罗斯公司对外支付的股息、利息的受益所有人建立在受税收协定保护的国家，并且向税务机关提供了此非居民公司的税收居民身份证明，那么税收协定中的优惠税率将可以适用。

## 六、中俄税收协定相互协商程序

中俄税收协定第 25 条相互协商程序条款为两国主管当局之间的协商解决机制提供了法律依据。

根据中俄税收协定，当中国居民企业认为，俄罗斯所采取的措施，导致或将导致对其的征税不符合该协定规定时，可以不考虑俄罗斯国内法律的补救办法，而在发生不符合中俄税收协定规定的征税措施第一次通知之日起 3 年内，将案情提交中国主管税务当局。中国主管税务当局应呈报税务总局使其与俄

罗斯税务当局相互协商解决，以避免不符合中俄税收协定规定的征税，维护企业和国家税收权益。

（一）申请人的条件

中国《税收协定相互协商程序实施办法》（国家税务总局公告 2013 年第 56 号）规定，如果中国居民（国民）认为，缔约对方所采取的措施，已经或将会导致不符合税收协定所规定的征税行为，有下列情形之一的，可以申请启动相互协商程序：

1. 对居民身份的认定存有异议，特别是相关税收协定规定双重居民身份情况下需要通过相互协商程序进行最终确认的；

2. 对常设机构的判定或者常设机构的利润归属和费用扣除存有异议的；

3. 对各项所得或财产的征免税或适用税率存有异议的；

4. 违反税收协定非歧视待遇（无差别待遇）条款的规定，可能或已经形成税收歧视的；

5. 对税收协定其他条款的理解和适用出现争议而不能自行解决的；

6. 其他可能或已经形成不同税收管辖权之间重复征税的。

（二）相互协商程序的方式

符合申请条件的中国居民（国民），可以按照《税收协定相互协商程序实施办法》的规定向省税务机关提出申请，请求税务总局与缔约对方主管当局通过相互协商程序解决有关问题。

（三）相互协商程序结果的法律效力

国际普遍认为相互协商程序应属于行政性的争议解决手段，换言之，其结果只对达成协议的主管当局产生约束；如果当事人对结果不满，其仍有权通过司法程序寻求救济。此外，相互协商程序是两国主管当局就特定问题进行的协商讨论，就效力而言，其得出的结论只能对该特定问题生效，而无普遍约束力。

（四）保护性措施

中俄税收协定第 25 条相互协商程序条款规定，若纳税人接受相互协商的结果，该结果的执行将不受其本国国内法的限制。因两国主管当局就相互协商程序能否达成一致具有相当的不确定性，而且该程序通常耗时很长，当纳税人对协商结果不满或两国税务主管当局无法达成一致时，即使纳税人希望通过司法程序解决也很有可能面临诉讼时效已过期的尴尬局面。因此当事人在申请启动协商程序后往往还会选择同时启动其他的救济程序，如行政复议或司法救济来确保自身权益。

#### 2.2.1.5 税收风险防范

##### 一、信息报告风险

(一)外国企业税务登记时间标准

根据相关规定,如果外国企业在1年内通过分支机构在俄罗斯进行或者准备进行超过30日(连续或者总计)的活动,则该公司应当在活动开始后的30日之内在俄罗斯税务机关进行税务登记。

(二)财产税务登记

如果外国企业在俄罗斯拥有不动产或者交通工具,以及外国企业在俄罗斯开立银行账户或者进行有价证券交易,则也必须在俄罗斯税务机关进行登记。

(三)经营活动告知义务

如果外国企业在俄罗斯进行活动的时间在1年内少于30日,则应当通知俄罗斯税务机关。当外国企业取得来源于俄罗斯境内的收入,但收入不属于该公司在俄罗斯常设机构时,也应当通知俄罗斯税务机关。

##### 二、纳税申报风险

(一)在俄罗斯设立子公司的纳税申报风险

中国居民在俄罗斯设立的子公司,在俄罗斯负有居民企业纳税义务,需就其来源于俄罗斯境内、境外的所得依据《俄罗斯联邦税法典》在俄罗斯缴纳利润税。中国居民作为母公司(子公司的股东),取得子公司税后利润分配的股息(利润),在俄罗斯仍需缴纳预提税(由子公司代扣代缴的利润税)。

(二)在俄罗斯设立分公司或代表处的纳税申报风险

中国居民在俄罗斯设立的分公司的纳税义务依据其在俄罗斯所从事的经营活动是否构成常设机构来确定。构成常设机构的,需就归属于常设机构的利润在俄罗斯缴纳利润税;不构成常设机构的,则这些活动的所得在俄罗斯免于缴纳利润税。中国居民作为总公司,取得俄罗斯办事处或分支机构汇回总部的利润无须缴纳任何预提税,但清算收益须在收益来源地缴税。

(三)在俄罗斯取得与常设机构无关的所得的纳税申报风险

中国居民在俄罗斯未设立机构场所,但有来源于俄罗斯的收入(如租金、特许权使用费、利息和股息、货运收入等）或者虽设立机构场所但取得的收入与机构场所无关，即该收入不属于在俄罗斯所构成的常设机构的收入，则中国居民在俄罗斯收入来源地需缴纳预提所得税。此种情况下，由俄罗斯支付方代扣代缴的利润税，中国居民应当承担相应的纳税义务，配合有关不动产、股权等购置成本的会计核算等，并在支付方支付前提供给对方有关成本的书面证明，以及受益所有人的证明。

（四）调查认定风险

2012年以来，俄罗斯开始重视反避税工作，先后出台了转让定价和受控外国企业规则，对违反独立交易原则的转让定价等税基侵蚀和利润转移避税问题进行反避税调查，并有相应的处罚措施。因此，对俄投资企业应当合理确定转让定价，必要时申请预约定价安排，规避反避税调查风险。

（五）享受税收协定待遇风险

中俄税收协定待遇规定了优于中俄两国国内税法的税收协定待遇；但同时，为了防止滥用中俄税收协定待遇侵蚀税基，中俄税收协定规定了利益限制条款和相应的反避税措施。因此，对俄投资企业一方面要保证在中国的税收居民符合中俄税收协定规定的受益所有人资格，防止享受中俄税收协定不当的风险；另一方面，应主动开具中国税收居民身份证明，并准备相应的受益所有人证明材料，主动申请享受中俄税收协定待遇。

### 2.2.2 知识产权

《俄罗斯联邦民法典》第4章对知识产权作出规定，取代了之前的关于知识产权的单行法律，自2008年1月1日开始实行。

#### 2.2.2.1 专利申请、实施及保护

**一、专利授予范围**

根据《俄罗斯联邦民法典》第4部分第1349条的规定，专利权保护的对象是发明、实用新型、外观设计。

1. 发明：任何领域的技术方案，包括产品（涉及装置、物质、微生物菌株、植物或动物组织培育）和方式（借助物质手段对物质客体实施作用的过程），即按照一定用途对产品或方式的应用。

2. 实用新型：与设备有关的技术方案，其有受保护的对象和不受保护的对

象之分。

(1)受保护的对象:单一的装置(设备);

(2)不受保护的对象:方法、用途或者组合系统。

例如:

受保护的对象为“一种用于制造雪球,包括至少两个手柄,均具有一个半杯在其一端,其中,所述手柄是通过一个螺丝钉连接的设备”。

不受保护的对象为“一种用于交易,包括与客户的移动装置和一个推销员的移动设备连接的主机服务器的系统”。

3. 外观设计:工业产品、手工业产品外观的艺术设计方案。

不受保护的对象包括以下2种:

(1)完全由它们的技术功能所限定的设计。

(2)易使消费者对产品生产者、产地、其他产品产生混淆的设计,或者给人造成同种整体印象的设计等。

4. 其他不受专利保护的对象,包括以下几种。

(1)法律规定,以下各项不属于发明、实用新型:

①发现;

②科学理论和数学方法;

③仅针对产品外观并满足美学需求的决策;

④游戏、智力或经济活动的规则和方法;

⑤电子计算机程序;

⑥仅在于提供信息的决策。

(2)此外,对下列发明不作为发明或实用新型授予专利:

①植物品种、动物品种及其制备的生物学方法,即完全基于杂交和自然选择的方法。但是微生物学方法和通过该方法获得的产品除外。

②集成电路布图设计。

(3)如果智力活动的成果属于下列情况,不可获得专利权:

①克隆的人体及克隆人体的方法;

②改变人类种系细胞遗传完整性的方法;

③将人类胚胎用于工业和商业目的;

④与公共利益、人道与道德原则相抵触。

## 二、专利授予条件

### (一)发明取得专利的条件

如果发明具备新颖性、创造性、工业实用性,将受到法律保护。

1. 新颖性:发明未在俄罗斯或世界其他地方公开。

如果发明的发明人、申请人、直接或间接从他们那里得到该发明信息的任何人公开了与该发明有关的信息(包括在展会中展出该发明),申请人在公开后6个月内向俄罗斯知识产权局提出专利申请的,该发明不丧失新颖性。

2. 创造性:该技术方案对于相应技术领域内的技术人员来说不是从现有技术中明确得出的。现有技术,包括在该发明的优先权日之前已经可在世界上公开获得的任何信息。

3. 工业实用性:如果一项发明可以用于工业、农业、医疗保健、经济的其他部门或社会领域,则该发明具有工业实用性。

### (二)实用新型取得专利的条件

如果实用新型具备新颖性、工业实用性,将受到法律保护。

1. 新颖性:实用新型本质要件的总和未在俄罗斯或世界其他地方公开。

如果实用新型的发明人、申请人、直接或间接从他们那里得到该实用新型信息的任何人公开了与该实用新型有关的信息,申请人在公开后6个月内向俄罗斯知识产权局提出专利申请的,该实用新型不丧失新颖性。

2. 工业实用性:如果一项发明可以用于工业、农业、医疗保健、经济的其他部门或社会领域,则该发明具有工业实用性。

### (三)外观设计取得专利的条件

如果外观设计具备新颖性、独创性,将受到法律保护。

1. 新颖性:外观设计本质要件的总和未在俄罗斯或世界其他地方公开。

如果外观设计被其设计人、申请人、直接或间接从他们那里得到该设计的任何人公开,申请人在公开后12个月内向俄罗斯知识产权局提出专利申请的,该设计不丧失新颖性。

2. 独创性:在俄罗斯或世界无类似设计。

## 三、优先权

### (一)国内优先权(《俄罗斯联邦民法典》第1381条)

申请国内优先权的条件如下:

1. 申请人原先向俄罗斯知识产权行政机关提交过发明、实用新型、外观设计专利申请书;

2. 同一申请人提交确认优先权申请之日,原先的申请未被撤回或者未被视为撤回,且发明、实用新型、外观设计未在相应注册簿进行注册;

3. 发明的优先权申请书于原先的发明专利申请书提交之日起的 12 个月内提交,实用新型或外观设计的优先权申请书于原先的实用新型或外观设计专利申请书提交之日起的 6 个月内提交。

(二)公约优先权(《俄罗斯联邦民法典》第 1382 条)

根据俄罗斯法律,在《巴黎公约》缔约方首次提出发明、实用新型、外观设计专利申请的申请人可以在俄罗斯申请优先权,条件是申请人在向《巴黎公约》缔约方首次提出发明、实用新型专利申请之日起的 12 个月内向俄罗斯知识产权局提出专利申请,在向《巴黎公约》缔约方首次提出外观设计专利申请之日起的 6 个月内向俄罗斯知识产权局提出专利申请。如果由于申请人意志以外的情况不能在上述期限内提交申请,则该期限可以由俄罗斯知识产权局延长,但延长的时间不得超过 2 个月。

公约优先权的申请有以下几个要点:

1. 外观设计

原则上,申请人希望外观设计专利申请享有优先权的,应当于向俄罗斯知识产权局提出专利申请之日起的 2 个月内向其告知此情况,并在提交公约优先权申请之日起的 3 个月内向上述机关提交在《巴黎公约》缔约方首次提交的专利申请书复印件。

如果申请人不能于规定期限内提交在《巴黎公约》缔约方首次提交的专利申请书的公证复印件,可以在该期限届满前向俄罗斯知识产权局提交一份公约优先权申请;如果申请人于在《巴黎公约》缔约方首次申请提交之日起的 8 个月内申请调取复印件并在收到复印件之日起的 2 个月内提交给俄罗斯知识产权局,申请就可以获得批准。

2. 发明、实用新型

原则上,申请人应当于在《巴黎公约》缔约方首次提交专利申请之日起的 16 个月内向俄罗斯知识产权局告知此情况,并提交在《巴黎公约》缔约方首次提交的专利申请书复印件。

如果申请人不能于规定期限提交在《巴黎公约》缔约方首次提交的专利申请书复印件,可以在该期限届满前向俄罗斯知识产权局提交一份公约优先权申请;如果申请人于在《巴黎公约》缔约方首次申请提交之日起的14个月内申请调取复印件并在收到复印件之日起的2个月内提交给俄罗斯知识产权局,申请就可以获得批准。

3.申请书语言要求

只有当发明或实用新型优先权申请是否真实存在的审查与发明或实用新型的专利能力有关时,俄罗斯知识产权行政机关才有权要求申请人提交第一个发明或实用新型专利申请书的俄文翻译文本。

4.发明、实用新型、外观设计优先权竞合

《俄罗斯联邦民法典》第1383条规定,如数个申请人提交了相同的专利申请,而这些申请优先权日重合,则这些申请人应当通过协议确定申请人,而数个申请人为专利的共同创作者。

## 四、专利申请审批程序

### (一)发明专利申请的审批程序

1.形式审查

俄罗斯知识产权局对发明专利申请进行形式审查,如果申请符合要求,俄罗斯知识产权局会将该结果及专利的申请日立即通知申请人。

形式审查的主要内容包括:

(1)审查文件是否齐备,以及是否符合法律规定的要求。

(2)如果申请人对发明申请提供了补充材料,审查补充材料是否改变了所申请发明的实质内容。对于改变了所申请发明实质内容部分的补充材料,申请人可作为独立申请提出。

(3)审查发明申请是否违反了发明的统一性要求。

“统一性”要求:一项发明或实用新型专利申请中只能包含一项发明或实用新型,或者属于一个总的发明构思的两项以上的发明或者实用新型。

如果俄罗斯知识产权局发现发明申请不符合统一性要求,将要求申请人在3个月内决定是否修改专利申请文件或者进行分案。

如果发明专利申请不符合既定要求,俄罗斯知识产权局会向申请人发出审查意见书,要求申请人在3个月内对申请文件进行修正或补充。该期限可以根据申请人的请求予以延长,但最多不能超过10个月。如果申请人在规定期限内未对申请文件予以修正或补充,或者未提出延长期限的请求,将被视为撤回申请。

2. 申请材料公开

如果申请通过了形式审查,俄罗斯知识产权局将在该发明专利申请日起 18 个月内,在官方公告中公开有关该发明申请的信息。申请人也可要求俄罗斯知识产权局提前公开申请文件。公开的内容由俄罗斯知识产权局决定,作者有权拒绝在公布的关于发明专利申请的信息材料中提及作者信息材料。专利申请文件被公开后,任何人都有权了解文件内容。

如果申请人在申请日后 15 个月内撤销申请,或者申请在 15 个月内获得专利注册,则不再对申请文件进行公开。

3. 实质审查

申请人或第三方在发明专利申请的申请日及其后 3 年内,可请求俄罗斯知识产权局对申请进行实质审查。俄罗斯知识产权局会将第三方的请求通知专利申请人。

上述期限可根据申请人的请求予以延长,但最多不能超过 2 个月。

如果申请人未在规定期限内提出实质审查请求,将被视为撤回申请。

实质审查阶段,俄罗斯知识产权局将检查发明的可专利性,对要求受保护的权利进行检索以确定其技术水平,并审查发明是否符合专利对新颖性、创造性和工业实用性的要求。

俄罗斯知识产权局会向申请人提供检索报告。

4. 颁发专利

授予发明专利权的发明在申请人缴纳相应专利费用后,将被俄罗斯知识产权局载入俄罗斯联邦发明登记簿,颁发发明专利证书。在官方公报中公布授予发明专利权的有关信息,包括作者姓名(如果作者未拒绝作为作者而署名)或者专利持有人名称、发明名称。

(二)实用新型专利申请的审批程序

俄罗斯知识产权局对实用新型专利申请进行形式审查,检查文件是否齐全,是否符合既定要求。

如果申请通过形式审查,俄罗斯知识产权局将对申请进行实质审查,检查实用新型的可专利性,对要求受保护的权利进行检索以确定其技术水平,检查技术是否充分公开以使相关领域的技术人员能够实施。

授予实用新型专利权的实用新型在申请人缴纳相应专利费用后,将被俄罗斯知识产权局载入俄罗斯联邦实用新型登记簿,颁发实用新型专利证书。在官方公报中公布授予实用新型专利权的有关信息,包括作者姓名(如果作者未拒绝作为作者而署名)或者专利持有人名称、实用新型名称。

(三)外观设计专利申请的审批程序

中国对外观设计采用初步审查制。而俄罗斯的外观设计审查与中国的外观设计审查最大的差异表现在其对外观设计专利申请的审查采用实质审查制。

俄罗斯知识产权局先对外观设计专利申请进行形式审查,检查文件是否齐全,是否符合既定要求。

如果申请通过形式审查,俄罗斯知识产权局将对申请进行实质审查,检查外观设计的可专利性,对要求受保护的设计进行检索以确定公开可用的信息。

授予外观设计专利权的外观设计在申请人缴纳相应专利费用后,将被俄罗斯知识产权局载入俄罗斯联邦外观设计登记簿,颁发外观设计专利证书。在官方公报中公布授予外观设计专利权的有关信息,包括作者姓名(如果作者未拒绝作为作者而署名)或者专利持有人名称、外观设计名称和完整呈现所有外观设计实质特征的产品图片。

(四)发明、实用新型、外观设计专利申请的驳回与异议

对俄罗斯知识产权局作出的视为撤回申请的决定、拒绝颁发专利证书的决定、颁发专利证书的决定,申请人可以在7个月内依行政程序向专利争议委员会提出异议,要求撤销该决定;对专利争议委员会的决定不服的,可向俄罗斯知识产权法院起诉,要求宣告专利授权无效。

异议可以当面、通过邮局或者通过在线方式提交,在线提交网站:https://new. fips. ru/office/userPPS? evictCache=true&step=1。

(五)专利申请文件的修改(《俄罗斯联邦民法典》第1378条)

在知识产权局作出颁发、拒绝颁发专利证书、认定申请已撤回的决定前,申请人均有权提交补充材料,对专利申请书进行补充、说明和修改,但是不得改变发明、实用新型、外观设计申请专利的实质。补充材料中对申请进行实质性变更的部分,在审查发明申请时不予考虑。申请人可以将这些材料作为独立申请提交,俄罗斯知识产权局应将此情况通知申请人(《俄罗斯联邦民法典》第1386条)。

1. 视为改变了发明、实用新型专利申请实质的情形:

(1)含有其他发明,而该发明不符合已被受理审查的一个发明或一组发明的统一性要求,或含有其他实用新型。

(2)含有应该列入发明或实用新型公式的要件,在发明、实用新型申请材料

中应当揭示但截至递交申请之日所提交的文件中却没有揭示。

2. 视为改变了外观设计专利申请实质的情形：

（1）提交了不同的外观设计，但它对于已经受理的一个或一组外观设计图案不符合外观设计的统一性要求。

（2）所提交外观设计的本质要件是截至提交申请之日提交的外观设计描述中所没有的，或者提交的产品图案已经去除了截至申请之日已经提交的外观设计的本质要件。

（六）专利申请书的变更

1. 发明专利的变更

在申请通过形式审查并被公布前，只要不迟于知识产权局作出颁发专利证书决定时，或者申请人对拒绝颁发专利证书或撤回申请的决定提出异议时，申请人均有权向知识产权局提出申请，将发明的专利申请变更为实用新型或外观设计的专利申请；向知识产权局提交了开放许可申请书（《俄罗斯联邦民法典》第 1366 条）的申请人除外。

2. 实用新型、外观设计专利的变更

在知识产权局作出颁发专利证书决定前，或者申请人对拒绝颁发专利证书或撤回申请的决定提出异议前，申请人均有权向知识产权局提出申请，将实用新型专利申请变更为发明或外观设计的专利申请，或者将外观设计专利申请变更为发明或实用新型的专利申请。

（七）注册过程时间

1. 发明专利：俄罗斯发明专利从申请到授权平均需要 2—4 年。

2. 实用新型专利：在俄罗斯，从提出申请到授予实用新型专利的平均时间为 2 年。

3. 外观设计专利：在俄罗斯，从提出申请到授予外观设计专利的平均时间为 1.5 年。

4. 专利审查高速路（PPH）加速：专利审查机构之间开展的审查结果共享的业务合作，旨在帮助申请人的海外申请早日获得专利权。具体是指当申请人在首次申请受理局提交的专利申请中包含至少一项或多项权利要求被确定为可授权时，便可以此为基础向后续申请受理局提出加快审查请求。

（1）中俄专利审查高速路：

根据《中华人民共和国国家知识产权局和俄罗斯联邦知识产权局关于专利

审查高速路试点的谅解备忘录》的规定，中俄专利审查高速路试点于2012年7月1日启动。中国国家知识产权局官网2018年6月28日公布，中俄专利审查高速路试点将自2018年7月1日起再延长5年，至2023年6月30日止。

在俄罗斯可以提交专利审查高速路请求加速专利的实质审查，俄罗斯知识产权局可以使用来自中国国家知识产权局（SIPO）的工作结果、使用来自中国国家知识产权局的《专利合作条约》（PCT）国际阶段工作结果。实质审查的时间将平均缩短1/3。

中俄专利审查高速路指南：

https://www.cnipa.gov.cn/art/2012/6/29/art_341_110344.html。

（2）SIPO-EAPO专利审查高速路：

根据《中华人民共和国国家知识产权局与欧亚专利局关于专利审查高速路试点的谅解备忘录》的规定，中国国家知识产权局与欧亚专利局（EAPO）专利审查高速路试点将于2018年4月1日启动，为期3年，至2021年3月31日止。中国国家知识产权局官网2021年3月15日公布，中欧亚专利审查高速路试点将自2021年4月1日起延长1年，至2022年3月31日止。在两局提交专利审查高速路请求的有关要求和流程不变。

申请人可以按照《在SIPO-EAPO专利审查高速路（PPH）试点项目下向中国国家知识产权局（SIPO）提出PPH请求的流程》向中国国家知识产权局提出专利审查高速路请求；按照《在SIPO-EAPO专利审查高速路试点项目下向欧亚专利组织之欧亚专利局提出专利申请加快审查请求的流程》向欧亚专利局提出专利审查高速路请求。

中国国家知识产权局与欧亚专利局专利审查高速路指南：

https://www.cnipa.gov.cn/art/2023/3/31/art_341_110324.html。

## 五、专利申请权人

直接向俄罗斯知识产权局提出俄罗斯专利申请的权利人如下。

（1）一般情况

根据《俄罗斯联邦民法典》第1347、1357条的规定，专利申请权首先属于作者，作者是以创造性劳动创作相应智力活动成果的公民。如果没有相反证明，发明、实用新型或外观设计的专利申请书中作为作者指出的人，视为发明、实用新型或外观设计的作者。

专利申请权可以转让，专利申请权转让合同应以书面形式签订，否则无效。

专利申请权转让合同需在主管机关进行登记。除非专利申请权转让合同另有明确约定,否则发明创造不具有可专利性的风险由受让方承担。

(2)职务发明创造

雇员因履行劳动义务或完成雇主的具体任务而创造的发明创造被相应地视为职务发明、职务实用新型或职务外观设计(以下简称职务发明创造)。职务发明创造的专属权和获得专利的权利属于雇主。

除非雇主和雇员之间的合同另有约定,否则雇员应当将因履行劳动义务或完成雇主分派的工作任务而完成的、可能获得法律保护的成果书面通知雇主。如果雇主在其雇员通知之日起 4 个月内未提交专利申请,也未将专利申请权转让给他人,或未告知雇员将相应的智力成果信息予以保密,则就这些发明创造获得专利的权利归雇员。此种情况下,雇主在专利权有效期内有权在自己的生产中按照普通许可条件使用该职务发明创造,并对专利权人进行补偿。支付的数额、条件和程序由雇员与雇主之间的合同确定,如有争议则由法院确定。如雇员只是利用雇主的资金、技术和其他物资,并非因履行劳动义务或雇主分派的任务而创造的发明创造就不是职务发明创造。这些发明创造的专利申请权及专属权均归雇员。但雇主有权为自身需要要求获得无偿使用该专利的普通许可,或要求雇员补偿其为创作此发明创造花费的开支。

中国职务发明创造的条件为执行职务或主要利用单位物质条件,单位优先;俄罗斯职务发明创造的条件为执行职务,约定优先,仅仅主要利用单位物质条件的不是职务发明创造。

合作完成的发明创造,每个发明人都有权使用,也都有权采取措施保护专利权。

《俄罗斯联邦民法典》第 1228 条第 4 款规定,两个以上公民以共同创造性劳动(合作)创作的智力活动成果,其权利属于合作创作者。

(3)因履行合同产生的发明创造

根据《俄罗斯联邦民法典》第 1371 条的规定,如发明创造是在履行各类承揽合同或技术合同时创造,而合同没有明确将完成此发明创造作为标的,则这些发明创造的专利申请权和专利权归承揽方(开发方),除非开发方与委托方之间的合同另有约定。

在此情况下,除非合同另有约定,否则委托方有权为达到合同的预期目的,以普通许可条件使用这些发明创造,而无须为此另外支付报酬。如开发方转让专利申请权或专利权,委托方也有权在上述条件下继续使用该发明创造。

如果基于合同所完成的发明创造的创作者不是专利权人,则创作者有权按职务发明创造的相关规定要求获得报酬。

当根据开发方与委托方之间的合同,将发明创造的专利申请权或专利权转让给委托方或委托方指明的第三人时,除非合同另有约定,否则开发方有权以普通许可条件为自身需要无偿使用该发明创造。

(4)委托创作的外观设计

根据《俄罗斯联邦民法典》第1372条的规定,如果一项外观设计是根据以创作该外观设计为标的的合同创作,则该外观设计的专利申请权和专属权归委托方,除非合同另有约定。

除非合同另有约定,否则在上述情况下,承揽方有权按普通许可条件为自身需要无偿使用该外观设计。

如果上述合同约定外观设计的专利申请权和专属权归承揽方,则委托方有权按照普通许可条件为自身需要无偿使用该外观设计。

如根据承揽合同完成的外观设计的创作者不是专利权人,则应根据《俄罗斯联邦民法典》关于职务发明创造的相关规定向创作者支付报酬。

## 六、保护期限

专利的保护期从申请日或优先权日起算,发明专利的保护期最长为20年;实用新型专利的保护期最长为10年;外观设计专利的保护期为5年,可以每5年续展1次,但最长不超过25年。

与药品、农药或农用化学品等产品相关的发明专利,如果需要以法律规定的方式获得上市许可,自其专利申请日至首次收到许可之日已经过去5年以上,俄罗斯知识产权局应在收到专利所有人提出的申请后予以延长。延长期为该专利申请日至首次收到许可之日的时长减去5年,但最长不可超过5年。

被授予专利权后,应交纳年费。因未缴纳年费而终止效力的专利权,可由俄罗斯知识产权局根据专利权人的请求恢复其效力。专利权效力恢复的请求可以自缴费期限届满日起3年内向俄罗斯知识产权局提出,但必须在《俄罗斯联邦民法典》规定的专利有效期之内。

在专利权效力终止之日至俄罗斯知识产权局官方公报中有关专利权效力恢复的信息公布之日的期间,已经开始实施发明、实用新型或者外观设计,或者在所述期间内为此已经作好必要准备的人,在不扩大该实施范围的条件下,保留继续无偿使用的权利(后用权)。

## 七、专利申请费用

俄罗斯专利申请费用及其他相关费用可通过官费计算系统查询。查询网址:https://new.fips.ru/podacha-zayavki/kalkulyator-poshlin/index.php。

根据发明人的不同情况,如残疾人、学生、独立发明人或小微企业等,费用可相应减免。

俄罗斯专利局在2021年6月17日发出No.922号联邦政府令,为俄罗斯注册商标、发明、实用新型和外观设计引入电子化证书及证明,该法令于2021年6月21日正式生效。如果申请人需要纸质的证书或证明,需要提交请求纸质证书或证明的函至官方并缴纳官费。

## 八、关于机密发明

机密发明指含有构成国家秘密信息的发明。

属于“机要”或“绝密”级别的机密发明或属于武器、军工技术及属于情报、反间谍和刑事侦查领域的方法和手段,如果其级别为“机密”等级,其专利申请应向俄罗斯政府授权的行政机关,包括国家原子能公司提出。不属于以上范围的机密发明申请则可向联邦知识产权行政主管部门提出。

如果俄罗斯知识产权局在审查发明专利申请时确定,申请含有构成国家机密的信息材料,则应依照《国家保密法》的规定对该申请加密;及时为该申请申请加密,该申请即视为机密发明申请。外国公民或法人提出的专利申请,不允许予以加密。

机密发明适用一些特别的规则,包括:机密发明的利用和专属权的处分应遵守《国家保密法》;在不知情也无合理理由知悉机密发明的情况下,误用机密发明专利,不视为侵权;不允许对机密发明进行公开要约和开放许可;对机密发明,不提供强制许可等。

## 九、其他申请途径

### (一)欧亚专利渠道

俄罗斯是欧亚专利局的成员国,申请人可以先向欧亚专利局提交专利申请,经授权后在俄罗斯生效。

### (二)《专利合作条约》渠道

申请人提交一份《专利合作条约》国际专利申请,然后在最早优先权日起

(没有优先权的,自国际申请日起)31 个月内向俄罗斯知识产权局办理进入俄罗斯的手续。

(三)《巴黎公约》渠道

申请人在中国首次申请的 12 个月内要求优先权并向俄罗斯知识产权局提交俄罗斯专利申请。

(四)《海牙协定》渠道

《工业品外观设计国际注册海牙协定》(以下简称《海牙协定》)允许申请人向世界知识产权组织(WIPO)国际局递交一份申请注册一项工业品外观设计,使外观设计所有人能够以最少的手续在多个国家或地区保护其外观设计。《海牙协定》允许只办理一次程序即可登记后续变更和续展国际注册,从而简化了工业品外观设计注册的管理。

俄罗斯加入了《海牙协定》,2017 年 4 月 3 日,俄罗斯签署法律批准了《关于工业品外观设计国际注册海牙协定日内瓦法案》,2018 年 2 月 28 日《海牙协定》对俄罗斯生效。

只有因营业所、住所、国籍或惯常居所而与《海牙协定》1999 年文本和 1960 年文本中任一文本的缔约方有联系的自然人或法人,才能取得国际外观设计注册。中国目前不是《海牙协定》的缔约国,因此中国申请人只有在惯常居所在俄罗斯,或者在俄罗斯设立有法人的情况下,才可以通过《海牙协定》渠道申请外观设计保护。

(五)注意事项

1. 在通过俄罗斯知识产权局以及上述 1、3 渠道向俄罗斯申请专利时,需按照《中华人民共和国专利法》中关于保密审查的规定,在向俄罗斯申请专利前先进行保密审查,以免日后在中国申请专利不被授权,或授权后被无效。

在线办理通道:https://www.cnipa.gov.cn/art/2020/5/26/art_701_14.html。

2. 申请俄罗斯实用新型专利只能通过俄罗斯知识产权局以及上述 2、3 渠道申请,因为欧亚专利没有实用新型专利类型。

3. 申请俄罗斯外观设计专利只能通过俄罗斯知识产权局以及上述 3、4 渠道申请。

(六)关于欧亚专利渠道

《欧亚专利公约》签署于 1994 年,并于 1995 年生效。该公约的主要目标是建立一个保护发明的国际地区系统,即根据在各成员国国土上生效的统一的

《欧亚专利公约》对发明实行法律保护。基于该公约，欧亚专利组织于1996年年初成立。

欧亚专利组织目前有9个成员国，即俄罗斯、亚美尼亚、阿塞拜疆、白俄罗斯、哈萨克斯坦、吉尔吉斯斯坦、摩尔多瓦、土库曼斯坦和塔吉克斯坦。此外，格鲁吉亚和乌克兰虽然也签署了《欧亚专利公约》，但目前尚未加入欧亚专利组织。

欧亚专利组织下设两个机构——欧亚专利局和行政委员会（Administrative Council）。其中，欧亚专利局作为其执行机构，负责受理、审查欧亚专利申请并颁发专利证书。

欧亚专利局是一个政府间组织，负责审查授予可以在欧亚专利组织9个国家生效的欧亚专利（Eurasian patent），总部位于莫斯科，官方语言为俄语。

获得欧亚专利有两条途径：一是直接或通过《欧亚专利公约》签约国国内专利审批机构间接向欧亚专利局提交专利申请；二是根据《专利合作条约》，通过《专利合作条约》程序提交国际专利申请，指定欧亚专利局。

如果《欧亚专利公约》签约国的法律规定专利申请必须通过其国内专利审批机构转交欧亚专利局，那么在这些国家拥有住所或主营业地的申请人不能直接向欧亚专利局提交申请。其国内专利审批机构会先对申请是否符合欧亚专利的要求进行审查，审查通过后向欧亚专利局转交申请以进行下一步程序。如果转交程序能够在《欧亚专利公约》专利细则规定的时限内完成，那么申请人的欧亚专利申请日即为国内申请日（《欧亚专利公约》第15条第1款）。

如果申请人在《欧亚专利公约》签约国内没有住所、主营业地，那么需要委托专利代理人完成申请程序（《欧亚专利公约》第15条第12款）。

（七）直接向欧亚专利局申请欧亚专利的程序

1. 专利检索

欧亚专利局对专利申请进行实质性审查，建议申请人在提交申请前检索现有技术。可利用的在线检索工具有：

（1）欧亚专利检索（俄语）；

（2）EAPATIS专利信息系统，内容包括欧亚专利局、世界知识产权组织、欧洲专利局、美国、苏联（自1924年至解体）及之后《欧亚专利公约》签约国国内的专利文件，以及通过《专利合作条约》程序提交的专利申请文件。

2. 提交申请

欧亚专利局承认12个月的优先权，即如果同一发明已经在《巴黎公约》或世界贸易组织成员境内申请了专利或实用新型,申请人可以在前一申请日后12个月内提交欧亚专利申请,并要求优先权。申请文件包括:

(1)申请表(俄语表格下载);

(2)发明说明书;

(3)权利要求书;

(4)图纸;

(5)摘要;

(6)授权委托书(应在提交申请时或在欧亚专利局收到申请后的2个月内提交无须公证的书面授权委托书);

(7)优先权声明文件及其他材料。

如果发明标的为核苷酸和/或氨基酸序列,那么该序列应以机读格式附在申请书后。

申请表应以俄语填写。其他申请文件可以以任何语言书写,但如果是非俄语书写,须附俄语译文。

申请人可自行提交申请文件,可使用纸质文件或在线系统提交申请。在使用在线系统前,申请人需要通过电子邮件(ssl_portal@eapo.org)向欧亚专利局提供其真实姓名、居住地址、有效的电子邮件地址、联系电话、护照或其他身份证件的资料等信息,欧亚专利局向申请人提供在线系统的用户名、密码并确认申请人的电子签名。更多详情可参见《EAPO在线电子信息交换系统技术规定》。

3. 欧亚专利局确认

欧亚专利局收到申请材料后,对申请材料进行初步检查,确定申请材料是否完整。如不完整,欧亚专利局立即通知申请人在4个月内补充文件;如果符合要求,则向申请人签发注明申请日、申请号、提交其他相关文件的时间的通知函。

针对直接向欧亚专利局提交的申请,在发送通知函时附送申请材料接收日期的附函。

4. 形式审查

确定申请日后,欧亚专利局对申请材料进行形式审查,检查申请文件是否填写正确、是否符合向欧亚专利局提交申请的相关要求、发明国际分类是否正确、优先权(如有)是否合法。如文件不符合要求,欧亚专利局将要求申请人在给定期间内修改。针对在《欧亚专利公约》签约国境内没有住所或主营业地的申请人,审查申请人是否具有申请资格及其提交的文件是否符合申请要求。

5. 欧亚专利局国际专利检索

申请材料经过形式审查后,欧亚专利局将自行结合权利要求书进行国际专利检索,形成检索报告。国际专利检索的目的在于通过检索现有技术而审查发明的新颖性、创造性和实用性。欧亚专利局应向申请人发送其基于国际专利检索编制的检索报告。

6. 公开专利申请和检索报告

自申请日或优先权日起 18 个月后,欧亚专利局将公开专利申请和检索报告。申请人有权申请提前公开。公开的文件包括摘要、专利说明书、权利要求书、图纸或其他材料、检索报告(也可以单独公开)。

7. 实质审查

实质审查的目的在于确定发明的可专利性(新颖性、创造性、实用性)。专利申请公开后,申请人在专利申请公布日(如单独公开检索报告,自检索报告公开之日)后 6 个月内可以申请实质审查。

申请人提交实质审查要求书后,欧亚专利局组织至少由 3 人组成的审查小组对专利申请进行实质审查。

如实质审查发现申请不符合可专利性的任何一项要求,则驳回申请。申请人可以在驳回申请通知发出之日起 3 个月内向欧亚专利局委员会(Board of the Eurasian Patent Office)进行申诉。该委员会收到申诉申请后组织至少两名审查员对欧亚专利局的驳回决定进行审查。

8. 专利公布和颁发专利证书

实质审查通过后,欧亚专利局将专利登记于欧亚专利注册簿,并在登记后 6 个月内在欧亚专利局公报上公开专利。申请人或其他人可以在线查询相关信息。

专利的授予日以在欧亚专利局公报上的公开之日为准。

专利在公报上公开后,欧亚专利局立即向专利申请人颁发专利证书。

欧亚专利的保护期最长为 20 年,自申请之日起算。

9. 异议程序

专利颁发后,任何人如对专利的效力具有异议,可以向欧亚专利局提起异议。欧亚专利局通过异议程序解决他人针对专利的申诉。

## 十、专利实施

### (一)专利专属权的转让

《俄罗斯联邦民法典》第 1365 条规定,专利权人可通过合同方式转让其专利专属权。专利转让合同需在主管机关进行登记。

如果实用新型专属权的转让可能使消费者产生对商品或商品制造者的误解，则实用新型的专属权不得转让。

《俄罗斯联邦民法典》第 1366 条规定，作为唯一发明人的申请人在专利申请被批准或拒绝或撤回的决定作出前，可以提交公开要约申请，承诺如果最终颁发专利证书，他将将专利专属权转让给第一个表示愿意受让专利的受让人，则申请人可免交发明专利申请的相关规费，而是由受让人负责补缴。

俄罗斯知识产权局在官方通报上公布有关申明的信息材料。如果自上述邀约公布之日起 2 年内，主管机关没有收到愿意受让专利的书面通知，申请人应自行补缴曾免缴的规费。

（二）非排他强制许可

根据《俄罗斯联邦民法典》第 1239 条的规定，法院可以根据利害关系人的请求就他人拥有专属权的知识产权授予非排他强制许可。

《俄罗斯联邦民法典》第 1362 条规定在以下情况下，可以授予利害关系人非排他强制许可。

1. 在“专利遏制”的情况下，即如果发明或外观设计自专利权授予之日起 4 年内，实用新型自专利权授予之日起 3 年内未被专利权人实施或未充分实施，则任何一个有意或准备实施这些专利的人，在专利权人拒绝按照行业通常标准授予其许可的情况下，均有权向法院起诉，要求专利权人在俄罗斯境内授予其实施专利的非排他强制许可。

如专利权人无法证明其未实施或未充分实施专利有正当理由，法院可就此作出裁决，并确定许可费总额；该金额应不低于可比情况下的许可费标准。

但授予有关半导体技术的非排他强制许可，仅限于为公共利益而非商业使用，或为了改变被确认已经违反了《俄罗斯联邦反垄断法》要求的情况。

2. 在“拒绝许可”的情况下。并非所有拒绝许可行为都将导致非排他强制许可，授予专利非排他强制许可受到了严格条件限制。根据《俄罗斯联邦民法典》第 1362 条的规定，这些条件是：

（1）如果某人在实施其自己的专利（从属专利或改进专利）时必须使用他人的在先专利，而如在先专利的权利人拒绝按惯例条件授予从属专利的权利人使用其在先专利的许可，则从属专利的权利人有权向法院起诉，要求法院判令在俄罗斯境内授予其使用在先专利的非排他强制许可。

（2）从属专利的权利人还需要证明其从属或改进专利是一项重要的技术成

果，与在先专利相比具有显著的经济优势，这样，法院才能作出授予其强制普通许可的判决。同时法院还应按不低于可类比情况下的许可费标准，确定被许可方需要就非排他强制许可支付的许可费金额。

非排他强制许可需经国家登记，主管机关应按法院的非排他强制许可判决，对专利非排他强制许可进行国家登记。

2021 年 4 月《俄罗斯联邦民法典》第 1360 条进行了修正，按照修正后的规定，在某些情况下，俄罗斯联邦政府有权为了国防和国家安全、保护公民健康和生命准许不经专利权人同意而利用发明、实用新型或外观设计，并在最短时间内告知专利权人，向其支付相应补偿。补偿金额确定方法和支付程序由俄罗斯联邦政府批准。

为了向最不发达国家提供基本药物，2021 年 7 月《俄罗斯联邦民法典》增加了第 1360.1 条：在《与贸易有关的知识产权协定》(TRIPs)第 31 条规定的情况下，俄罗斯联邦政府有权为了在俄罗斯境内生产药品后出口而不经专利权人同意利用其发明，并在最短时间内告知专利权人，向其支付相应补偿。上述决定中必须包含按照被出口的国家的需求所确定的药品生产量。此类药品的包装必须有特殊标识。

(三)开放许可制度

开放许可是指，专利权人向俄罗斯知识产权局提交请求书，将发明创造的使用权授予任何一个人。此种情况下，自俄罗斯知识产权局在官方公报中公布开放许可有关信息当年的次年开始，专利年费降低 50%。

专利权人应当将其许可条件告知俄罗斯知识产权局，由俄罗斯知识产权局公布，费用由专利权人支付。专利权人必须与表示愿意实施其发明创造的人以普通许可条件(非排他)签订许可合同。

如果专利权人自开放许可信息公布之日起 2 年内未收到以其请求书为条件签订许可合同的书面提议，在 2 年期届满时，专利权人可向主管机关申请撤回其开放许可请求；在此情况下，专利权人应补交自其开放许可信息公布之日起所经过期间的专利年费，并在以后缴纳全额费用，主管机关公布撤回请求的有关信息。

(四)在先使用

在发明、实用新型或外观设计的优先权日之前，如果任何人已经构思了相同的解决方案并已在俄罗斯境内善意地使用，或已经为此使用做好了必要准备,则在不扩大这种使用的前提下,该人(在先使用人)有权继续无偿使用该相同解决方案。先用权可以转让给他人,但只能与已经实施相同解决方案或为此完成了必要准备的企业一同转让。

(五)反垄断要求

根据《俄罗斯联邦反不当竞争法》第14.5条的规定,如果商品中不合法地使用了智力活动成果,则禁止商业组织将该商品销售、交换或用其他方式投入流通;前述智力活动成果不包括属于竞争性商业实体的个性化手段。

根据《俄罗斯联邦行政违法法典》第14.33条的规定,不正当竞争,表现为将非法使用智力活动成果的商品,非法使用等同于法人的个性化手段的商品,非法使用等同于产品、作品、服务的个性化手段的商品引入流通。对参与不正当竞争的公职人员处以行政罚款2万卢布或者取消公职3年以下;对于参与不正当竞争的法人处以行政罚款,该罚款为违法者在违法行为发生的市场上销售商品(工作、服务)所得收入的1%—15%,但不少于10万卢布。

## 十一、专利保护

(一)主管部门

1. 俄罗斯联邦海关总署

俄罗斯海关的基本职能是监管、征税、缉私、统计和其他海关业务。

2004年实施的《俄罗斯联邦海关法典》增加了知识产权保护的内容,其中包含一个特别章节,规定了为保护知识产权所采取的专门措施,以达到海关监管的目的。为此,俄罗斯联邦海关总署还设立了专门负责知识产权保护的处室——打击文化珍品和知识产权客体走私处。根据知识产权权利人的请求,俄罗斯海关可以依法采取措施,暂停放行侵犯知识产权的货物,避免侵权商品进入俄罗斯。海关采取的措施,不妨碍权利人按照俄罗斯联邦法律规定采取其他措施保护自身权利。

海关执法程序中的重要环节和要素总结如下:

(1)申请的受理、审查

联邦海关部门在收到申请之日起1个月内审查该申请,并作出采取措施或拒绝采取措施的决定。

联邦海关部门有权向第三者和国家部门索询确认申请信息的文件,以查验权利人(其代表)提供信息的可靠性。上述人员有义务在接到索询之日起10日内提供被索询文件。同时,联邦海关部门有权延长审查申请的期限,但不超过2个月。

(2)海关知识产权客体登记簿

联邦海关部门按照《俄罗斯联邦海关法典》规定作出决定采取措施的知识产权客体,列入海关知识产权客体登记簿。当权利人提供书面形式赔偿保证书时,知识产权客体被列入该登记簿。权利人有权以造成损失而向上述相关人员提供责任险合同的方式取代保证书,涉及的保证金或保险数额不应少于50万卢布。

(3)海关措施的启动期限

海关部门采取暂停放行货物措施的期限依据权利人(其代表)的申请来确定,但不超过知识产权客体列入上述登记簿之日起5年时间。该期限可根据权利人申请延长,但不超过知识产权客体受法律保护的期限。

(4)暂停放行货物的时间限制

如果海关部门认定权利人(其代表)指出的货物为假冒品,对该货物的放行就暂停10个工作日。该期限可根据权利人按规定提交的书面请求延长,但不超过10个工作日。

(5)权利所有人对暂停放行货物承担的责任

如果暂停放行的货物在依俄罗斯联邦法律确定的范围内被判定不属于假冒货物(包括其包装和商标),权利人则应依照俄罗斯联邦民事法律规定承担对报关人、货物所有者、收货人造成的财产损失。

2. 俄罗斯联邦内务部

俄罗斯联邦内务部是俄罗斯政府的强力部门之一,相当于中国的公安部,其主要职责是维护俄罗斯国内的安全。

俄罗斯联邦内务部于1999年成立了打击知识产权犯罪的专门部门,各联邦成员的内务部门也成立了类似机构。

近年来俄罗斯内务部多次组织执法行动对市场上的假冒、盗版和其他侵犯知识产权行为进行打击。

3. 俄罗斯知识产权法院

2011年12月,俄罗斯总统签署了两项法律修正案,在商事法院系统内建立专业的知识产权法院。

作为一个专门法院,知识产权法院在俄罗斯法院体系中扮演着双重角色,有权处理有关知识产权保护的一审案件,也可审理二审上诉案件。

知识产权法院作为一审法院有权审理以下案件:

(1)对行政机关损害原告人与知识产权保护有关的权利和利益的监管行为

提出异议的案件。

(2)有关授予或撤销知识产权权利(不包括著作权及邻接权、集成电路布图设计)法律保护的案件,包括:

A. 对知识产权主管机关及其工作人员的决定、行为或不作为提出异议的案件;

B. 对反垄断机关就违反《反不正当竞争法》获得知识产权排他权利进行调查的决定提出异议的案件;

C. 确定专利权人的案件;

D. 与撤销专利或对商标、原产地名称所授予保护的决定有关的案件,除非联邦法律就上述权利撤销的程序另作规定;

E. 与因不使用而撤销商标注册有关的案件。

无论是否有一方当事人是自然人,知识产权法院均有权审理上述两类案件。

作为二审上诉法院,知识产权法院对下列案件有管辖权:

(1)该法院一审的案件(此时案件将由法院常务委员会审理);

(2)由俄罗斯联邦成员商事法院一审的以及由商事上诉法院二审判决的有关知识产权保护的案件。

知识产权专门法院还将接管原由行政机构负责的部分职能,负责对联邦知识产权局关于专利和商标的授权和撤销决定的司法审查,同时将取代专利争议委员会,负责对商标因不使用而无效的认定。

知识产权专门法院并不负责审理与网络电影盗版、产品仿冒和互联网内容侵权等与著作权侵权相关的知识产权案件。此类案件仍由普通法院管辖,例如网络环境下影片盗版案件由莫斯科市法院管辖。

有关知识产权侵权的案件,则仍然由其他商事法院根据具体情况进行一审和二审。

(二)不属于侵权的情形

《俄罗斯联邦民法典》第1359条规定,下列行为不属于专利侵权:

1. 临时过境;

2. 科研或实验;

3. 在非常情况下(自然灾害、惨祸、事故)实施发明创造,在最短时间内告知专利权人,并随后支付相应补偿;

4. 为满足个人、家庭、居家或其他非经营目的的使用;

5. 按医生处方在药房应用发明一次性地配制药品；

6. 权利用尽情况下的使用。

（三）临时保护

根据《俄罗斯联邦民法典》第1392条的规定，对发明和外观设计提供临时保护。

对于提交到俄罗斯知识产权局的发明申请，自申请信息公布之日至专利权授予信息公布之日，在被公布的发明权利要求范围内提供临时法律保护，但不超过俄罗斯知识产权局在授予发明专利权的决定中确定的权利要求的范围。

对于提交到俄罗斯知识产权局的外观设计申请，自申请信息公布之日至专利权授予信息公布之日享有临时法律保护，保护的范围由外观设计反映在外观图案上并包含在公布的外观设计专利申请中的实质要件总和而定，但不得超过反映在外观图案上实质要件的总和并在俄罗斯知识产权局颁发的外观设计专利证书规定的范围内。

如果发明或外观设计申请被撤回或者被视为撤回，或者就该发明或外观设计申请作出拒绝授予专利权的决定，且对这一决定不服而提交异议的《俄罗斯联邦民法典》规定的可能性完全丧失，临时法律保护视为自始不存在。

在临时保护期间内使用已被申请的发明或外观设计的人，应向取得专利权之后的专利权人支付资金补偿，补偿金额由双方协议确定。出现争议的，由法院决定。

（四）专利权被侵犯的解决途径

1. 法院审理

根据《俄罗斯联邦民法典》第1406条的规定，与专利权保护有关的下述纠纷由法院审理：

（1）关于发明、实用新型、外观设计创作者身份的纠纷；

（2）关于确定专利权人的纠纷；

（3）关于发明、实用新型或外观设计专属权的侵权纠纷；

（4）关于发明、实用新型、外观设计专属权转让（专利转让）合同和使用许可合同的签订、履行、变更和终止的纠纷；

（5）关于先用权纠纷；

（6）关于后用权纠纷；

（7）关于根据《俄罗斯联邦民法典》向发明、实用新型、外观设计的创作者支付报酬的金额、期限和程序的纠纷。

涉及专利证书颁发与否的决定、宣告专利全部无效或部分无效的决定、机密发明专利的申请与审查的争议，按照《俄罗斯联邦民法典》第1248条规定的行政程序解决；对行政机关作出的决议不服的，可以向知识产权法院起诉。

2. 强制性知识产权纠纷审前争端解决程序

《俄罗斯联邦民法典》引入强制性知识产权纠纷审前争端解决程序。2017年7月1日，俄罗斯总统普京签署了第147号联邦法律，对《俄罗斯联邦民法典》第4部分第1252条和第1486条以及《俄罗斯商事诉讼法典》第4条和第99条进行修改，引入了对于知识产权纠纷，权利人在提起与侵犯专属权相关的损失赔偿诉求之前，需要向潜在的被告方发送要求函的强制性审前程序规定。

这一规定要求相关的原告方在向商事法院启动诉讼前需要向涉嫌侵权人发送要求函；只有一些特殊类型的案件，才可以由原告方自愿发送而非强制发送。

根据新的法律(《俄罗斯联邦民法典》第1252条第5.1款)，当知识产权纠纷中的双方当事人都是法人实体或个体企业，且案件是由商事(仲裁)法院审理时，发送要求函是强制性的。

新法律进一步明确了在寻求损害赔偿的知识产权侵权诉讼案件中，要求函是强制性的。仅在下列一些类型的案件中，发送要求函不是强制性的：

(1)知识产权确认的案件；

(2)制止侵犯知识产权或制造侵权威胁的行为的案件；

(3)没收有形媒介的案件；

(4)审理知识产权侵权纠纷中确定实际的权利人的案件；

(5)扣押和销毁主要用于侵权行为的设备的案件。

因此，新法律允许不寻求经济赔偿的原告略过这样的审前程序。但是，在大多数情况下，权利人会向涉嫌侵权人寻求某种形式的赔偿，其在诉诸法院之前仍然必须向潜在的侵权人发出要求函。

3. 侵犯专属权导致的法人清算和个体经营者活动终止

《俄罗斯联邦民法典》第1253条规定了另外一个法律创新，即如果法人多次或严重侵犯知识产权专属权，法院可按照检察官的请求，判决对该法人予以注销；如实施上述侵权行为的是个体经营者，其作为个体经营者的资格也可依据法院的判决被注销。注销的前提都是要有过错。

《俄罗斯联邦民法典》第1254条规定，如果被许可人依据许可合同获得了知识产权的部分或全部专属权后，第三方侵权行为导致其利益受损，那么被许可人可按照《俄罗斯联邦民法典》第 1250 条和第 1252 条的规定维护自己的权利。

4. 认定专利证书无效

任何人认为已经颁发的有效期内的专利有《俄罗斯联邦民法典》第 1398 条规定的无效情形的，都可向联邦知识产权执行权力机构提出异议，要求撤销专利证书，其中某些无效情形可以通过诉讼程序请求撤销专利证书。

即使专利证书有效期届满，利害关系人也有权通过此程序要求撤销专利证书。

在对发明专利提出异议的期间，如果发明专利的有效期不超过实用新型的法定有效期，则专利持有人有权申请将发明专利变更为实用新型专利，在发明专利证书完全无效且符合颁发实用新型专利的要求和条件的情况下，俄罗斯知识产权局可以批准申请。

（五）侵犯专利权的法律责任

1. 民事责任

（1）侵犯人身非财产权的民事法律责任

《俄罗斯联邦民法典》第 1251 条规定，对作者人身非财产权的保护措施包括确认权利、恢复原状、制止侵权和构成侵权威胁的行为、补偿精神损害、公布侵权判决等。

作者的名誉权、人格和商业信誉被侵犯的，也可以依《俄罗斯联邦民法典》追究侵权人的民事责任，包括辟谣、精神损害赔偿等。

（2）侵犯专属权的民事法律责任

根据《俄罗斯联邦民法典》第 1252 条的规定，知识产权专属权受到侵犯的，权利人可要求采取以下保护措施：

①要求确认权利；

②要求制止侵权行为或构成侵权威胁的行为；

③赔偿损失；

④没收侵权的物质载体；

⑤要求公布法院关于侵权行为的判决。

某些知识产权专属权受到侵害时，权利人可以不要求赔偿损失，而要求侵权人支付补偿金，补偿金确定方法如下：

①法院视侵权的性质而规定的 1 万卢布以上 500 万卢布以下的补偿金；

②发明、实用新型或外观设计使用权价值 2 倍的补偿金，该价值根据可比

情况下采取侵权人使用的方法在合法使用相应发明、实用新型或外观设计时的费用计算。

如果制作、传播或以其他方式使用以及进口、运输或保管反映智力活动成果或个别化方法的物质载体导致侵犯这种成果或个别化方法的专属权时，这种物质载体被视为侵权物品，并应依照法院判决禁止流通或予以销毁，而不给予任何补偿，但法律规定了其他后果的除外。

主要用于或准备用于实施侵犯智力活动成果或个别化方法专属权的设备、其他装置和材料，应根据法院裁判禁止流通并予以销毁，费用由侵权人负担，但法律规定将其移交作为俄罗斯收入的情况除外。

2. 行政责任

根据《俄罗斯联邦行政违法法典》第 7. 12 条的规定，非法使用发明、实用新型或外观设计，除本法典第 14. 33 条第 2 部分规定的情形外，未经作者或申请人同意在正式发布相关信息之前公开发明、实用新型或外观设计的实质，剽窃或强迫参加合作的，对公民处以行政罚款 1000—1500 卢布，对公职人员处以行政罚款 1 万—2 万卢布，对法人处以行政罚款 3 万—4 万卢布。

根据《俄罗斯联邦行政违法法典》第 14. 33 条的规定，不正当竞争，即将非法使用智力活动成果的商品，非法使用等同于法人的个性化手段的商品，非法使用等同于产品、作品、服务的个性化手段的商品引入流通的，对公职人员处以行政罚款 2 万卢布或者取消公职 3 年以下，对于法人处以行政罚款，该罚款为违法者在违法行为发生的市场上销售商品（工作、服务）所得收入的 1%—15%，但不少于 10 万卢布。

根据《俄罗斯联邦行政违法法典》第 7. 28 条的规定，违反在国际组织为发明、实用新型申请专利规定的法定程序，对公民处以行政罚款 1000—2000 卢布，对法人处以行政罚款 5 万—8 万卢布。

3. 刑事责任

《俄罗斯联邦刑法典》第 147 条规定：

（1）有非法使用发明、实用新型或外观设计，未经发明人或专利持有人的同意泄露发明、实用新型、外观设计的秘密直至正式公开发表有关信息材料，剽窃他人著作权或强迫参加合作行为的，如果这些行为造成重大损失（价值超过 10 万卢布），处数额为 20 万卢布以下或者被判刑人 18 个月以下的工资或其他收入的罚金；或处 480 小时以下的强制性社会公益劳动；或处 2 年以下的强制劳动；或处 2 年以下的剥夺自由。

(2)有预谋的团伙或有组织的集团实施上述行为的,处数额为 10 万卢布以上 30 万卢布以下或者被判刑人 1 年以上 2 年以下的工资或其他收入的罚金;或处 5 年以下的强制劳动;或处 6 个月以下的拘役;或处 5 年以下的剥夺自由。

被侵权人可以向执法机构报案以追究侵权人的刑事责任,执法机构也可以主动提起公诉。

追究侵权人民事责任的同时可以追究其刑事责任或者行政责任,但是行政责任和刑事责任不可以同时追究。

#### 2.2.2.2 商标注册、实施及保护

##### 一、俄罗斯关于商标专用权基本要素的法律规定

(一)可以在俄罗斯注册的商标形式

《俄罗斯联邦民法典》第 1482 条规定,可以作为商标注册的有文字的、图案的、立体的或其他类型的标识或标识组合。商标可以用任何颜色或颜色组合进行注册。

(二)商标权利人

《俄罗斯联邦民法典》第 1478 条规定,商标专用权人可以是法人或个体经营者。

(三)中国企业在俄罗斯境内设立商标专用权的三大途径

1. 马德里商标国际注册——中俄两国均是《商标国际注册马德里协定》的缔约国;

2. 通过欧亚经济联盟进行商标注册——尚待出台具体的执行细则和操作指南;

3. 在俄罗斯当地申请注册商标。

(四)商标注册机关

俄罗斯联邦知识产权局。

官方网站:www. rospatent. gov. ru。

(五)关于商标注册的行政实施细则

2015 年 7 月 20 日俄罗斯联邦经济发展部第 482 号令(Приказ Минэкономразвития России от 20 июля 2015 г. N 482),通过了《关于提供商标、服务标志和集体标志国家登记服务的文件编制、递交以及审查规范》和《关于联邦知识

产权局提供商标、服务标志、集体标志国家登记并签发相应证明书及副本服务的行政实施细则》。

## 二、在俄罗斯当地申请注册商标

### （一）商标申请人

商标权利人可以直接向知识产权局申请注册，也可以委托专利代理人或其他人申请注册。但如果商标权利人是外国主体，则必须通过在俄罗斯知识产权局登记的专利代理人办理。

《俄罗斯联邦民法典》第 1247 条第 2 款规定，常驻俄罗斯境外的公民、外国法人通过在上述俄罗斯联邦机关注册的专利代理人在联邦知识产权行政机关办理有关事务，但俄罗斯签署的国际条约另有规定的除外。

官方注册专利代理人查询：https://rospatent.gov.ru/ru/patent-attorneys/search。

### （二）注册时间

申请商标注册、审查并签发商标注册证明的行政事务处理时间，规定为 18 个月零两星期（见表 2-1）。

**表 2-1　商标注册的步骤及所需时间**

| 步骤及内容 | 时间 |
| --- | --- |
| 对申请文件进行接收和登记 | 2 个工作日 |
| 申请信息公示 | 1—15 个工作日 |
| 形式审查 | 1 个月 |
| 实质审查 | 12 个月 |
| 国家注册和签发商标注册证书 | 1 个月 |

### （三）提交商标注册申请

申请商标注册需提交的文件如下：

1. 申请书，包括申请人的名称和地址、商标名称、指定商品服务类别及具体名称等；

2. 商标图样；

3. 主体证明文件；

4. 经签署的委托书。

如果拟注册商标与已注册在先的商标相似，则申请人在取得注册在先商标权利人书面同意的情况下，可向注册机关提供同意书继续注册(《俄罗斯联邦民法典》第 1483 条)。

### (四)对申请文件进行接收和登记

注册机关在收到材料后两个工作日进行审查登记，并书面通知申请人是否接收申请文件；拒绝接收申请材料的应写明原因。

拒绝接收的事由如下：

1. 缺少注册申请书；
2. 申请书填写内容不清晰；
3. 申请书不是俄文填写；
4. 申请书未填写申请人名称、地址。

### (五)申请信息公示

申请材料接收登记后 1—15 天内，注册机关将在官方网站(https://new.fips.ru/publication-web/bulletins/UsrTM)上对申请内容进行公示。

### (六)形式审查

形式审查的前置条件为形式审查和实质审查的国家规费已交。申请人应在申请材料被接收后，凭登记号码交纳商标注册国家规费(见表 2-2)。

**表 2-2 商标注册阶段主要费用**

| 项目内容 | 费用 |
| --- | --- |
| 商标注册申请书登记以及出具形式审查结果 | 3500 卢布(5 项商品服务类别以内)+1000 卢布(每增加一项商品服务类别收费) |
| 实质审查并出具实质审查结果 | 11500 卢布(一项商品服务类别以内)+2500 卢布(每增加一项商品服务类别收费) |

资料来源：https://rospatent.gov.ru/ru/activities/dues/table#note1。

形式审查内容如下：

1. 申请书是否填写完整：申请人名称及地址；拟注册标志及内容描述；拟注册商品服务类别；注册代理人信息等。

2. 其他随附文件：委托第三人代理注册的，需要提供授权委托书；提供的外文文件需要附俄文翻译等。

形式审查主要是对申请材料的完整性和规范性进行审查。

形式审查需在国家规费交纳完成之日起一个月内完成，并出具形式审查结果。

(七)实质审查

实质审查内容如下：

1. 对商品服务类别代码与拟注册商品服务类别的相符性、填写的规范性进行审查。

2. 对拟注册标志的合法性进行审查：

(1)拟注册标志是否符合《俄罗斯联邦民法典》第 1477 条(商标与服务标志)的内容；

(2)拟注册标志是否存在《俄罗斯联邦民法典》第 1483 条规定的不予注册的情形。

如果注册机关认为拟注册标志存在不予注册的法定事由，应书面通知申请人合法性审查结果并注明不通过的原因，申请人可在 6 个月内对注册机关的质疑作出解释和反馈意见。

注册机关相关职能部门应对申请人的解释和反馈意见进行审查，并在 2 个月内处理完毕。

实质审查是对拟注册标志的合法性进行审查。

实质审查的时间为自申请材料送交实质审查阶段后 12 个月。

(八)国家注册和签发商标注册证书

国家注册和签发商标注册证书的前置条件为签发商标注册证书国家规费已交(见表 2-3)。

**表 2-3 商标注册证书费用**

| 项目内容 | 费用 |
|---|---|
| 签发商标注册证书 | 16000 卢布(5 项商品服务类别以内)+1000 卢布(每增加一项商品服务类别收费) |
| 签发纸质注册证书 | 第 3 项费用+2000 卢布 |

资料来源：https://rospatent.gov.ru/ru/activities/dues/table#note1。

国家规费交纳后 1 个月内，在注册机关官方网站上对商标注册信息进行公示并签发纸质商标注册证书(如有)。

(九)商标的展期

商标专用权自提出注册申请之日起 10 年内有效，有效期可以根据权利持有人在该有效期的最后一年提出的申请再续展10年,续展次数不限。

根据权利持有人的申请,可以在商标专用权有效期届满后提供6个月的宽展期,但须交纳续展申请费。

(十)对商标注册机关的决定提出异议

申请人可在相关决定发出之日起4个月内向注册机关提出异议。

## 三、面对恶意注册的主要处理途径

(一)启动商标无效程序

《俄罗斯联邦民法典》第1512条、第1483条规定,注册商标与注册在先的商标雷同的,利害关系人可以在商标注册信息官方公示之日起5年内对注册机关的商标注册决定和根据该决定而产生的商标专用权向联邦知识产权机关提出异议;注册机关对此作出的决定自作出之日起生效,对决定不服的,可以向知识产权法院提起诉讼。

(二)请求提前终止对商标的保护

商标注册后连续3年未使用的,利害关系人可向法院起诉请求提前终止对该商标的法律保护。但提起该诉讼有诉前前置程序:利害关系人应向权利人发函,建议权利人向注册机关申请放弃商标权或同利害关系人订立转让合同。如权利人在信函发出之日起2个月内未向注册机关放弃商标,也未与利害关系人订立合同,则利害关系人应在2个月期限届满后30日内向法院起诉。

(三)向俄罗斯联邦反垄断局投诉

根据《俄罗斯联邦保护竞争法》的规定,如果商标权利人的行为构成不正当竞争,反垄断局可独立或依照相关举报启动调查程序,但需要注意的是,反垄断局的行动旨在保障正常的市场秩序、创造竞争环境、维护公众利益,而不是为了实现个别组织或个人的利益公平,所以有可能决定不启动反不正当竞争调查程序。对于反垄断局作出的决定,可以在决定作出后3个月内向知识产权法院起诉。如果反垄断局作出构成反不正当竞争的认定,则可以以此为依据向注册机关提出终止对恶意注册商标的法律保护。

(四)向法院提起诉讼

如果有足够的证据证明商标权利人的行为构成不正当竞争,则可直接向知识产权法院提起侵权之诉,通过法院来认定权利人行为的不正当性,进而再依照胜诉判决向注册机关提出终止对恶意注册商标的法律保护。

## 四、商标法律保护和侵权后果

### (一)商标法律保护

1. 俄罗斯海关知识产权登记

基于打击走私的需要,俄罗斯海关负责知识产权客体的海关登记,并在官网(https://customs.gov.ru/registers/objects-intellectual-property)上公示。

海关登记的保护期为3年;若需要延期则要至少提前2个月申请,延期次数不限,但每次不得超过3年。

办理海关登记的程序如下:

(1)准备申请材料

①商标权利人信息、商标信息、在海关监管阶段知识产权会受到侵害的商品信息、需要海关采取知识产权保护措施的时限等;

②申请人的证明文件——自然人提供身份证明文件,法人提供公司设立文件;

③权利人出具的损失赔偿保证书(海关暂停放行货物给货物权利人造成损害的);

④权利人订立的保险额不低于50万卢布的保险合同等文件(海关暂停放行货物给货物权利人造成损害的),可以在申请时提供,也可以在海关拟批准决定送达之后的一个月内提供;

⑤经办人的授权委托人(如委托他人办理);

⑥权利人向其委派的与海关就知识产权保护事宜进行沟通联络的代表出具的授权委托书;

⑦商标注册证书,或者其他证明商标在俄罗斯境内受法律保护的证明文件。

(2)海关登记

受理机关:俄罗斯联邦海关总署。

办理期限:3个月内,实践中一般是4—5个月。

拒绝登记的事由:

①申请人提供的材料不能够证明其是商标的权利人;

②申请人提供的材料不完整或者不真实;

③申请人未提供损害赔偿保证书;

④申请人未提供用于损失赔偿的投保文件或者保险金少于50万卢布;

⑤申请人提供的文件不足且未在规定时间内补充提供。

2. 欧亚经济联盟知识产权海关登记

《欧亚经济联盟海关法典》第 385 条对成员国知识产权海关统一登记作出了基本规定。

2018 年 3 月 6 日,欧亚经济委员会第 35 号决议通过了《欧亚经济联盟成员国知识产权统一海关登记录入细则》,根据该细则的规定,俄罗斯联邦海关总署是俄罗斯境内的登记机关。

3. 俄罗斯先进技术开发中心商标保护系统查询

2020 年 7 月 24 日,时任俄罗斯联邦知识产权局副局长柳博芙·基里表示,俄罗斯联邦知识产权局所掌握的登记信息将会被连接到由俄罗斯先进技术开发中心(CRPT)所负责管理的、一个专门用于保护商标的系统之中。CRPT 可以向消费者提供一切有关商标以及版权所有人的信息,如果某个无权使用商标的人士突然擅自将该商标用于已在市场上流通的商品上,那么 CRPT 将会向有关部门通报上述侵权行为。

(二)侵权后果

1. 民事赔偿责任

根据《俄罗斯联邦民法典》第 1250 条的规定,面对侵权行为,权利人可以主张的保护措施有:要求确认权利;要求制止侵权行为或构成侵权威胁的行为;赔偿损失;没收侵权的物质载体;要求公布法院认定侵权行为的判决并指出真正权利人的请求。

《俄罗斯联邦民法典》对侵犯知识产权责任后果进行界定,其原则上属于民事侵权责任,以侵权人存在过错为前提,由侵权人承担不存在过错的举证责任。但对于侵权人在从事经营活动过程中发生的侵权行为,则无论侵权人是否存在过错,均应承担损失赔偿责任。

对于损失赔偿责任,《俄罗斯联邦民法典》第 1515 条规定,受害人有权向侵权人主张侵权补偿金,而不要求损失赔偿。补偿金数额由法院综合考虑侵权行为性质及其他案情因素予以裁判。这样一来,可以免除权利人对损失数额的证明责任。

诉讼程序上需要注意的是,商标侵权一般发生在经营主体之间,所产生的争议应提交仲裁法院审理,因而应注意应履行诉前索赔程序。

2. 行政责任和刑事责任

侵犯商标权一般情况下多表现为经营主体之间的争议,当侵权行为或侵权结果超出民事范围而具有一定社会危害性时，侵权人应承担相应的行政责任，甚至是刑事责任。

《俄罗斯联邦刑法典》第 180 条规定了非法使用商标罪，该罪名认定标准之一是造成损害的金额超过 25 万卢布。

《俄罗斯联邦行政违法法典》第 14.10 条规定：非法使用他人商标的，对自然人处以 5000—10000 卢布罚款并没收侵权商品和制作工具、材料等；对法人处以 5 万—20 万卢布罚款并没收侵权商品和制作工具、材料等。以销售侵权商品为目的的生产行为，尚不构成犯罪的，对自然人处以侵权商品价值 2 倍的罚款并没收侵权商品和制作工具、材料等，但罚款不低于 1 万卢布；对法人处以侵权商品价值 5 倍的罚款并没收侵权商品和制作工具、材料等，但罚款不低于 10 万卢布。

《俄罗斯联邦行政违法法典》第 14.33 条第 2 款规定：以侵犯商标权为表现形式实施的不正当竞争行为，对负责人处以 2 万卢布罚款或处以 3 年职业禁令；对法人处以非法所得 1%—15%的罚款，但罚款不低于 10 万卢布。

### 2.2.2.3 版权登记、实施及保护

#### 一、主要保护范围

根据《俄罗斯联邦民法典》第 1259 条的规定，著作权客体包括：文学作品；戏剧和音乐戏剧作品、剧本；舞蹈和哑剧作品；音乐作品（无论有无歌词）；音像作品；绘画、雕塑、素描、工业设计、连环画和其他造型艺术作品；装饰实用艺术和舞台布景艺术作品；建筑艺术作品，包括图纸、文字描述和沙盘模型等；摄影作品和以类似摄影方式获得的作品；地图、地质图和术语地理学等其他科学的绘图、草图、造型图等；作为文学作品受到保护的计算机程序；其他作品。

《俄罗斯联邦民法典》第 1259 条第 2 款规定，著作权客体还包括派生作品、汇编作品。

《俄罗斯联邦民法典》第 1259 条第 6 款则列举了不属于著作权客体的内容，包括：国家或地方行政机关的官方文件，国际组织的正式文件以及上述内容的正式译文；国家以及地方自治组织的象征物和标志；无作者的民间创作；仅具有信息性质的关于事件和事实的报道（新闻报道、电视节目表、交通工具时刻表等）。

## 二、保护期限

### (一)保护期

1. 独立作品的保护期:作者生前以及去世后下一年1月1日起的70年。

2. 合作作品的保护期:最后死亡作者生前与其去世后下一年1月1日起的70年。

3. 无名作品的保护期:发表当年的下一年1月1日起的70年。

4. 其他:如果作者生前未发表,则专有权保护期为发表当年的下一年1月1日起的70年,但应当在作者去世后70年内发表。如果作者因受到迫害而死亡,死后被恢复名誉,专有权保护期延长至自恢复名誉时下一年的1月1日起的70年。如果作品作者曾服务于卫国战争或参加过卫国战争,该作品专有权有效期延长4年。

### (二)保护期届满

《俄罗斯联邦民法典》第1282条规定,作品专有权有效期届满后,进入公有领域。对已发表的有效期届满的作品,任何人都可以不经授权不支付报酬而使用。对未发表的专有权有效期届满的作品,任何人都可以发表,但不应违背作者生前通过遗嘱等书面形式明示的意志,并且如果合法发表了,该发表人即受到作为作品著作权人的权利保护。

## 三、著作权登记

### (一)主管部门和机构

2018年以前,在俄罗斯可以通过俄罗斯著作权协会进行著作权登记。但是,自2018年年中以来,俄罗斯著作权协会已将版权登记授权给了其两家官方合作伙伴:

1. 国家知识产权登记股份公司(n'RIS)

网址:https://nris.ru/。

2. IREG

网址:https://ireg.pro/。

计算机软件著作权登记则归俄罗斯联邦知识产权局管理。

(二)国家知识产权登记股份公司(n'RIS)登记

1. 登记步骤

(1)在其官网上注册,上传身份文件扫描件。

(2)上传需要进行著作权登记的文件,并对其进行尽量详细的描述。

(3)缴费。注意,缴费完成后,无法再做修改。

(4)登记完成后下载电子证书和电子秘钥,也可订制纸质证书。

2. 登记费用

证书费用:(1)纸质证书需要500卢布;(2)高级证书需要3500卢布;(3)英文电子证书需要250卢布;(4)英文纸质证书需要500卢布;(5)英文高级证书需要3500卢布;(6)费用根据文件的大小和时间而不同。

(三)IREG

登记步骤基本与n'RIS相同。

登记官费如下:

标准版:1个云存储(俄文)为2500卢布/月,25000卢布/年。

专业版:1个云存储(国际语言)为4500卢布/月,45000卢布/年。

单个文件:250MB以内为1000卢布,之后每增加250MB,收费增加1000卢布。

(四)计算机软件著作权登记

1. 填写申请;

2. 对软件、数据库等进行尽量详细的描述;

3. 缴费(官费为4500卢布);

4. 程序大小由申请人自行决定,以前代码的页数上限是70页,现在不设限。

## 四、侵权与赔偿

《俄罗斯联邦民法典》第1250条规定,知识产权以该法典规定的方式受到保护,同时考虑到侵犯权利的实质和侵权的后果。知识产权的保护可以权利人或者法律规定下的其他人的请求而启动。侵权人无过错的,不免除其终止侵犯知识产权行为的义务,也不免除对侵权人适用旨在维护知识产权的措施。不论侵权人是否具有过错,法院均应当公布关于已经发生的侵权行为的裁判,制止侵犯智力活动成果或个性化标识或者构成侵权威胁的行为,费用由侵权人承担。

在侵犯知识产权人格权的案件中，权利的保护通过确认权利归属、恢复原状、停止侵权和侵权威胁、补偿精神损害、公布侵权裁判等形式进行。

对知识产权专有权的保护，可以通过提起以下几种请求获得救济：

（1）确认占有权；

（2）制止侵权或有侵权可能的行为；

（3）赔偿损失；

（4）对于为侵权使用或者准备的设施设备或物质载体，可以请求没收；

（5）请求法院公布侵权判决并确认权利归属。

在著作权案件中，如果相关复制品被推定为侵权产品，则法院可以禁止涉嫌侵权的产品权利人就该产品进行的销售、制造、复制、出租、进口、运输、保管、占有行为。

《俄罗斯联邦民法典》第 1252 条第 2 款规定，在侵犯知识产权专属权的案件中，权利人可以通过诉讼保全程序对已经作出侵犯智力活动成果或个性化标志的物质载体、设备和材料采用诉讼立法规定的保全措施，包括对物质载体、设备和材料进行扣押。

《俄罗斯联邦民法典》第 1252 条第 1 款和第 3 款规定，在专有权被侵犯时，权利人有权要求加害人为其损失承担赔偿责任，或者权利人可以要求加害人为上述侵权行为支付补偿金代替损害赔偿。如果权利人选择补偿金，就会免除其对所受损失的数额承担的证明责任。补偿金的数额，由法院根据该法典的规定，根据侵权行为特点以及案件的其他情节并考虑请求的合理性与公平性作出决定。

《俄罗斯联邦民法典》第 1301 条规定，著作权侵权案件中补偿金的范围为 1 万—500 万卢布、所有侵权作品复制件价值的 2 倍或可比合同下许可费用的 2 倍。权利持有人有权请求加害人为每种不法使用智力活动成果或个性化标志的行为或者为其所实施的整个侵权行为支付补偿金。

《俄罗斯联邦民法典》第 1252 条第 7 款规定，侵犯知识产权的被认定为不正当竞争的行为，权利人既可以请求通过该法保护，也可以通过《反不正当竞争法》进行保护。

《俄罗斯联邦民法典》第 1253 条规定，对于法人侵权，如果侵犯知识产权的情节严重，法院可依检察长的请求根据该法典第 61 条（法人清算程序）判决对该法人进行清算。对于个体经营者，如果侵犯知识产权的情节严重，法院可以通过民事或刑事判决对该经营者的个体经营活动作出终止的判决。

但是,《俄罗斯联邦民法典》第1273—1280条规定,以下情形中,可以不经专有权人同意,也不必向其支付报酬:

1. 因个人目的而自由使用的复制作品。但建筑物或构筑物的复制、数据库和计算机程序的复制、完整的翻印书籍或乐谱、其他非为个人利用目的而进行的复制等形式除外。

2. 因信息、科学、教学或文化目的而自由使用的复制作品。

3. 图书馆或档案馆通过翻印的形式来恢复或替代已遗失或损坏的作品、文集、期刊中的小幅作品或片段。此处的翻印为通过非出版用技术手段而进行的复制。

4. 对公开展示的摄影、建筑艺术作品等通过非出版用技术手段进行的复制。

5. 在官方仪式、宗教仪式、葬礼上演奏音乐作品,数量应符合该仪式的性质。

6. 为执法或司法活动而进行的使用,数量应符合使用目的。

7. 取得播放权的无线广播组织,可以不经权利人同意,也不额外支付报酬而录制其广播的作品,但除非有法定事由(如具有文献性质),需在6个月内销毁。

8. 在某些情况下,计算机程序或数据库的合法占有人(使用人)有权不经作者或其他权利人同意而复制计算机程序和数据库。但不能造成计算机程序和数据库的使用损失或权利人不应有的损失。

### 2.2.3 信息安全

#### 2.2.3.1 个人数据保护

**一、相关法律法规**

(一)法律

1. 2001年12月30日第195号联邦法律《俄罗斯联邦行政违法法典》。

2. 2001年12月30日第197号联邦法律《俄罗斯联邦劳动法典》第14章“保护员工的个人数据”。

3. 2006年7月27日第149号联邦法律《俄罗斯联邦信息、信息技术和信息保护法》第15.5条“限制获取违反俄罗斯联邦个人数据立法处理的信息的程序”。

4. 2006 年 7 月 27 日第 152 号联邦法律《俄罗斯联邦个人数据法》。

5. 2021 年 7 月 1 日第 236 号联邦法律《关于外国人在俄罗斯联邦境内的信息电信网络“互联网”上的活动》第 16 条“禁止收集和跨境转移个人数据”。

（二）法规

1. 1997 年 3 月 6 日第 188 号俄罗斯联邦总统令《关于批准具有保密性质的信息清单》。

2. 2008 年 7 月 6 日第 512 号俄罗斯联邦政府令《关于批准对生物识别个人数据的物质载体和在个人数据信息系统之外存储此类数据的技术的要求》。

3. 2008 年 9 月 15 日第 687 号俄罗斯联邦政府令《关于批准在不使用自动化手段的情况下处理个人数据的特殊性的条例》。

4. 2012 年 11 月 1 日第 1119 号俄罗斯联邦政府令《关于批准保护在个人数据信息系统中处理的个人数据的要求》。

5. 2014 年 11 月 24 日第 735 号俄罗斯联邦总统令《关于收集外国公民和无国籍人士的生物识别个人数据》。

6. 2019 年 2 月 13 日第 146 号俄罗斯联邦政府令《对个人数据处理的国家控制和监督的组织和实施规则》。

7. 2021 年 6 月 29 日第 1046 号俄罗斯联邦政府令《关于联邦国家对个人数据处理的控制（监督）》。

（三）部门规章

1. 2012 年 7 月 6 日第 679 号俄罗斯联邦通信监管局令《关于批准被授权保护个人数据主体权利机构下的咨询委员会的组成》。

2. 2013 年 2 月 18 日第 21 号联邦技术和出口管制局令《关于批准在个人数据信息系统处理个人数据期间确保个人数据安全的组织和技术措施的构成和内容》。

3. 2013 年 3 月 15 日第 274 号联邦通信、信息技术和大众传媒监督局令《关于批准未加入欧洲理事会〈关于自动化处理的个人信息保护公约〉的外国国家名单》。

4. 2015 年 7 月 22 日第 84 号俄罗斯联邦通信监管局令《关于批准侵犯个人数据主体权利者名录登记处与托管商的互动程序以及通信运营商获取侵犯个人数据主体权利者名录所含信息的程序》。

5. 2015 年 7 月 22 日第 85 号俄罗斯联邦通信监管局令《关于批准个人数据

主体关于采取措施限制获取违反俄罗斯个人数据立法处理的信息的申请表格》。

6. 2015 年 8 月 19 日第 857 号俄罗斯联邦政府令《关于自动信息系统“侵犯个人数据主体权利者名录”》。

7. 2016 年 1 月 29 日第 82 号俄罗斯联邦通信、信息技术和大众传媒监督局令《关于保护个人数据主体权利的授权机构的咨询委员会》。

8. 2017 年 5 月 30 日第 94 号俄罗斯联邦通信、信息技术和大众传媒监督局令《关于批准通知授权机构开始处理个人数据和修改以前提交的信息的方法建议》。

9. 2021 年 2 月 24 日第 18 号俄罗斯联邦通信、信息技术和大众传媒监督局令《关于批准个人数据主体允许为了传播而处理个人数据同意书内容的要求》。

10. 2021 年 6 月 21 日第 106 号俄罗斯联邦通信、信息技术和大众传媒监督局令《关于批准〈联邦通信、信息技术和大众传媒监督局信息系统使用规则，包括个人数据主体与运营商之间的互动程序〉》。

（四）司法解释（指引）

1.《根据 2006 年 7 月 27 日第 152 号〈俄罗斯联邦个人数据法〉起草确定运营商的个人数据处理政策的文件的建议》。

网址：https://rkn.gov.ru/docs/Rekomendacii31072017.docx。

2.《在个人数据信息系统中处理个人数据时的个人数据安全威胁的基本模式（摘录）》（2008 年 2 月 15 日由联邦技术和出口管制局批准）。

网址：https://legalacts.ru/doc/bazovaja-model-ugroz-bezopasnosti-personalnykh-dannykh-pri/。

3. 2014 年 7 月 21 日第 242 号联邦法《关于修正俄罗斯联邦有关在信息和电信网络中个人数据处理程序的某些立法》的评注。

网址：https://legalacts.ru/doc/bazovaja-model-ugroz-bezopasnosti-personalnykh-dannykh-pri/。

（五）国际条约

1.《关于自动化处理的个人信息保护公约》（1981 年 1 月 28 日，斯特拉斯堡）。

2. 欧洲议会和理事会 2002 年 7 月 12 日通过的（2002/58/EC 号）《关于电子通信领域个人数据处理和隐私保护的指令》。

## 二、监管部门

### （一）俄罗斯联邦数字发展、通信和大众传媒部

网址：https://digital.gov.ru/ru/。

### （二）俄罗斯联邦通信、信息技术和大众传媒监督局

网址：https://rkn.gov.ru/。

俄罗斯联邦通信、信息技术和大众传媒监督局是俄罗斯联邦数字发展、通信和大众传媒部的下属部门，主要职权包括：

1. 监督个人数据处理是否符合《俄罗斯联邦个人数据法》的要求；

2. 审理数据主体就个人数据的内容和处理方式是否符合其处理目的而提起的申诉，并作出相关决定；

3. 要求处理者更正、冻结或者销毁不可靠的或者由非法途径获得的个人数据；

4. 限制访问违反俄罗斯个人数据立法而被处理的信息；

5. 向法院起诉要求保护个人数据主体的权利，包括不确定人群的权利，并在法庭上代表个人数据主体的利益；

6. 申请中止或者注销违反个人数据处理活动许可的条件而未经数据主体书面同意向第三人移转个人数据处理者的相应许可；

7. 对违反《俄罗斯联邦个人数据保护法》的相关人处以行政处罚。

### （三）俄罗斯联邦技术和出口监督局

网址：https://fstec.ru/。

### （四）俄罗斯联邦安全局

网址：http://www.fsb.ru/。

## 三、个人数据的范围

### （一）一般类型的个人数据

根据《俄罗斯联邦个人数据法》第 3 条，以及俄罗斯联邦通信、信息技术和大众传媒监督局 2017 年 5 月 30 日第 94 号命令第 2.5 条的规定，个人数据是指与已识别或可识别的与个人直接或间接相关的各种信息，包括姓、名、父称，出生日期（年、月、日），出生地点，地址，家庭信息，社会关系，财产信息，教育经历信息，职业信息，收入等任何属于个人信息主体的其他信息。

### (二)特殊类型的个人数据

根据《俄罗斯联邦个人数据法》第10条的规定,特殊类型的个人数据包括个人的种族、国籍、政治立场、宗教信仰、哲学信仰、健康状况和私密生活,一般情况下禁止处理特殊类型的个人数据,但是《俄罗斯联邦个人数据法》第10条第2、2.1款规定的情形除外。比如经过个人数据主体书面同意;根据俄罗斯劳动立法、退休立法处理个人数据;为保护个人数据主体或者他人的生命、健康等切身利益,而无法获得个人数据主体同意的情况;专业医疗工作者以某些医疗目的处理个人数据;等等。并且,应当按照《俄罗斯联邦个人数据法》第10.1条的规定来处理特殊类型的个人数据。

### (三)生物识别个人数据

根据《俄罗斯联邦个人数据法》第11条的规定,生物识别个人数据指表明个人生理和生物特征,并且可以据以确定个人身份的个人数据,如指纹、视网膜等。

个人数据主体被处理者使用生物识别个人数据确定其身份时,应当获得个人数据主体书面同意才能处理该数据。例外情况包括:由于履行关于遣返的俄罗斯国际条约,由于进行司法审判和执行司法文书,以及在俄罗斯国防、安全、反恐、交通安全、反腐败、业务搜索活动、国家公务、刑事执行、出入境程序、国籍立法规定的情形。

## 四、个人数据处理者

根据《俄罗斯联邦个人数据法》第3条第2款的规定,个人数据处理者是单独或同他人共同组织和(或)实施个人数据的处理,确定个人数据处理目的、被处理的个人数据组成及对个人数据的实施行为(操作)的国家机关、市政机关、法人或自然人。

在俄罗斯,企业招聘和雇用员工,必然要涉及员工个人数据。这种情况下,对于俄罗斯关于个人数据的法律是否同样适用于企业法人这一问题,俄罗斯联邦通信、信息技术和大众传媒监督局进行了解释。根据该局的解释,企业只要从事招聘和雇用员工的活动,就属于个人数据运营商的范畴。因此,严格来讲,企业应在该局登记注册成为个人数据运营商。

## 五、个人数据处理及其原则和条件

### (一)个人数据处理

根据《俄罗斯联邦个人数据法》第3条第3款的规定,个人数据处理包括收集、记录、体系化、积累、存储、更正(更新、修改)、摘录、使用、转移(包括传播、提供、访问)、匿名化、封存、删除、销毁个人数据在内的任何使用或不使用自动化方式的处理个人数据的行为(操作)。

根据《俄罗斯联邦个人数据法》第1条第1款的规定,使用自动化方式包括使用信息电信网络;若不使用自动化方式,个人数据处理应符合使用自动化方式完成的个人数据处理行为(操作)特点,即能根据给定的个人数据检索算法处理个人数据和(或)访问个人数据,此类个人数据应记录在物质载体上及包含在文献或其他体系化的个人数据汇编中。

(二)个人数据处理原则

《俄罗斯联邦个人数据法》第5条规定了处理个人数据的原则:

1. 个人数据的处理应以法律和公平原则为基础。

2. 应限于具体的、预定的和合法的目的。禁止不按照收集个人数据的目的处理个人数据。

3. 若个人数据的处理目的不一致,不允许合并含有相关个人数据的不同数据库。

4. 只能处理符合处理目的的个人数据。

5. 已处理的个人数据在内容与数量上应与已申报的处理目的相符,已处理的个人数据不应超出已申报的处理目的范围。

6. 处理个人数据时应保证个人数据的准确性和充分性,在必要情况下就个人数据处理目的还应保证其现实性。处理者应采取必要措施或保证采取措施删除或明确不完整或不准确的信息。

7. 如果联邦法律、合同(合同当事人、受益人或担保人是个人数据的主体)未规定个人数据的保存期限,个人数据的保存应采用能确定个人数据主体的形式,且并不超出个人数据处理目的要求的期限。除非联邦法律另有规定,否则在达到处理目的后或在不需要实现这些目的的情况下,应将处理后的个人数据销毁或去个性化处理。

(三)个人数据处理条件

根据《俄罗斯联邦个人数据法》第6条的规定,应遵循现行联邦法律规定的原则和规则处理个人数据。下列情况允许处理个人数据:

1. 个人数据主体同意处理其个人数据。

根据《俄罗斯联邦个人数据法》第9条的规定,个人数据主体有权根据自己的意愿并为了自己的利益决定提供其个人数据并同意对其个人数据自由处理。处理个人数据的同意必须是具体的,个人数据的主体是知情的和有意识的。除非联邦法律另有规定,否则个人数据可由个人数据主体或该个人数据主体的代表以任何能证实自己确实受个人数据主体委托的形式给出。若处理者经过个人数据主体代表获得处理个人数据的同意,处理者应核实此人代表个人数据主体传达同意的权力依据。个人数据主体同意处理其个人数据的书面同意应包括以下内容:

(1)个人数据主体的姓、名、父称、地址、主要身份证件号码、该证件的颁发日期及颁发机关;

(2)个人数据主体代表的姓、名、父称、地址、主要身份证件号码、该证件的颁发日期及颁发机关、授权书或确认其代表权力的其他文件(在从个人数据主体代表处获得同意时);

(3)取得个人数据主体同意的处理者的名称或姓、名、父称和地址;

(4)个人数据处理的目的;

(5)个人数据主体同意处理的个人数据清单;

(6)若处理者委托他人处理个人数据,需提供该人的名称或姓、名、父称和地址;

(7)同意实施的个人数据处理行为清单,个人数据处理应用方法的总体描述;

(8)除非联邦法律另有规定,否则应包含个人数据主体同意的有效期限及撤销方式;

(9)个人数据主体的签名。

2. 为达到由俄罗斯国际条约或法律规定的目的,为实现并履行俄罗斯法律委托给处理者的职责、权利和义务处理个人数据。

3. 因当事人参与宪法,民事、行政、刑事诉讼及仲裁程序而处理其个人数据。

4. 联邦行政机构、国家非财政预算基金机构、俄罗斯国家权力行政机构、为国家和市政提供服务的地方自治机构和功能组织为了行使权力而必须处理个人数据;为国家和市政提供的服务由2010年7月27日第210号《提供国家和市政服务的组织法》规定,服务包括将个人数据主体注册到统一的国家和市政服务门户网站及(或)国家和市政府服务地区门户网站。

5. 为履行当事人或受益人或担保人作为个人数据主体的合同必须处理个

人数据，为签订个人数据主体提议签订的合同必须处理个人数据，为签订个人数据主体作为受益人或担保人的合同而必须处理个人数据。

6. 不可能获得个人数据主体的同意，但以保护个人数据主体生命、健康或其他切身利益为目的处理个人数据。

7. 为了处理者或第三方的权利和合法利益必须处理个人数据，包括在联邦法律《关于在到期债务追收活动中保护自然人权利和合法利益以及关于修正联邦法律〈小额信贷活动及小额信贷组织〉》规定的情况下，或为实现重要的社会目标在不损害个人数据主体的权利和自由的情况下处理个人数据。

8. 记者为了完成专业工作和（或）大众传媒为了进行合法活动或在不侵犯个人数据主体权利及合法利益的条件下为了完成科学、文化或其他创造性工作而处理个人数据。

9. 除了以推销商品、工作、市场服务及政治宣传为目的外，为统计或其他研究目的而处理个人数据，但必须对个人数据进行强制性的匿名化。

10. 根据联邦法律规定需要公布或强制披露的个人数据被处理。

## 六、个人数据主体的权利

### （一）获得有关处理其个人数据的信息

根据《俄罗斯联邦个人数据法》第 14 条第 1、7 款的规定，个人数据主体有权亲自或通过其代表请求处理者提供有关处理其个人数据的信息（除了第 14 条第 8 款规定的例外情况），在处理者收到个人数据主体或其代表的请求时，应将指定的信息提供给个人数据主体或其代表。

请求内容应包括证明个人数据主体或其代表身份的基本文件编号，该文件颁发日期及颁发机关，确认个人数据主体与处理者关系的信息[合同编号、合同签订日期、有条件的口头指示和（或）其他信息]，或以其他方式确定处理者处理个人数据这一事实的信息，以及个人数据主体或其代表的签字。请求可按照俄罗斯立法的规定以电子文件的形式发出并以电子签名的方式签字。

如果个人数据不完整、过时、不准确、系非法获取、非处理者申明的处理目的之必须，那么个人数据主体有权要求处理者更正、屏蔽、删除其个人数据，以及采取法律规定的措施保护自身权利。

个人数据主体获得所请求的信息后，可以再次请求处理者提供。除非法律另有规定，或者第一次从处理者处获得的信息不完整，否则距离第一次请求的时间不得少于 30 日。如果处理者因个人数据主体未按法律规定的程序请求其提供信息而拒绝提供,处理者应提供其拒绝所依据的理由及证据。

个人数据主体有权请求处理者提供的信息包括:

1. 确认处理者处理个人数据的事实;

2. 处理个人数据的法律依据和目的;

3. 处理者采用的处理个人数据的目的和方法;

4. 处理者的名称和地址,按照与处理者签署的合同或根据联邦法律能够访问或披露个人数据的人员信息(处理者的工作人员除外);

5. 属于相应个人数据主体的被处理的个人数据、数据的来源(若联邦法律未规定提供个人数据的其他方式);

6. 个人数据处理期限,其中包括个人数据保存期限;

7. 个人数据主体行使《俄罗斯联邦个人数据法》规定权利的程序;

8. 有关已经完成或预计进行的跨境传输个人数据的信息;

9. 根据处理者的委托处理个人数据的受托方的名称或姓、名、父称和地址;

10.《俄罗斯联邦个人数据法》或其他联邦法律规定的其他信息。

根据《俄罗斯联邦个人数据法》第 14 条第 8 款规定,个人数据主体获得上述信息的权利在以下情况时被限制:

1. 以国防、维护国家安全和法律制度为目的而进行的搜查活动、反侦查以及侦察活动中取得的个人数据,处理前述个人数据;

2. 个人数据是由因有犯罪嫌疑而拘押个人数据主体的机关、或对个人数据主体提起刑事追诉的机关、或对个人数据主体在提起追诉之前采取强制措施的机关处理,但《俄罗斯联邦刑事诉讼法》规定的允许犯罪嫌疑人或者被起诉人了解此类个人数据的情形除外;

3. 依照打击将通过犯罪途径获得的收入合法化(洗钱)及打击资助恐怖分子的立法处理个人数据;

4. 个人数据主体对其个人数据的访问侵犯第三方的权利及合法利益;

5. 在俄罗斯运输安全立法规定的情况下处理个人数据,以确保运输系统稳定安全运行,保护运输系统中个人、社会和国家的利益免受非法行为侵害。

### (二)以推销商品、工作、市场服务及政治宣传为目的处理个人数据时,个人数据主体的权利

只有事先征得个人数据提供者的同意,才允许通过通信设备直接联系潜在的消费者以推销市场上的商品、工作和服务,以及为了进行政治宣传处理其个人数据。应个人数据主体的要求,处理者有义务立即停止对其个人数据的

处理。

（三）个人信息主体在自动化处理个人数据的基础上作出决定的权利

未经信息提供者书面同意，禁止在自动化处理个人数据的基础上，作出对个人数据提供者产生法律后果，或以其他方式影响其权利和合法利益的决定。处理者有义务向个人数据主体解释在自动化处理个人数据的基础上作出对个人数据的决定的程序，解释该决定可能产生的法律后果，提供对该决定提出异议的可能，并解释个人数据主体保护其权利和合法利益的程序。处理者有义务在收到异议之日起30日内审理该异议并将审理结果通知个人数据主体。

（四）对处理者作为或不作为的诉权

如果个人数据主体认为处理者在处理其个人数据时违反了《俄罗斯联邦个人数据法》的要求，或以其他方式侵犯了其权利和自由，个人数据主体有权就经营者的作为或不作为向联邦通信监管局投诉或寻求司法救济。

数据主体有权保护自身权利和合法利益，包括在法庭上获得损害赔偿、精神损害赔偿。

## 七、个人数据处理者的义务

（一）处理个人数据前的通知义务

根据《俄罗斯联邦个人数据法》第22条的规定，在开始处理个人数据前，处理者有义务通知有权保护数据主体权利的机关，但有下列情形的除外：

1. 依照劳动立法进行的个人数据处理；

2. 处理者根据数据主体为合同一方的合同而取得的个人数据，上述数据未经数据主体同意不会被传播或提供给第三方，且处理者仅用于履行上述合同及与数据主体签订合同；

3. 属于社会组织或宗教组织的成员（参加者）的个人数据，依照俄罗斯立法进行活动的社会组织或宗教组织，为达到组织的创立文件中所规定的合法目的而进行处理的个人数据，且上述数据未经数据主体书面同意就不被传播或向第三方展示；

4. 个人数据主体允许传播个人数据，但处理者必须遵守《俄罗斯联邦个人信息法》第10.1条规定的禁止和条件；

5. 仅包含数据主体的姓、名和父称的个人数据；

6. 为数据主体前往处理者所在地的单次通行证所必需，或者为实现其他类似目的所必需的个人数据；

7. 纳入依照联邦法律具有国家自动化信息系统地位的个人数据信息系统中，以及为保障国家安全和公共秩序而建立的国家个人数据信息系统中的个人数据；

8. 依照联邦法律和其他规定处理个人数据时，保证个人数据安全并遵守规定数据主体权利的俄罗斯规范性法律文件、非自动化方式所处理的个人数据；

9. 依照在俄罗斯交通安全立法，为确保交通运输综合体的安全稳定运行，保护个人、社会和国家在交通运输综合体中的利益和免受非法干扰所处理的个人数据。

通知应当以纸质形式或电子形式发送，并由处理者负责人签字。通知应当包括以下信息：

1. 处理者的名称（姓、名、父称）和地址；

2. 处理个人数据的目的；

3. 个人数据的类型；

4. 被处理的个人数据的主体类型；

5. 处理个人数据的法律依据；

6. 处理者处理个人数据的行为清单，处理方式的综述；

7. 本联邦法律第 18.1 条和第 19 条所规定的措施（保证处理者履行本联邦法律规定义务的措施、处理个人数据时对个人数据的保护措施）的具体描述，包括加密（密码）工具和工具名称；

8. 负责组织个人数据处理的个人的姓、名、父称或法人名称，其联系电话、邮箱地址和电子邮箱地址；

9. 处理个人数据的开始日期；

10. 处理个人数据的期限和终止条件；

11. 处理个人数据过程中是否存在跨境传输；

12. 俄罗斯公民个人数据的信息数据库地址；

13. 按照俄罗斯联邦政府制定的保护个人数据的要求，确保个人数据安全的信息。

在更改通知包含信息或终止处理个人数据时，处理者有义务在自更改发生之日或终止处理个人数据之日起 10 个工作日内，通知有权保护数据主体权利的机关。

（二）收集个人数据时的义务

根据《俄罗斯联邦个人数据保护法》第18条的规定，处理者有义务在收集个人数据时根据个人数据主体的请求向其提供其有权获取的信息（具体见个人数据主体的权利部分）。

如果根据联邦法律的规定，提供个人数据是一种义务，则处理者应当向个人数据主体阐明其拒绝提供个人数据的法律后果。

如果个人数据不是从个人数据主体处获得，除例外规定情况外，处理者在开始处理此类个人数据前有义务向个人数据主体告知以下信息：

1. 处理者或其代表的名称或姓、名、父称和地址；
2. 处理个人数据的目的和法律依据；
3. 拟定的个人数据使用人；
4.《俄罗斯联邦个人数据法》确定的个人数据主体的权利；
5. 个人数据获取来源。

处理者在以下情况下没有义务向个人数据主体提供上述信息：

1. 处理者已经告知个人数据主体有关处理其个人数据的事宜；
2. 处理者根据联邦法律或因履行个人数据主体作为当事人、受益人或担保人的合同而获得的个人数据；
3. 经个人数据主体允许用于传播的个人数据，其处理应遵循《俄罗斯联邦个人数据法》中特别的约束和条件；
4. 处理者处理个人数据是为了实现统计或其他研究，为了完成记者的职业工作或科学、文学或其他创造性工作，且不侵犯个人数据主体权利和合法利益；
5. 向个人数据主体告知相应信息违反第三方的权利和合法利益。

在使用信息电信网络，包括"因特网"收集个人数据时，处理者有义务使用位于俄罗斯境内的数据库记录、系统化、汇集、保存、更正（更新、修改）和摘录俄罗斯公民的个人数据。

（三）保证处理者履行《俄罗斯联邦个人数据法》规定义务的措施

根据《俄罗斯联邦个人数据保护法》第18.1条的规定，处理者有义务采取必要且充分的措施保证履行《俄罗斯联邦个人数据法》及相关规范性法律文件规定的义务。除非《俄罗斯联邦个人数据法》或其他联邦法律另有规定，否则处理者应单独确定必要且充分的措施内容和清单以保证履行《俄罗斯联邦个人数据法》和根据该法律通过的规范性法律文件规定的义务。该类措施可包括：

1. 由作为法人的处理者指定负责人组织处理个人数据；

2. 由作为法人的处理者颁布规定个人数据处理政策的文件、有关个人数据处理问题的内部规范性文件及旨在预防和发现违反俄罗斯立法的行为及消除其后果的规范性文件；

3. 采取法律、组织和技术措施保证个人数据的安全；

4. 针对个人数据的处理是否符合《俄罗斯联邦个人数据法》和根据该联邦法律通过的规范性法律文件的规定、个人数据保护的要求、处理者处理个人数据的政策和内部规范性文件实行内部控制和(或)审计；

5. 评估在违反《俄罗斯联邦个人数据法》的情况下个人数据主体可能遭受的损害,将该损害与处理者采取的旨在保证履行《俄罗斯联邦个人数据法》规定的义务的措施相互比对；

6. 令直接完成个人数据处理的员工知悉俄罗斯法律有关个人数据的规定,其中包括保护个人数据的要求,规定个人数据处理政策的文件及有关个人数据处理问题的内部规范性文件和(或)对员工进行培训。

处理者有义务公开或以其他方式确保其个人数据处理政策的文件及实现个人数据保护要求的消息能够无限制访问。利用信息电信网络收集个人数据的处理者有义务在相关信息电信网络中公布确定其个人数据处理政策的文件及实现个人数据保护要求的消息,并提供利用相关信息电信网络方式访问这些文件的可能性。

### (四)处理个人数据时的保护措施

根据《俄罗斯联邦个人数据保护法》第19条的规定,处理者在处理个人数据时有义务采取必要的法律、组织和技术措施或保证保护个人数据不受到非法或意外访问、销毁、修改、封存、复制、提供、传播以及其他非法行为。

确保个人数据的安全的方法包括:

1. 在个人数据信息系统处理个人数据时确定威胁个人数据安全的因素；

2. 在个人数据信息系统中处理个人数据时采取组织和技术措施保证个人数据安全,该类措施对于履行个人数据保护的要求来说是必要的,其执行可确保俄罗斯联邦政府规定的个人数据保护水平；

3. 采用按规定方式通过相符性评估流程的信息保护手段；

4. 在个人数据信息系统投入使用之前评估已采取的个人数据安保措施的有效性；

5. 对个人数据机器载体进行登记；

6. 发现未经授权访问个人数据的事实并采取措施,包括检测、预防和消除对个人数据信息系统的计算机攻击后果以及应对其中的计算机事故的措施;

7. 还原由于未经授权的访问而被修改或销毁的个人数据;

8. 设置对在个人数据信息系统中被处理的个人数据的访问规则,确保登记并统计所有在个人数据信息系统中对个人数据操作的行为;

9. 对已采取的个人数据安保措施及保障个人数据信息系统安全水平的措施进行监控。

## 八、俄罗斯公民个人数据本地化

2014 年 7 月 21 日第 242 号联邦法律《关于修改俄罗斯联邦某些立法以明确个人数据处理方式》(以下简称第 242 号法律)主要对《俄罗斯联邦个人数据法》和《俄罗斯联邦信息、信息技术和信息保护法》进行了修订,规定了俄罗斯公民个人数据本地化。2015 年 8 月 3 日,俄罗斯联邦数字发展、通信和大众传媒部发布官方解释,对个人数据本地化要求作出进一步阐释。

### (一)受约束主体

1. 俄罗斯个人数据处理者。

2. 在俄罗斯设立代表处或其他分支机构的外国个人数据处理者。

3. 未在俄罗斯设立代表处或其他分支机构的外国个人数据处理者,通过互联网开展业务时,相应的互联网站点指向俄罗斯境内。互联网站点指向俄罗斯境内的情况包括:

(1)域名后缀为. ru,. su,. рф。

(2)网站有俄语版。

网站指向性的补充证明标准则至少满足以下情况之一:

(1)有俄语版广告。

(2)可用卢布进行结算。

(3)存在在俄罗斯境内履行网签合同的可能性,例如,在俄罗斯境内交付货物、提供服务或使用数字内容等。值得注意的是,这些情形对于电商、服务器服务、智能手机所涉 IT 服务和游戏平台而言都是日常会涉及的。

(4)其他明确表明网站所有者有意将俄罗斯市场纳入其经营战略的情况。

### (二)受约束行为

1. 受约束主体应当对俄罗斯公民的个人数据进行本地化处理,并向政府告知俄罗斯境内的数据库地址。具体法律规定如下：

《俄罗斯联邦个人数据法》第18条第5款规定，处理者在收集个人数据期间（包括通过互联网等方式），有义务保证在俄罗斯境内数据库中，记录、系统化、汇集、存储、更正（更新或修改）和摘录俄罗斯公民的个人数据，《俄罗斯联邦个人数据法》第6条第1款第2、3、4、8项规定的情况除外。除外情况包括：

（1）为实现俄罗斯缔结的国际条约或法律规定的目的，为执行和履行俄罗斯法律赋予处理者的职能、权利和义务而必须处理个人数据；

（2）与诉讼或仲裁程序有关的个人数据处理；

（3）联邦权力执行机关、国家预算外基金、俄罗斯联邦各主体的国家权力执行机关、自治地区机关为了执行权力，提供国家和市政服务的相关组织为了履行职能而必须处理个人数据；

（4）为了记者的职业活动，大众传媒机构的合法活动，科学、文学或其他创造性活动而必须处理个人数据，且个人数据主体的权利和合法利益不得因此受到侵犯。

《俄罗斯联邦个人数据法》第22条第1款规定：

在开始处理个人数据前，运营者有义务通知有权保护数据主体权利的机关其对个人数据的处理。

《俄罗斯联邦个人数据法》第22条第3款第10.1项规定：

运营者发送给有权保护数据主体权利的机关的通知，应当以纸质形式或电子形式发送，并由运营者的负责人签字。通知中应当包括记录、系统化、汇集、存储、更正（更新或修改）和摘录俄罗斯公民个人数据的数据库地址。

2. 互联网信息传播组织者、信息所有者和运营者的数据本地化义务。具体法律规定如下：

《俄罗斯联邦信息、信息技术和信息保护法》第10.1条第3款规定，互联网信息传播组织者有义务在俄罗斯境内保存以下信息：

（1）互联网用户的文字、语音、图像、声音、视频或其他信息被接收、移转、提供和（或）处理，以及上述行为结束后1年内上述互联网用户的信息。

（2）自被接收、移转、提供和（或）处理之日起6个月内互联网用户的文字、语音、图像、声音、视频和其他电子信息。俄罗斯联邦政府规定保存上述信息的程序、期限和规模。

《俄罗斯联邦信息、信息技术和信息保护法》第16条第4款规定：

信息所有者、信息系统运营商，在俄罗斯立法规定下，有义务确保寻找位于俄罗斯境内的数据库,用其对俄罗斯公民个人数据进行收集、记录、汇集、存储、更正(更新或修改)和摘录。

3. 俄罗斯联邦数字发展、通信和大众传媒部对上述规定的进一步说明。

(1)对于“收集个人数据”的理解。

按照俄罗斯联邦数字发展、通信和大众传媒部的解释,收集可以理解为处理者有意地直接从个人数据主体或通过专门聘请的第三方获得个人数据的过程。因此,如果处理者意外(未请求)获取到个人数据,则无须将其本地化,比如,作为处理者的法人在其合法业务活动中从另一法人处收到关于其员工的联系方式。

(2)公民身份。

由于第 242 号法律没有明确规定处理者如何确定数据主体的公民身份,按照俄罗斯联邦数字发展、通信和大众传媒部的解释,每个处理者都有机会选择自己的方法来确定其收集的个人数据的主体的公民身份,运营商的活动范围将影响运营商选择其确定公民身份的方法的决定。如果这个问题没有被处理者独立解决,就可能对在俄罗斯收集的所有个人数据适用本地化要求。

(3)没有追溯效力。

根据该指南,第 242 号法律的规定不能被解释为具有追溯效力。只要数据保持不变,俄罗斯公民在 2015 年 9 月 1 日之前收集的个人数据可以保留在外国司法管辖区的数据库中。但是,如果这些数据库在 2015 年 9 月 1 日之后进行了更新和更改,那么根据该指南,这些数据库将受到数据本地化要求的限制。

(4)对数据跨境传输的影响。

根据该指南,第 242 号法律仅适用于法律中具体列举的数据操作。远程访问数据,使用该数据或删除数据不会受到影响。

俄罗斯联邦数字发展、通信和大众传媒部指南表明,第 242 号法律不会影响任何有关个人数据跨境传输的现行俄罗斯法律和法规。只要遵循俄罗斯关于个人数据的其他法律,就可以将有关俄罗斯公民的个人数据转移出俄罗斯。

但是,个人数据的初始收集不能通过位于俄罗斯境外的服务器实现,但随后可以将该数据转移到俄罗斯以外的其他数据库。同时,该指南要求,国外可用的二级数据库不应具有俄罗斯主要数据库中没有存储的信息。

(5)劳动关系中的个人数据本地化。

根据《俄罗斯联邦个人数据法》的规定,为执行和履行俄罗斯法律赋予处理者的职能、权利和义务而必须处理个人数据时,不受个人数据本地化规定的约束。因此,在这方面经常出现一个问题,即个人数据本地化要求是否适用于为遵守俄罗斯劳动法而处理其员工的个人数据的用人单位,这些用人单位由于其工作的特殊性,需要使用位于俄罗斯境外的数据库处理这些个人数据。

俄罗斯联邦数字发展、通信和大众传媒部在解释中没有给出明确的答案,但指出,个人数据处理者应独立将其在个人数据处理方面的行动分类,并确保其符合法律要求。同时,联邦主管部门会在检查活动中核实在特定情况下这种分类的正确性。

## 九、法律责任

(一)行政责任(一般罚款)

1. 根据《俄罗斯联邦行政违法法典》第 13.11 条的规定,违反俄罗斯个人数据保护相关法律者承担以下行政责任。

(1)在俄罗斯个人数据保护相关法律未规定的情况下处理个人数据,或未按照收集个人数据的目的处理个人数据,该条第 2 款和该法第 17.13 条(非法传播有关受保护者的信息)规定的情况除外。

此时,个人将被处以 2 千至 6 千卢布的罚款,二次违法将被处以 4 千至 1.2 万卢布的罚款;公职人员将被处以 1 万至 2 万卢布的罚款,二次违法将被处以 2 万至 5 万卢布的罚款;法人将被处以 6 万至 10 万卢布的罚款,二次违法将被处以 10 万至 30 万卢布的罚款;个体工商户二次违法将被处以 5 万至 10 万卢布的罚款。

(2)在俄罗斯个人数据保护相关法律规定必须获得同意的情况下,未经个人数据主体书面同意而处理其个人数据,该法第 17.13 条(非法传播有关受保护者的信息)规定的情况除外;或者在违反俄罗斯个人数据保护相关法律对相关书面同意应包含的信息的要求的情况下处理个人数据。

此时,个人将被处以 6 千至 1 万卢布的罚款,二次违法将被处以 1 万至 2 万卢布的罚款;公职人员将被处以 2 万至 4 万卢布的罚款,二次违法将被处以 4 万至 10 万卢布的罚款;法人将被处以 3 万至 15 万卢布的罚款,二次违法将被处以 30 万至 50 万卢布的罚款;个体工商户二次违法将被处以 10 万至 30 万卢布的罚款。

(3)信息处理者未按照俄罗斯个人数据保护相关法律的要求,公布或允许以其他方式无限制地访问其个人数据处理政策或其对个人数据保护的现行要求。

此时,个人将被处以 1.5 千至 3 千卢布的罚款;公职人员将被处以 6 千至 1.2 万卢布的罚款;个体工商户将被处以 1 万至 2 万卢布的罚款;法人将被处以 3 万至 6 万卢布的罚款。

(4)信息处理者未按照俄罗斯个人数据保护相关法律的规定向个人数据主体提供与处理其个人数据有关的信息。

此时,个人将被处以 2 千至 4 千卢布的罚款;公职人员将被处以 8 千至 1.2 万卢布的罚款;个体工商户将被处以 2 万至 3 万卢布的罚款;法人将被处以 4 万至 8 万卢布的罚款。

(5)在个人数据不完整、过时、错误、属于被非法取得或超出声明范围目的被使用时,信息处理者未在俄罗斯个人数据保护相关法律规定的期限内,根据个人数据主体、其代表或个人数据保护部门的要求,更正、屏蔽或销毁个人数据。

此时,个人将被处以 2 千至 4 千卢布的罚款,二次违法将被处以 2 万至 3 万卢布的罚款;公职人员将被处以 8 千至 2 万卢布的罚款,二次违法将被处以 3 万至 5 万卢布的罚款;个体工商户将被处以 2 万至 4 万卢布的罚款,二次违法将被处以 5 万至 10 万卢布的罚款;法人将被处以 5 万至 9 万卢布的罚款,二次违法将被处以 30 万至 50 万卢布的罚款。

(6)信息处理者在不使用自动化手段处理个人数据时,未遵守俄罗斯个人数据保护相关法律的规定,在个人数据保存在物质媒介期间确保个人数据的完整性,并排除对个人数据未经授权的访问,造成对个人数据非法或意外的访问,个人数据的损失、篡改、屏蔽、复制、提供、传播或其他针对个人数据的非法行为。

此时,个人将被处以 1.5 千至 4 千卢布的罚款;公职人员将被处以 8 千至 2 万卢布的罚款;个体工商户将被处以 2 万至 4 万卢布的罚款;法人将被处以 5 万至 10 万卢布的罚款。

(7)国家机关或自治地方机关作为信息处理者未履行俄罗斯个人数据保护相关法律规定的个人数据匿名化义务,或未能遵守既定的个人数据匿名化的要求或方法。

此时,公职人员将被处以 6 千至 1.2 万卢布的罚款。

(8)信息处理者在收集个人数据时,包括通过互联网收集个人数据时,违反俄罗斯个人数据保护相关法律规定的确保使用俄罗斯境内的数据库记录、系统化、累积、存储、更正(更新、修改)、提取俄罗斯公民的个人数据的义务。

此时，个人将被处以3万至5万卢布的罚款，二次违法将被处以5万至10万卢布的罚款；公职人员将被处以10万至20万卢布的罚款，二次违法将被处以50万至80万卢布的罚款；法人将被处以100万至600万卢布的罚款，二次违法将被处以600万至800万卢布的罚款。

2.《俄罗斯联邦行政违法法典》第19.4条规定：

不服从国家监督（控制）机关的公职人员、国家财政控制机关的公职人员、根据联邦法律授权进行国家监督的机构的公职人员、自治地方控制机关的公职人员、自治地方财政控制机关的公职人员的合法命令或要求的，个人将被处以警告或者500至1千卢布的罚款；公职人员将被处以2千至4万卢布的罚款。

3.《俄罗斯联邦行政违法法典》第19.4.1条规定：

妨碍或逃避国家控制（监督）机关的公职人员、国家财政控制机关的公职人员、根据联邦法律授权进行国家监督的机构的公职人员、自治地方控制机关的公职人员或自治地方财政控制机构的公职人员的合法检查的，个人将被处以500至1千卢布的罚款；公职人员将被处以2千至4千卢布的罚款；法人将被处以5千至1万卢布的罚款。但该法第14.24条第4款（贸易组织者妨碍或逃避俄罗斯联邦中央银行的检查）、第15.29条第9款（金融领域相关组织妨碍俄罗斯联邦中央银行的检查、不执行或不正确执行俄罗斯联邦中央银行的警告）和第19.4.2条（妨碍控制和监督国家国防采购的联邦权力执行机关或其地方机关的公职人员的合法活动）规定的情况除外。

如果上述行为导致检查无法进行或无法完成，那么公职人员将被处以5千至1万卢布的罚款，二次违法将被处以1万至2万卢布的罚款或者停职6个月至一年；法人将被处以2万至5万卢布的罚款，二次违法将被处以5万至10万卢布的罚款。

4.《俄罗斯联邦行政违法法典》第19.5条规定：

未按期完成国家监督（控制）机关或其公职人员、自治地方控制机关或其公职人员的关于消除违法行为的合法命令（决议、陈述、决定）时，个人将被处以300至500卢布的罚款；公职人员将被处以1千至2千卢布的罚款或停职3年；法人将被处以1万至2万卢布的罚款。

5.《俄罗斯联邦行政违法法典》第19.7条规定：

未向国家机关或其公职人员、国家控制（监督）机关或其公职人员、国家财政控制机关或其公职人员、根据联邦法律授权执行国家监督的组织或其公职人员、自治地方控制机关或其公职人员、自治地方财政控制机关或其公职人员提交或不及时提交法律规定的上述组织或其公职人员进行法定活动所必须的材料(信息),或者提交不完整或不真实的信息(资料)的,个人将被警告或处以100至300卢布的罚款;公职人员将被警告或处以300至500卢布的罚款;法人将被警告或处以3千至5千卢布的罚款。该法典特别规定的情况除外。

6.《俄罗斯联邦行政违法法典》第13.31条规定:

(1)互联网信息传播的组织者(托管服务商、域名和网站的所有者)未按照联邦法律的规定存储关于接收、传输、交付和(或)处理互联网用户的语音信息、书面文本、图像、声音、其他电子信息和关于互联网用户的信息的实事,和(或)向负责侦查活动的或保障俄罗斯安全的国家机关提供此类信息的,个人将被处以3千至5千卢布的罚款,二次违法将被处以1.5万至3万卢布的罚款;公职人员将被处以3万至5万卢布的罚款,二次违法将被处以10万至50万卢布的罚款;法人将被处以80万至100万卢布的罚款,二次违法将被处以200万至600万卢布的罚款。

(2)互联网信息传播的组织者(托管服务商、域名和网站的所有者)未向保障安全领域的联邦权力执行机关提供将接收、传送、交付和/或处理的电子信息解码所必要的信息的,个人将被处以3千至5千卢布的罚款,二次违法将被处以1.5万至3万卢布的罚款;公职人员将被处以3万至5万卢布的罚款,二次违法将被处以10万至50万卢布的罚款;法人将被处以80万至100万卢布的罚款,二次违法将被处以200万至600万卢布的罚款。

### (二)按照营业额比例罚款(оборотный штраф)

根据俄罗斯法律,有两种情况可能被处以按照营业额比例罚款。

1. 拒不删除网站上的违法内容

《俄罗斯联邦行政违法法典》第13.41条规定:

(1)在俄罗斯关于信息、信息技术和信息保护的法律规定了相关义务的情况下,托管服务商或其他在信息和电信网络(包括互联网)上托管信息资源的主体未采取措施限制访问信息、信息资源或互联网网站的,个人将被处以5万至10万卢布的罚款,二次违法将被处以10万至20万卢布的罚款;公职人员将被处以20万至40万卢布的罚款,二次违法将被处以50万至80万卢布的罚款;法人将被处以80万至400万卢布的罚款,二次违法将被处以实施行政违法行为日所在年的前一个日历年所有商品(工程、服务)销售收入总额的二十分之一至十分之一的罚款,而如果违法者在前一个日历年没有销售商品(工程、服务),则该罚款为在实施行政违法行为日所在日历年的实施日之前的时间里所有商品

(工程、服务)销售收入总额的二十分之一至十分之一,但不低于 400 万卢布。该条第 3 款规定的情况除外。

(2)在俄罗斯关于信息、信息技术和信息保护的法律规定了相关义务的情况下,网站所有人或互联网信息资源所有人未删除信息或网页的,个人将被处以 5 万至 10 万卢布的罚款,二次违法将被处以 10 万至 20 万卢布的罚款;公职人员将被处以 20 万至 40 万卢布的罚款,二次违法将被处以 50 万至 80 万卢布的罚款;法人将被处以 80 万至 400 万卢布的罚款,二次违法将被处以实施行政违法行为日所在年的前一个日历年所有商品(工程、服务)销售收入总额的二十分之一至十分之一的罚款,而如果违法者在前一个日历年没有销售商品(工程、服务),则处以在实施行政违法行为日所在日历年的实施日之前的时间里所有商品(工程、服务)销售收入总额的二十分之一至十分之一的罚款,但该罚款不低于 400 万卢布。该条第 4 款规定的情况除外。

(3)在俄罗斯关于信息、信息技术和信息保护的法律规定了相关义务的情况下,托管服务商或其他在信息和电信网络(包括互联网)上托管信息资源的人未采取措施限制访问包含呼吁进行极端主义活动的信息,未成年人色情图像的资料和/或聘用未成年人参加色情演出活动的广告,关于毒品、精神药物及其原料、具有潜在危险的新型精神作用药物的开发、制造、使用的方法和途径、获取地点,毒品植物的种植方法和地点的信息资源或网站的,个人将被处以 10 万至 20 万卢布的罚款,二次违法将被处以 20 万至 50 万卢布的罚款;公职人员将被处以 40 万至 80 万卢布的罚款,二次违法将被处以 80 万至 100 万卢布的罚款;法人将被处以 300 万至 800 万卢布的罚款,二次违法将被处以实施行政违法行为日所在年的前一个日历年所有商品(工程、服务)销售收入总额的十分之一到五分之一的罚款,而如果违法者在前一个日历年没有销售商品(工程、服务),则该罚款为在实施行政违法行为日所在日历年的实施日之前的时间里所有商品(工程、服务)销售收入总额的二十分之一至十分之一,但不低于 800 万卢布。

(4)网站所有人或互联网信息资源所有人未删除包含呼吁进行极端主义活动的信息,包含未成年人色情图像的信息和/或聘用未成年人从事色情演出活动的广告,关于毒品、精神药物及其原料、具有潜在危险的新型精神作用药物的开发、制造和使用的方法及其途径、获取地点,毒品植物的种植方法和地点的信息或网站的,个人将被处以 10 万至 20 万卢布的罚款,二次违法将被处以 20 万至 50 万卢布的罚款;公职人员将被处以 40 万至 80 万卢布的罚款,二次违法将被处以 80 万至 100 万卢布的罚款;法人将被处以 300 万至 800 万卢布的罚款,二次违法将被处以实施行政违法行为日所在年的前一个日历年所有商品(工程、服务)销售收入总额的十分之一到五分之一的罚款,而如果违法者在前一个日历年没有销售商品(工程、服务),则该罚款为在实施行政违法行为日所在日历年的实施日之前的时间里所有商品(工程、服务)销售收入总额的二十分之一至十分之一,但不低于800万卢布。

2. 违反《俄罗斯联邦反垄断法》

根据《俄罗斯联邦行政违法法典》第14.31、14.32、14.33条的规定,滥用市场支配地位、签订限制竞争的协议、进行限制竞争的协同行为、不正当竞争行为都可能被处以营业额罚款。对滥用市场支配地位、不正当竞争的公司罚款金额最高可达其在相关市场营业额的15%。

(三)司法违约金(судебная неустойка)

根据《俄罗斯联邦民法典》第308.3条的规定,法院有权根据债权人的请求判处债务人向债权人支付司法违约金,以防止债务人不执行审判文书的风险。司法违约金数额可能会非常巨大,各种计算方式都有,包括数额在一定期限内不停翻倍。

(四)被列入特别清单或关停

《俄罗斯联邦信息、信息技术和信息保护法》第15.5条规定,俄罗斯联邦数字发展、通信和大众传媒部可根据法院判决,将违反《俄罗斯联邦个人数据法》的运营者列入特别清单或关停。具体法律规定如下:

该法第15.5条第1款规定:为了限制访问违反《俄罗斯联邦个人数据法》进行处理的信息,应建立自动化信息系统"数据主体权利侵权人登记表"。

该法第15.5条第3款规定:在大众传媒、信息技术和通信领域履行控制和监督职能的联邦权力执行机关,依照俄罗斯联邦政府规定的程序创建和运行侵权人登记表。

该法第15.5条第7款规定:在大众传媒、信息技术和通信领域履行控制和监督职能的联邦权力执行机关依照法院生效判决,向虚拟主机供应商或其他主体发送违反《俄罗斯联邦个人数据法》的俄英双语电子通知,指出生效判决的信息并采取限制措施。

### 2.2.3.2　跨境数据传输

《俄罗斯联邦个人信息保护法》第12条对个人数据的跨境传输作出了规

定，在开始跨境传输个人数据之前，处理者有义务确保在个人数据传输到的外国境内对个人数据主体的权利提供充分的保护。

允许的个人数据跨境传输目的地如下：

1. 欧洲理事会《关于自动化处理的个人信息保护公约》的公约国。

2. 非欧洲理事会《关于自动化处理的个人信息保护公约》的公约国，但能够充分维护个人数据主体权利的国家。此类国家名录由俄罗斯联邦通信、信息技术和大众传媒监督局 2013 年 3 月 15 日第 274 号命令批准，目前中国不在此列。上述国家包括澳大利亚联邦、加蓬共和国、以色列国、卡塔尔国、加拿大、马来西亚、蒙古国、孟加拉人民共和国、新西兰、安哥拉共和国、白俄罗斯共和国、贝宁共和国、赞比亚共和国、哈萨克斯坦共和国、大韩民国、哥斯达黎加共和国、马里共和国、尼日尔共和国、秘鲁共和国、新加坡共和国、塔吉克斯坦共和国、乌兹别克斯坦共和国、乍得共和国、越南社会主义共和国、多哥共和国、巴西联邦共和国、尼日利亚联邦共和国、南非共和国、日本国。

3. 向不能对个人数据主体权利提供充分保护的外国境内传输个人数据可在以下情况下进行：

（1）个人数据主体以书面形式同意跨境传输其个人数据；

（2）俄罗斯国际条约规定的情况；

（3）联邦法律以维护俄罗斯宪法制度原则，保障国防和国家安全以及为保障运输系统安全稳定运行，在运输系统方面保护个人、社会和国家的利益不受非法干涉为目的而规定的情况；

（4）个人数据主体作为合同当事人履行合同；

（5）不能取得个人数据主体的书面形式同意，但为了保护个人数据主体或他人的生命、健康和其他切身利益。

### 2.2.4　外国主体的互联网活动

2022 年 1 月 1 日，《俄罗斯联邦外国人互联网活动法》强制外国互联网公司在俄罗斯设立分支机构、代表处或公司法人的条款生效。除此之外，根据该法，外国互联网公司还应当履行其他一些义务，违法者可能被采取一系列禁封措施，包括限制收款、禁止在俄罗斯投放广告等。

### 2.2.4.1 大数据与云计算

#### 一、俄罗斯联邦技术和出口管理局以及俄罗斯联邦安全局针对云服务供应商和数据安全设备具有的认证服务

根据 2011 年 5 月 4 日第 99 号《俄罗斯联邦特定种类活动许可法》的规定,涉及信息(秘密或机密信息)保护的活动需要取得俄罗斯联邦技术和出口管理局以及俄罗斯联邦安全局的许可证(лщензия, license)。

(一)俄罗斯联邦技术和出口管理局

1. 俄罗斯联邦技术和出口管理局的许可证的分类

(1)秘密信息保护类:

①开发和生产秘密信息保护工具许可证;

②秘密信息技术保护许可证。

(2)国家秘密保护类:

①用于实施保护国家秘密的措施和(或)提供保护国家秘密的服务的许可证;

②从事涉及创建含构成国家秘密之信息的保护工具相关工作的许可证;

③反外国技术侦察许可证。

通常来说,云服务供应商(尤其是外国云服务供应商)不涉及国家秘密,否则也不可能进入俄罗斯市场。因此,我们需要考虑的是第一类的两种许可证。以俄罗斯本土规模较大的云服务供应商 Cloud4Y 为例,其从俄罗斯联邦技术和出口管理局处取得的许可就是这两种。

具有信息安全功能的所有软件开发者以及其他研发和生产此类软件的公司均需申请开发和生产秘密信息保护工具许可证。该许可证是向联邦安全局以及(或)俄罗斯联邦技术和出口管理局申请软件证书(certification)的前置条件,其发放程序具体受俄罗斯联邦政府第 171 号《关于从事秘密信息保护工具开发和生产的许可》的政府令约束。

而从事下述业务的 IT 公司和其他公司均需申请秘密信息技术保护许可证,其发放程序具体受俄罗斯联邦政府第 79 号《关于秘密信息技术保护活动许可》的政府令约束:

第一,具有信息保护功能(子系统)的信息(计算机)保护设计,包括防病毒保护、防火墙、入侵检测(IPS/IDS)、数据备份和恢复等;

第二,信息保护工具和具有信息保护功能的任何其他软件的安装和配置;

第三,防护性监控(保护功能的测试)和对具有信息安全要求的信息(计算机)系统的(认证)评估。

简单来说,俄罗斯联邦技术和出口管理局的许可证是为了确认防病毒程序或防火墙等信息保护工具段可运用于存储个人数据的系统。如业务范围落入这两项许可证所涉范围,则必须申请,即具有强制性。

申请俄罗斯联邦技术和出口管理局许可证的通用要求如下:

第一,拥有专业人员,且需在所申请许可领域具有相关专业教育背景和工作经验;

第二,俄罗斯联邦技术和出口管理局所要求的规范性方法文件;

第三,拥有专用设备,包括软件、防护性监控工具以及监测仪器等;

第四,拥有该许可证所涉的使用对象。

办理以上两项许可证的官费为每项 7500 卢布,法定办理周期为 45 个工作日,但考虑到准备文件的时间,一般不少于 3 个月。

2. 俄罗斯联邦技术和出口管理局的认证(аттестация, certification)

信息化认证的对象由俄罗斯联邦技术和出口管理局确定,具体发证人更确切地说是该局的许可授权机构。目前只有两种类型的认证对象:受保护的场所(秘密谈判的场所)和自动化系统(计算机系统)。

该局信息安全要求符合性认证的类型取决于信息化认证的对象。目前就自动化信息系统而言,存在以下两种认证类型:

①处理秘密信息的自动化系统;

②个人数据信息系统。

对于非国有的商业组织而言,信息安全要求符合性认证并非强制性的。但是必须注意到的是,根据俄罗斯现行法律法规(第 152 号《俄罗斯联邦个人数据保护法》第 19 条第 2 款第 4 项和俄罗斯联邦技术和出口管理局第 21 号令第 6 条)的规定,有必要进行"对已实施的信息(个人数据)保护措施的有效性进行评估"。而合法的符合性评估只有一项,即俄罗斯联邦技术和出口管理局的信息安全要求符合性认证。由此,我们建议除了强制性许可证外,也需获得俄罗斯联邦技术和出口管理局的信息安全要求符合性认证。另外,俄罗斯本土的云服务供应商均选择进行这项信息安全要求符合性认证。

简单来说,俄罗斯联邦技术和出口管理局的信息安全要求符合性认证是为了确认 IT 系统具有足够的安全性并符合第 152 号《俄罗斯联邦个人数据保护法》的规定。

信息安全要求符合性认证是受有效期限制的，一般商业机构的认证有效期为3年，国有机构的认证有效期为5年。认证到期需要重新认证，或者在届满前就申请重新认证。该认证由俄罗斯联邦技术和出口管理局的许可授权机构发放，因此价格视具体认证对象及情况而定，一般3天就可完成认证。

（二）俄罗斯联邦安全局

俄罗斯联邦安全局的许可证共有7种。

一般情况下，普通商业组织涉及的俄罗斯联邦安全局许可证为加密许可证以及开发和生产秘密信息保护工具的许可证。这两项许可证的官方申请周期为45天，但一般需要不少于3个月的准备时间，且花费也要视具体情况而定。

如业务范围落入俄罗斯联邦安全局的许可证所涉范围，则必须申请相应的许可证。

综上所述，云服务供应商的数据安全设备（包括防火墙、加密设备等）如落入俄罗斯联邦技术和出口管理局及俄罗斯联邦安全局的强制性认证，则在运营前均需申请办理许可证。尤其是秘密信息技术保护许可证涉及范围较广，因云计算等涉及数据存储和处理、信息安全等，需要根据自身开展的具体业务重点关注。同时，我们一并建议在俄罗斯提供云服务时也进行信息安全要求符合性认证，以备上述两个俄罗斯部门经常性的检查。

## 二、在俄罗斯开展互联网数据中心业务的许可资质、认证要求

在俄罗斯开展互联网数据中心业务（包含服务器、机柜、带宽出租），需向俄罗斯联邦通信、信息技术和大众传媒监督局申请许可证。

需要特别指出的是，远程通信服务许可证是与数据传送通信服务（不含用于传输语音信息的数据传送通信服务）许可证配套申请颁发的。

在使用无线电频谱的情况下，还必须提供俄罗斯国家无线电频率委员会关于使用无线电频带的决定，或提供有效的频率使用许可，或俄罗斯国家无线电频率委员会的有效专家意见。

## 三、在俄罗斯开展云计算的市场准入问题

根据俄罗斯现行法律，任何俄罗斯法人均可成为云服务供应商。目前无市场准入一说。

但云计算（云主机、存储、数据库产品）涉及个人数据，因此根据《俄罗斯联

邦个人数据保护法》的要求，开展云计算需要在俄罗斯联邦通信、信息技术和大众传媒监督局注册成为个人数据运营者，且数据中心和云服务器必须位于俄罗斯本土。

#### 2.2.4.2　反腐败及反洗钱

##### 一、反腐败

2020 年 12 月 10 日，俄罗斯总统普京签署了第 778 号总统令，批准了《俄罗斯联邦 2021—2024 年国家反腐败计划》，其中的核心内容之一是要加强改进对官员数字资产的检查工作，加密货币等新型贿赂形式落入了打击范围。

根据该总统令，自 2021 年 6 月 30 日起，俄罗斯的官员必须在财产申报时申报持有的数字资产，而且申报范围不仅限于本人的数字资产，也包括配偶和未成年子女的数字资产。具体而言，官员需要申报的数字金融资产既包括加密货币和代币，也包括实用性数字权利（utilitariandigital rights，包括货币索取权、证券权利、要求转让证券的权利、参与非上市股份公司资本的权利等）。

根据前述计划，到 2024 年，俄罗斯联邦总检察长办公室应建立对以数字货币（如比特币）为形式的贿赂进行识别的机制，还应建立起冻结此类资产并将其返还给受害者或转化为财政收入的机制；而俄罗斯联邦财政部则必须制定一套验证流程，以检查公务员所申报的数字金融资产是否真实准确；与此同时，俄罗斯联邦调查委员会、俄罗斯联邦内务部和俄罗斯联邦安全局则应每年就使用数字技术的新型腐败进行报告。

此外，前述计划还责成俄罗斯联邦数字发展、通信和大众传媒部开发一套软件程序，旨在远程执行反腐败措施。该程序必须建立起保护屏障，以保障视频会议参加者安全地讨论个人数据和其他访问受限的信息。

参与打击新型腐败的其他相关部门还包括俄罗斯中央银行、俄罗斯联邦劳动和社会保障部等。

##### 二、反洗钱

2021 年年初，俄罗斯中央银行批准了第 375-P 号条例的修正案[注：第 375-P 号条例是指俄罗斯中央银行发布的反犯罪收入合法化（洗钱）和反恐怖主义融资框架下对信贷机构内控规则的要求，简言之，其概述了俄罗斯银行应对洗钱的方式]。该条例列举了 100 多项可疑交易的特征，其中涉及加密货币交易。

该条例修正案于2021年10月1日起正式生效。

第375-P号条例修订后，事实上将允许俄罗斯的银行全面禁止加密资产持有人的可疑交易，并阻止交易或关闭俄罗斯加密货币交易商的某些账户。不过也应注意到，俄罗斯中央银行仍致力于全面解决加密货币的合法化问题，尝试对加密货币监管作出更为细致的规定。

根据新修订的第375-P号条例，今后，如交易可疑，俄罗斯的银行可冻结交易、拒绝交易甚至终止与客户的合同。

### 2.2.5 对外贸易管理

俄罗斯对外贸易领域主要法律法规：

1. 2003年12月8日第164号联邦法律《俄罗斯联邦对外贸易活动国家调节法》。该法规定了国家管理外贸活动的基础，俄罗斯和俄罗斯各联邦主体在外贸活动领域的权力，以确保外贸活动的有利条件，以及保护俄罗斯的经济和政治利益。

2.《欧亚经济联盟海关法典》(2017年4月11日《欧亚经济联盟海关法典条约》附件1)。2015年1月1日欧亚经济联盟正式启动，俄罗斯、白俄罗斯、哈萨克斯坦、吉尔吉斯斯坦、亚美尼亚形成了统一的海关联盟。联盟区内统一执行《欧亚经济联盟海关法典》，并由欧亚经济联盟委员会对进出口政策进行实时调整。建议跟踪关注该联盟官方网站公布的政策及认证标准动态，以优化进口货物及设备的入境路线、合理实现资源调配、做好进出口工作安排。

3.《俄罗斯联邦税法典》。该法典规定了避免对个人(第232条)和组织(第311条)双重征税，税率(第284条)，外国组织税收的特殊性(第306—309条)，出口增值税退税程序(第165条、第172条第3款)。

4. 2001年12月30日第195号《俄罗斯联邦行政违法法典》。该法典规定了违反俄罗斯货币立法和货币监管机关规范性文件的行政责任(第15.25条)，以及海关领域违法的行政责任(违反海关条例)(第16章)。

5. 2003年12月10日第173号《俄罗斯联邦外汇调节和管制法》。该法律规定了在俄罗斯进行货币业务的原则，货币调节和货币管制机关的权力和职能，法人和个人在占有、使用和处置货币方面的权利和义务，以及违反货币立法的责任。

6. 2010年11月27日第311号《俄罗斯联邦海关调节法》。

7. 2003年12月8日第165号联邦法律《关于针对进口商品的特殊保障、反倾销和反补贴措施联邦法》。

8. 2002 年 12 月 27 日第 184 号《俄罗斯联邦技术调节法》。该法律规范对产品或与之相关的设计(包括研究)、制造、建设、安装、调整、操作、储存、运输、销售和回收利用过程进行了强制性要求的制定、通过、适用和执行。

9. 1999 年 7 月 18 日第 183 号《俄罗斯联邦出口管制法》。该法律规定了国家政策的实施原则,俄罗斯国家机关在出口管制领域活动的法律基础,还确定了对外经济活动参与者的权利、义务和责任。

10. 1999 年 7 月 9 日第 160 号《俄罗斯联邦外国投资法》。该法律规定了外国投资者的投资权利以及由此产生的收入和利润的基本保障,外国投资者在俄罗斯境内的商业活动条件。

11. 1993 年 5 月 21 日第 5003-1 号《俄罗斯联邦海关税则法》。

12. 1999 年 1 月 4 日第 4 号联邦法律《关于协调俄罗斯联邦主体的国际和对外经济关系》。

13. 俄罗斯联邦税务局 2019 年 8 月 26 日作出的关于税务机关行使外汇监管职能的行政条例。

### 2.2.5.1　外汇管理

#### 一、基本情况

外汇管理主管部门:俄罗斯银行是俄罗斯的中央银行,也是外汇管理部门,负责监管授权银行、管理银行外汇头寸等。

主要法律:《俄罗斯联邦外汇管理和调节法》《俄罗斯联邦外国投资法》《俄罗斯联邦反洗钱与反恐怖融资法》《俄罗斯联邦关于影响(反制)美国和其他国家不友好行为的措施的法律》等。

主权货币及汇率形成机制:主权货币为俄罗斯卢布。实行自由浮动汇率制度,但俄罗斯银行出于金融稳定的考虑会在必要时(如世界石油价格下跌)对市场进行干预。美元兑俄罗斯卢布汇率根据国内银行间外汇市场报价计算,其他货币兑俄罗斯卢布的汇率通过国内卢布兑美元和国际上其他货币兑美元报价进行计算。

2022 年 3 月 14 日,俄罗斯中央银行宣布更改美元、欧元汇率计算程序:美元对卢布汇率根据莫斯科交易所 10:00 至 16:30 相关交易数据加权平均计算;欧元对卢布汇率计算程序与其他外币相同。

## 二、外汇管理政策

### （一）经常项目外汇管理政策

俄罗斯境内禁止使用外币进行交易计价结算。具备真实贸易背景、不涉及洗钱等违法行为的进出口贸易均不受限制。俄罗斯居民（个人除外）与非居民之间签订贸易合同（交易价值超过 5 万美元时）须在授权银行开立交易护照。对货物贸易、服务贸易及收益有汇回要求的，收款方须在规定期限内将收入存入授权银行账户。

### （二）资本和金融项目外汇管理政策

限制涉及国防和国家安全领域的外商投资，详见本指南第 4.1 部分“战略行业外商投资法”。

俄罗斯银行的债券只能在俄罗斯信贷机构间发行与交易。非居民购买俄罗斯境内股票和其他股票类证券不受限制。非居民在俄罗斯境内发行及卖出债券或其他债务工具不受限制。居民在境外购买股票或其他股票类证券不受限制，但境外发行相关证券的地点须获批准。

### （三）个人外汇管理政策

居民和非居民个人可以无限制地从（向）关税联盟国家汇出（入）卢布和外币，对于超过等值 1 万美元的卢布或外币的汇出（入），需书面申报并告知汇出（入）总额。居民和非居民购买外币现钞等值 4 万俄罗斯卢布以上须出示护照等身份证明文件。现钞业务无须进行国际收支申报。居民外汇汇款等值 5 万美元以上需要进行国际收支申报。居民或非居民携带现钞出境最高不超过等值 5000 美元。根据《俄罗斯联邦外汇调节和管制法》，允许个人携带货币现钞等值 1 万美元以下出境，携带货币现钞等值 3000 美元以下出境，无须填写海关申报单。

### （四）金融机构外汇业务管理政策

根据《俄罗斯联邦外汇调节和管制法》的规定，外国人可以在指定银行自由开立外汇账户，存入带进、汇进的资金，接收经营或投资收益、利息等。也可使用账户内的资金支付商品和劳务，用于储蓄生息。账户内的资金可不受限制地汇到境外，包括投资收益和分红。利润为税后部分，可以自由汇出。

2006 年 6 月末，俄罗斯联邦政府通过了对《俄罗斯联邦外汇调节及监管联邦法》的有关修订，规定从 2006 年 7 月 1 日起取消对外汇资本流动的有关限制，允许居民自然人和法人开立境外账户，并取消了自然人向境外账户汇款不能超过15万美金的限制。

居民在授权银行开立外汇账户不受限制，向境外同一主体名下的账户进行资金转移也不受限制。居民也有权在境外银行开立卢布账户。非居民可在俄罗斯境内授权银行开立外汇账户，在同一主体名下的境内外账户之间转移卢布不受限制。

#### 2.2.5.2　海关管理

俄罗斯海关管理由俄罗斯联邦海关署依据《欧亚经济联盟海关法典》、《俄罗斯联邦海关调节法》、《俄罗斯联邦海关税则法》以及其他有关法律法规实施。《欧亚经济联盟海关法典》是联盟十分重要的一部法典，其在联盟法律体系中的地位仅次于《欧亚经济联盟条约》。该法典共有9编、61章、465条，对海关职能、海关制度、海关税费、海关监管、海关作业等进行了十分详细的规定，吸收了国际上海关管理的先进理念和做法。该法典的施行，将进一步统一欧亚经济联盟5成员国海关管理，为企业进出口贸易创造更为有利的条件，更好地促进贸易发展。

俄联邦海关署成立于2004年3月，直属于俄联邦政府领导。俄罗斯海关实行垂直管理体制，在组织机构上可分为4个层次：海关署、直属地区海关局（直属海关）、隶属海关、海关监管点。俄罗斯海关的基本职能是：监管、征税、缉私、统计和其他海关业务。

#### 2.2.5.3　进口管理

俄罗斯在进口方面的管理措施包括两类，即税收调节措施和非税收调节措施。

**一、主要税收调节措施**

（1）进口关税。俄罗斯自1992年7月1日开始对进口商品征收关税。此后，为了适应不断变化的市场情况，俄罗斯政府每年都对进口关税税率进行相应调整。对个别商品还实行季节性特别关税。为了避免偷逃进口关税，俄罗斯还实行海关估价制度。

（2）增值税。自1993年2月1日起，俄罗斯对进口商品征收增值税，针对不同的国别，采取两种征收办法。第一，对从独联体国家进口的商品免征增值税;第二,对从非独联体国家进口的商品征收进口环节增值税,税基为商品海关申报价值、进口关税额、消费税额三项之和。税率为20%(部分食品和儿童用品税率为10%)。进口商品在俄境内加工、销售过程中新增值部分还要缴纳增值税。

(3)消费税。俄罗斯对进口商品征收消费税始于1993年2月1日。目前仅对酒类、香烟、汽油、首饰、小轿车五大类进口商品征收消费税。来自独联体国家和非独联体国家的上述商品都要征收消费税。与增值税不同,进口商品只需缴纳一次消费税,进口商品在俄境内加工、销售过程中无须再次缴纳消费税。

## 二、主要非税收调节措施

(1)对部分进口商品实行许可证管理。一般来讲,商品进口到俄罗斯不受配额限制,只是对有限商品实行进口许可证制度。这种商品主要有三大类:第一类是某些特殊商品,包括保护植物的化学产品、工业废料和译密码设备;第二类是需按俄罗斯总统和政府规定的特殊程序进口的商品、技术和科技信息,包括武器弹药、核材料、贵金属、宝石、麻醉剂、镇静剂、两用材料和技术、可用于制造武器装备的个别原材料和设备等;第三类是个别商品。随着保护国内市场任务的加重,俄逐步增加了实行进口许可证管制的商品。

1997年1月1日起,开始对食用酒精和伏特加酒的进口实行许可证管理,同时废止原于1996年9月19日作出的对上述商品实行进口配额的决定。

自1998年1月1日起,开始对彩电整机进口实行许可证管理。

1999年1月13日,俄罗斯联邦政府《关于俄联邦药品及制药用品进出口的决定》规定了对部分药品(包括部分兽用药品)及制药用品实行许可证管理。

1999年1月1日起,开始对烟草及其工业代用品的进口实行许可证管理。

(2)推广质量安全认证制度。自1993年1月1日起,俄罗斯开始对大部分商品实行质量安全认证制度。自1997年5月1日起,禁止在俄罗斯境内销售无俄文说明的进口食品;自1998年7月1日起,禁止在俄罗斯境内销售无俄文说明的非食品类进口商品。

(3)建立健全反倾销措施。为了保护"国内市场、扶持民族工业",1995年8月俄罗斯原外经部通过了《关于对进入俄联邦关境的商品进行调查,采取保护性措施的暂行规定》。根据该项法规,俄罗斯生产企业或企业联合会可直接向"俄罗斯外贸保护措施委员会"(1995年4月成立)提出调查某类商品的申诉,或由联邦政府、地方州政府代其提出申诉。如存在出口国利用生产补贴或出口补贴倾销商品的情况,并对俄罗斯民族工业造成实质性损害或造成损害威胁,俄罗斯政府可对其采取诸如配额、反倾销税等保护性措施。

(4)对易货贸易实行许可证管理。1996 年 8 月 18 日俄罗斯总统签发了《关于对外易货贸易实行国家调节》的命令,其中规定,易货贸易只有在办理许可证之后方可进行。易货商品通关时必须提交易货许可证。

### 2.2.5.4　出口管理

俄罗斯在出口方面的管理措施主要包括两类,即税收调节措施和非税收调节措施。

#### 一、税收调节的主要措施

(1)自俄罗斯 1992 年开始征收出口关税以来,其出口关税计征制度不断朝着简化手续和自由化方向发展,直至 1996 年 7 月 1 日起俄罗斯全部取消了出口关税。但 1998 年金融危机以后,为了寻求新的收入来源,俄罗斯政府于 1999 年 1 月 11 日又作出了《关于批准从俄罗斯联邦向非独联体国家出口商品的关税税率的决定》,恢复了部分商品的出口关税。需缴纳出口税的商品清单中包括:煤、石油、天然气等能源产品;有色金属、木材、皮革料、大豆、油菜籽、葵花籽、某些食品等。

(2)增值税。在出口环节增值税方面有两种规定。一是对向非独联体国家出口的商品免征增值税;二是对向独联体国家出口的商品征收全额增值税。一般商品税率为 20%,部分食品和儿童用品税率为 10%。

(3)消费税。根据不同情况,对消费税的计征办法有如下具体规定:①通过易货合同的出口,需缴纳消费税;②向非独联体国家的出口(石油和天然气除外),免征消费税;③向波罗的海三国的出口,如以非自由兑换货币结算,免征消费税;④石油和天然气的出口,均需缴纳消费税。

#### 二、非税收调节的主要措施

(1)对个别商品实行出口配额和许可证管理。目前俄罗斯对以下三类商品实行出口配额及许可证管理:第一类是国际协议规定要求数量限制的商品,如纺织品、个别黑色金属制品、碳化硅等。第二类是某些特殊商品,包括野生动物、药物原料、译密码设备、武器及双重用途产品、核材料及其装置、贵金属及宝石、矿物学及古生物学的收藏资料、半宝石及其制品、麻醉剂、镇静剂、毒药,以及有关俄罗斯境内、大陆架及海洋经济区内的分地区、分产地的能源信息等。第三类是国内有较大需求的商品,如 1998 年 10 月 31 日俄罗斯政府作出决定,自当年 11 月 25 日和 11 月 15 日起分别对未加工皮张(牛皮、羊皮及其他皮张)和油籽(葵花籽、油菜籽、大豆)的出口实行许可证管理(无数量限制)。

出口配额的分配主要是通过招标和拍卖进行。配额如有富余,也可通过实际出口业务加以分配。出口许可证由经济发展贸易部驻地方特派员办事处负责发放。

(2)加强对两用商品的出口监督。为维护国家利益,保证履行瓦森纳安排(针对两用商品和技术进行出口监督)规定的国家义务,1996 年 10 月,俄罗斯政府批准了《关于对自俄罗斯联邦出口两用商品和技术进行监督的办法条例》。

该条例规定,在出口两用商品和技术时,应在合同中明确:出口对象和地点;最终用户;进口商的义务(出口对象只能用于申报目的,未经出口商书面允许,进口商不得转口或转让出口对象);如进口商为中介,则应由最终用户以书面形式确认承担类似义务。

具体监督办法是,审查出口是否与俄罗斯联邦承担的有关转让两用商品和技术的国际条约相一致;发放审查结论书;发放许可证;实施海关监督。

(3)实行出口合同登记制。1994 年 7 月取消对主要出口创汇商品的配额和许可证管制后,为监督出口价格水平,所有战略性原料商品在出口时必须在原外经贸部(现为经济发展贸易部)登记。从 1996 年 10 月 1 日起,对所有金额超过 5 万美元的进出口业务合同均应进行登记。按规定形式递交申请后,合同登记工作将通过俄罗斯中央经济贸易管理部门在各地区的特派员办事处进行,并颁发有特派员签字盖章的登记证书。

(4)推广对出口商品的统一验证制度和海关估价制度。1996 年 1 月 1 日开始,俄罗斯对出口商品的数量、质量、价格实行统一强制性验证制度。目前,由于技术限制,“统一验证制度”尚不能全面实施。实践中只是对石油、成品油、天然气、煤、黑色及有色金属、木材、矿肥等部分商品进行验证。

1996 年 12 月起,俄罗斯规定对出口商品实行海关估价制度,即对合同成交价进行海关评估。

(5)对加工服务贸易的出口进行管理。近年来,“来料加工贸易”在俄罗斯得到较大发展。“来料加工”在俄罗斯有两种方式,一是外部来料加工,即外商将原料从国外运入,委托俄罗斯企业为其进行加工;二是内部来料加工,即外商在俄罗斯境内购买俄罗斯产原料,委托俄罗斯企业为其进行加工。两种方式获得的产品在出口时都享有一定的关税优惠。为了堵塞漏洞,俄罗斯海关专门作出规定,卖给外国公司的俄罗斯产原料不受海关监管,外商获得的加工产品按照一般出口制度(包括配额和许可证规则)运出俄罗斯关境。俄罗斯政府业务问题委员会于1999年12月7日又作出决定,建议针对“来料加工”,在税收方面应实行“先征后退”办法,这实际上取消了优惠。

#### 2.2.5.5　动植物检疫

俄罗斯对各类动植物产品实施进口检疫制度,根据2008年1月9日发布的第1号关于《批准联邦动植物卫生监督局行使国家有关发放动物、动物源性产品、动物药剂、饲料和饲料添加剂、应检产品的进、出口和过境许可证职能的行政条例》命令,对应检货物进出口文件进行审核,并作出发放或拒绝发放应检货物进口许可证的决定。

**一、植物检疫**

应接受检疫的植物包括以下几类:农、林、药用、观赏作物的种子、种植材料,植物和它的部分(接穗、压条、鳞茎、根茎、块茎、块根、盆栽植物、切花蘑菇等);新鲜的蔬菜、水果和浆果;食用、饲用和工业用的谷物、其加工品(稻谷、大米、核桃、花生、面粉、米粒、粒状咖啡、可可豆、干果和干菜、烟的原料和作料、茶、半成品糖、香料、椰果肉、麦芽、油粕、油饼、棉、麻及其他植物纤维),还有动物的皮张和毛等;危害植物、植物产品的真菌、细菌、病毒、线虫、螨类、昆虫及媒介生物;昆虫标本、植物病原体标本和种子收藏蜡叶标本;邮件和旅客携带行李中的植物产品;容器、包装材料(合成材料除外)、木材及加工品(成品、半成品和零部件);原状土样和土壤标本;饲料、藁杆综合饲料及来自应检地区的动物的铺垫材料。

俄罗斯准许进口的检疫物,必须具有俄罗斯联邦农业食品国家植物检疫机关签发的进口检疫许可证。在许可证中要注明经由俄罗斯国境进境的口岸、进口和使用这些检疫物的条件。每批检疫物均应随附输出国植物检疫和植物保护机关出具的植物检疫证书。植物卫生证书应附在该批货物的运单中。没有相应机关的国家除外,但要求检疫物的卫生状况符合进口检疫许可证中的规定。

**二、动物检疫**

2006年3月,俄罗斯政府颁布了《关于活体动物进入俄罗斯关境时实施动物防疫措施的决定》(第 159 号),规定在通过《俄罗斯联邦技术调整法》之前,对部分活体动物和动物制品进入俄罗斯关境时,遵照执行俄罗斯现行动物防疫规章中不与世界动物卫生组织国际兽疫局颁布的《国际陆生动物卫生法典》相矛盾的部分规定。此外,在俄罗斯现行动物防疫规章与世界贸易组织现行动物防疫规章发生矛盾的情况下,将遵照执行《国际陆生动物卫生法典》的要求。

俄罗斯只能从经俄罗斯国家兽医卫生部门检查的、并列入可向俄罗斯出口的企业名单的出口国企业进口应检货物。

### 2.2.5.6 电子标签制度

2017 年以来,俄罗斯修订了《俄罗斯联邦国家贸易活动管理基础》,此后陆续出台了系列政府令及行业法规,建立起首个国家级商品流通追溯系统——强制电子标签商品流通监管信息系统(以下简称电子标签系统),用于记录商品生产、进口、销售等环节的流通信息,并与海关、税务等部门实现信息共享。

截至 2022 年 4 月,被实施强制性电子标签制度的商品包括烟草、皮草、鞋类、轮胎、药品、香水、照相机、轻纺、乳制品、瓶装水。根据俄罗斯的发展战略,从 2020 年到 2025 年,强制贴标的商品范围以后要逐步覆盖到首饰、食品、轻工、汽车、航空、燃料、化学制品、电子产品、建材、儿童产品、机械制造等行业。俄罗斯暂未对通过跨境电商网购的个人自用商品实行电子标签。

2018 年 2 月,欧亚经济联盟签署了《关于对欧亚经济联盟国家产品粘贴电子标签的协定》,旨在扩大贴标的商品范围,该协定于 2019 年 3 月 29 日生效。该协定具有框架性质,能使联盟国家在扩大电子贴标产品范围时采取灵活措施。根据该协定,在成员国决定对特定产品粘贴电子标签前,应当征得联盟其他国家的许可。若决定无法获得一致通过,两个或两个以上成员国可根据本国法律先行粘贴电子标签,联盟其余成员国可在之后视情加入。

截至 2021 年 5 月,烟草和皮草电子标签政策已在联盟范围内推广,未来联盟还将对鞋类、轻工产品、香水、轮胎、乳制品实行电子标签。

在俄罗斯合法注册的法人可申领标签,申领时须按要求填报产品的完整信息(如填报过程中生产商、商品的相关信息发生变化,应及时更改填报),在生产、进口、销售、售后等环节均需扫描标签,全程记录流通信息(包括退换货信息)并上传至电子标签系统,直至商品注销或最终售至消费者。在申领主体或商品信息变更、标签丢失或无法扫描时需重新申领标签。

俄罗斯法律规定,未贴标或未按要求贴标、伪造标签及非法流通未贴标商品将面临行政处罚甚至承担刑事责任。

### 2.2.6　承包工程

根据《俄罗斯联邦城建法典》第 52 条第 2 款、第 55.8 条第 1 款的规定，如果外国承包方与发包方订立合同进行基建项目的建设、改造和大修，则必须依照《俄罗斯联邦城建法典》的相关规定加入建设工程自律组织（俄文简称 CPO，英文简称 SRO），取得会员身份，方才具备进行工程承包（设计或施工）的资质，也才可以保证签约的合法性。如果外国法人或个体工商户与非发包方订立合同进行基建项目的建设、改造和大修，无须加入 SRO。需要注意的是，依照《俄罗斯联邦外国投资法》第 4 条第 3 款的规定，外国营利性法人应通过其分公司或代表机构在俄罗斯从事活动。也就是说，外国公司申请加入 SRO 的，应当在俄罗斯境内设立分公司。

#### 一、SRO 的选择

根据《俄罗斯联邦城建法典》的规定，SRO 分为勘察、设计和施工三大类，每一类 SRO 仅有权就自身所涵盖的工作种类向承包商颁发相应的资质证书。因此，当外国公司计划做总承包人时，需要向涵盖合同工作范围的多个 SRO 分别申请并取得勘察、设计和施工资质证书。

依照《俄罗斯联邦城建法典》第 55.6 条第 3、8 款的规定，除外国公司外，申请人应向本身注册地所在联邦主体的 SRO 提交入会申请，如果申请人已加入同行业其他 SRO，则会被拒绝入会。根据《俄罗斯联邦城建法典》第 55.8 条第 8 款，除本条规定外，SRO 会员的权利不受限制。也就是说，SRO 会员可以在其他联邦主体从事建设工程项目。

需要注意的是，依照《俄罗斯联邦税法典》的规定，对于机构的界定标准，如工程项目在公司注册地之外的地点经营超过 1 个月，则需要在项目地进行税务登记。

#### 二、加入 SRO 的程序

从申请程序上看，外国公司和俄罗斯公司提供的申请材料差别不大，但对于非俄文的外国文件，需要依法办理领事认证和翻译公证。由于各 SRO 要求会有差别，所以申请加入所应提供的材料要以拟加入的 SRO 要求为准。

申请材料的基本方向为入会申请、申请人证明文件、符合拟加入 SRO 对会员要求的文件、申请主体具有符合法定或 SRO 要求的专业人员配置等。

需要注意的是，根据《俄罗斯联邦城建法典》第 55.5-1 条的规定，需要申请入会的申请人应雇有经国家登记（Национальные реестры специалистов）的专业人员：

（1）具有建筑领域专业高等学历教育证书；

（2）本领域从业经验不低于 10 年；

（3）在相应工程单位从事工程师职务的工龄不低于 3 年；

（4）如果是外国公民，则需持有工作许可证；

（5）每 5 年进行一次职业培训。

需要上述人员与申请人之间存在劳动关系，一般要求至少 2 名，具体需咨询拟加入 SRO。

从事施工的专业人员，需要以个人名义向 НОСТРОЙ（https://nostroy.ru/）或其代理人申请登记。

一些 SRO 本身具有上述机构代理人的资格，也为会员提供专业人员，具体情况需要咨询拟加入 SRO。此外，也可以考虑收购已具有会员身份的公司，以便尽快开展业务。

### 三、危险或复杂建设项目对 SRO 成员本身及专业人员有更高的要求

《俄罗斯联邦城建法典》第 48.1 条列入的危险或复杂建设项目，对 SRO 成员本身以及对相应的人员配置会有更高的要求，具体参见 2017 年 5 月 11 日第 559 号俄罗斯联邦政府令《关于对从事高危、复杂和独特项目的工程勘察、编制设计文件、建设、改造、大修的自律组织成员的最低要求》、2011 年 3 月 24 日第 207 号俄罗斯联邦政府令《关于自律组织签发从事高危、复杂建设项目许可的最低标准》。

## 2.2.7 林业投资

### 一、相关法律法规

（一）法律

1. 2006 年 12 月 4 日第 200 号《俄罗斯联邦森林法典》。

2. 2021 年 7 月 2 日第 302 号联邦法律，该法律修改了《俄罗斯联邦森林法典》，确立并划分了木材和锯材的概念。

3. 2006 年 12 月 4 日第 201 号联邦法律《关于〈俄罗斯联邦森林法典〉的生效》。

4. 2004 年 12 月 21 日第 172 号联邦法律《关于土地或地块类别变更》。

5. 2001 年 10 月 25 日第 136 号《俄罗斯联邦土地法典》。

(二)法规

1. 2021 年 12 月 6 日第 2214 号俄罗斯联邦政府令《关于批准木材运输电子随附文件的形式》,该项政府令关于木材及其加工产品运输电子随附文件形式的批准,以及对其形式及填写程序的要求。

2. 2021 年 11 月 30 日第 2128 号俄罗斯联邦政府令《确定木材特性和登记木材的程序》。

3. 2021 年 2 月 11 日第 312 号俄罗斯联邦政府令《关于批准〈俄罗斯联邦林业部门 2030 年前发展战略〉》。根据这一战略的规划,到 2030 年,林业对俄罗斯经济的贡献应翻番,达到 1.14 万亿卢布。根据俄罗斯联邦政府的说明,完成前述指标将主要依托几个大方向的工作,其中包括林业数字化、发展森林恢复和森林苗圃创建机制、对木材加工基础设施进行支持以及扩展森林公路网络等。就具体的措施而言,包括开展对森林信息进行数字化和系统化的计划,以便更为清晰地掌握行业状况,也包括在木材采伐、运输、储存和加工流程中应用数字化技术等。

4. 2020 年 7 月 30 日第 539 号俄罗斯自然资源部令《关于批准森林申报表格、其填写与提交程序、电子形式森林申报格式要求》。

5. 2019 年 5 月 7 日第 566 号俄罗斯联邦政府令《关于批准根据〈俄罗斯联邦森林法典〉第 43—46 条使用森林的人以及申请或收到改变林地指定用途的人进行森林恢复或造林工作的规则》。

6. 2018 年 12 月 25 日第 684 号俄罗斯联邦自然资源部令《关于批准变更森林区土地类别申请的内容及所附文件的构成》。

7. 2018 年 7 月 10 日第 800 号俄罗斯联邦政府令《关于土地开垦和保护》。

8. 2018 年 5 月 15 日第 1870 号俄罗斯联邦工业和贸易部令《关于批准制定申请列入森林发展领域优先投资项目名单的森林发展领域投资项目概念的方法说明》。

9. 2018 年 2 月 23 日第 190 号俄罗斯联邦政府令《关于森林发展领域的优先投资项目以及关于修改和废止一些俄罗斯联邦政府文件》。

10. 2017 年 12 月 12 日第 661 号俄罗斯联邦自然资源部令《关于批准〈利用

森林进行狩猎活动的规则〉和〈利用森林进行狩猎活动而不提供林地的情况清单〉》。

11. 2017年8月21日第451号俄罗斯联邦自然资源和环境部令《关于批准〈森林利用报告〉所含信息清单、〈森林利用报告〉提交形式和程序以及对〈森林利用报告〉电子版格式的要求》。

12. 2017年8月21日第452号俄罗斯联邦自然资源与环境部令《关于批准〈森林恢复和植树造林报告〉所含信息清单、〈森林恢复和植树造林报告〉提交形式和程序以及对〈森林利用报告〉电子版格式的要求》。

13. 2017年5月20日第607号俄罗斯联邦政府令《森林卫生安全规则》。

14. 2017年3月9日第78号俄罗斯联邦自然资源和环境部令《关于批准〈森林防火报告〉所含信息清单、〈森林防火报告〉提交形式和程序以及对〈森林利用报告〉电子版格式的要求、〈森林保护报告〉所含信息清单、〈森林保护报告〉提交形式和程序以及对〈森林保护报告〉电子版格式的要求》。

15. 2017年2月3日第54号俄罗斯联邦自然资源与环境部令《关于批准〈对林地项目文件的组成和内容的要求及其编制程序〉》。

16. 2015年4月8日第229/13号莫斯科州政府令《关于批准在莫斯科州领土上不提供地块或地役权、公共役权而设置设施的程序和条件,这些设施可以位于国家或自治地区所有的或国家所有权未划定的土地或地块上》。

17. 2015年1月28日第55号俄罗斯联邦政府令规定了使用国家统一木材交易登记自动化信息系统的程序。

18. 2015年1月6日第11号俄罗斯联邦政府令规定了申报和木材交易的正式表格,以及填写表格并提交至国家统一木材交易登记自动化信息系统的规则。

19. 2014年12月16日第1370号俄罗斯联邦政府令规定了国家统一木材交易登记自动化信息系统如何与其他国家信息系统互动。

20. 2014年12月3日俄罗斯联邦政府第1300号令《关于批准〈可在国家或自治地区所有的土地或地块上不提供地块或地役权而设置的设施类型清单〉》。

21. 2014年12月3日第1301号俄罗斯联邦政府令规定了在国家统一木材交易登记自动化信息系统上提交信息的规则。

22. 2014年11月19日第2320号俄罗斯联邦政府令规定了国家统一木材交易登记自动化信息系统中以开放数据的形式提供给公众使用的信息清单,还规定了在完成木材交易申报时必须输入系统的信息清单。

23. 2014 年 11 月 4 日第 1161 号俄罗斯联邦政府令《关于批准〈珍贵林种(橡树、榉树、白蜡树)木材标识条例〉》。

24. 2014 年 11 月 3 日第 1148 号俄罗斯联邦政府令规定了用于从国家统一木材交易登记自动化信息系统获取信息的请求模板。

25. 2014 年 8 月 18 日第 367 号俄罗斯联邦自然资源和环境部令《关于批准〈俄罗斯联邦树林区清单〉和〈俄罗斯联邦森林地区清单〉》。

26. 2014 年 6 月 13 日第 1047 号俄罗斯联邦政府令规定了根据《俄罗斯联邦森林法典》应当在国家统一木材交易登记自动化信息系统中进行登记的木材和锯材类型清单。

27. 2014 年 3 月 28 日第 161 号俄罗斯自然资源部令《关于批准森林火灾预警与灭火设备的类型,为使用森林的人提供这种设备的标准,使用森林时具备森林防火和灭火设备的规范》。

28. 2013 年 12 月 28 日第 415 号联邦法律是首部关于木材交易登记的法律,对《俄罗斯联邦森林法典》进行了修订。

29. 2013 年 5 月 27 日第 849 号俄罗斯联邦政府令《关于批准〈防护林、作业林、储备林的与森林基础设施建设无关的客体清单〉》。

30. 2012 年 7 月 17 日第 1283 号俄罗斯联邦政府令《关于防护林、作业林和储备林的森林基础设施清单》。

31. 2012 年 4 月 27 日第 174 号俄罗斯联邦林业局令《关于批准〈森林消防设备规范〉》。

32. 2011 年 7 月 5 日第 287 号俄罗斯联邦林业局令《关于批准森林自然火险的分类和根据天气条件对森林火险的分类》。

33. 2011 年 6 月 10 日第 223 号俄罗斯联邦林业局令《关于批准〈利用森林进行建设、重建、运营线性工程的规则〉》。

34. 2010 年 12 月 27 日第 515 号俄罗斯联邦林业局令《关于批准〈利用森林进行矿产地质调查、开发矿产地的程序〉》。

35. 2009 年 2 月 24 日第 161 号俄罗斯联邦政府令《关于批准〈在不举行拍卖的情况下为完成勘测工作出租林地,包括位于储备森林的林地的规定〉》。

36. 2004 年 11 月 24 日第 701 号俄罗斯联邦自然资源和环境部令《关于批准〈准备和批准林区地块全面技术检查书的程序〉》。

37. 2004 年 11 月 24 日第 702 号俄罗斯联邦自然资源和环境部令《关于批准〈林区地块选择书〉的形式》。

（三）司法解释

俄罗斯联邦林业局2017年6月16日第MK-02-46/8243号信。

（四）国际条约

2000年11月中俄签署的《俄罗斯联邦政府和中华人民共和国政府关于共同开发森林资源的协定》是双方开展林业合作的基础性文件。根据该协定，双方政府有关部门应共同为两国企业的投资合作提供便利，包括提供林地、为中方企业所得木材及加工品返还中国创造条件、为中方生活和工作自用物品免征关税和税收、协助解决中国公民出入境、临时居留和劳动手续等问题。

## 二、使用森林的方式

（一）提供林地（林地租赁合同）

1. 租赁合同标的物：所有权属于国家或自治地区的林地。

2. 承租人：法人或公民。

3. 租赁合同期限：一般情况下为10—49年，用于狩猎、渔业、地质勘探、探矿和开采矿产资源、某些水利工程、线性工程、建设木材加工基础设施的除外。

4. 租赁合同的签订：一般情况下参加公开招标获得签订合同的权利，开发森林领域的优先投资项目、用于狩猎、渔业、地质勘探、探矿和开采矿产资源、某些水利工程、线性工程、建设木材加工基础设施等情况无须经过招标。

5. 租赁合同目的：承租人应当按照《俄罗斯联邦林法典》第25条规定的方式使用森林：

（1）木材采伐；

（2）收获油酸；

（3）非木材森林资源的采伐和收集；

（4）收获食用森林资源和药用植物；

（5）开展狩猎领域的活动；

（6）开展农耕活动；

（7）捕鱼，娱乐性捕鱼除外；

（8）开展科学研究和教育活动；

（9）开展娱乐活动；

（10）建立森林种植园及其开发；

（11）森林水果、浆果、观赏植物、药用植物的种植；

(12)建立树木苗圃及其运作；

(13)进行矿产地质勘察、勘探和开采；

(14)水库、海河港口、水利工程等建设、重建、运营；

(15)线性工程的建设、重建和运营；

(16)建设和运营木材加工基础设施；

(17)开展宗教活动；

(18)《俄罗斯联邦林法典》第6条第2部分规定的其他用途。

6. 租赁合同范本：见2020年7月30日第542号俄罗斯联邦自然资源与环境部令《关于批准森林租赁合同范本》。

7. 禁止性规定：禁止转租，禁止向第三人转让森林地段租赁合同项下权利义务。

（二）不提供林地（林场买卖合同）

1. 可以签订林场买卖合同的情形：

(1)在俄罗斯联邦主体法律规定的特殊情况下进行木材采伐以便满足国家和自治地区的需要；

(2)采伐用于新年树；

(3)中小企业采伐木材；

(4)公民自用。

2. 买卖合同标的物：所有权属于国家或自治地区的林场。

3. 买卖合同内容：合同写明林场的位置及约定采伐的木材数量。

4. 买卖合同期限：不超过1年。

5. 买卖合同的签订：一般情况下通过公开招标获得签订合同的权利，为了森林保护、管理及居民个人用地情况除外。

6. 买方：法人或公民。

7. 买卖合同范本：见2020年7月27日第488号俄罗斯联邦自然资源与环境部令《关于批准林场买卖合同范本》。

（三）永久使用林地

仅俄罗斯国家机关、自治地区机关有权永久使用林地。

（四）无偿使用林地

允许无偿使用林地的情形：

1. 公民为自需而使用森林进行农业活动（包括养蜂）。

2. 线性工程所在的国家或自治地方所有林地提供给线性工程相关法人、公民。

## 三、禁止某些未加工及粗加工木材出口

为执行 2021 年 4 月 14 日第 594 号及 2021 年 7 月 15 日第 1249 号俄罗斯联邦总统令，自 2022 年 1 月 1 日起，禁止从俄罗斯出口未加工及粗加工的针叶及珍贵阔叶木材。根据 2021 年 7 月 20 日第 1225 号俄罗斯联邦政府令，从 2022 年 1 月 1 日起，出口未加工的针叶木材和珍贵阔叶木材（4403 ТН ВЭД ЕАЭС）将只能通过两个铁路检查站——Люття 检查站（与芬兰接壤）和 Хасан 检查站（与朝鲜接壤）。

## 四、木材流通电子化

### （一）国家统一木材交易登记自动化信息系统

国家统一木材交易登记自动化信息系统控制俄罗斯境内木材产品的流通。根据《俄罗斯联邦森林法典》第 50.6 条第 3 款的规定，俄罗斯建立国家统一木材交易登记自动化信息系统旨在解决以下主要任务：

1. 从采伐到最终用户购买的全过程记录木材交易，包括以下阶段：砍伐、加工、向基地和仓库交货、在市场上销售。

2. 经营主体所有涉及木材交易的完整信息的积累、处理和系统化。

3. 控制输入数据库的数据的准确性。

### （二）木材交易申报

1. 应当申报木材交易的主体

完成涉及木材的交易的法人、个体工商户，包括木材进出口交易。

2. 应当申报的木材类型

俄罗斯联邦林业局 2017 年 6 月 16 日第 МК-02-46/8243 号信详细解释了应当申报的木材种类。

3. 申报时间

木材交易申报应当在签订合同、修改合同或合同期满之日起 5 个工作日内提交，但不得迟于木材运输的前 1 天。木材交易申报单应根据合同有效期内实际运输的木材量进行修正，但每月不少于 1 次。

4. 登记基本规则

涉及木材的每笔交易都应提交木材交易申报单，包括进出口木材的交易。

法人或个体工商户与个人达成的木材交易由法人或个体工商户进行交易申报,申报中说明从签订第一次交易之日起不超过5个工作日内所有交易的木材转让总量。

5. 申报木材交易的平台

在国家统一木材交易登记自动化信息系统上输入相关交易的数据,并附上证明文件。为此,需要:

(1)通过政务服务平台“Госуслуги”在 lesegais. ru 网站上为组织或个体工商户注册;

(2)在 РуТокен 闪存盘上的合格电子签名;

(3)安装并配置 КриптоПРО CSP 软件;

(4)安装了 EgaisCrypto (Егаис Крипто)插件;

(5)进入 lesegais. ru,登录注册的账号进行申报。

6. 木材交易申报表格

2015年1月6日第11号俄罗斯联邦政府令《关于批准提交木材交易申报的规则》附件规定了申报表格。

7. 法律责任

根据《俄罗斯联邦行政违法法典》第8. 28. 1条的规定,违反登记义务将被处行政罚款。

(三)木材运输电子版随附文件

从2022年1月1日起,必须要有电子版随附文件才能运输木材和锯材,纸质版随附文件失去效力,这是为了在全俄罗斯推行适用国家木材信息系统。木材采伐者必须出示每批未经深加工木材的备案二维码。否则,可能无法将木材运送到仓库,也无法进行交易。

1. 相关法律法规司法解释

(1)2021年12月6日第2214号俄罗斯联邦政府令《关于批准木材及其加工产品运输电子随附文件表格、其内容、对其形式及填写程序的要求,以及废止2020年10月16日第1696号俄罗斯联邦政府令》。

(2)《俄罗斯联邦行政违法法典》第8. 28. 1条第5款“违反森林立法关于登记木材及与之相关交易的要求”。

(3)《俄罗斯联邦行政违法法典》第50. 4条“木材和木制品的运输”。

(4)俄罗斯联邦林业局2017年6月16日第MK-02-46/8243号信。

2. 应当建立电子随附文件的木材种类

俄罗斯联邦林业局 2017 年 6 月 16 日第 MK-02-46/8243 号信详细解释了应当申报的木材种类。

3. 建立电子随附文件的平台

2022 年，电子随附文件在国家统一木材交易登记自动化信息系统中建立，从 2023 年 1 月 1 日起，将于国家统一木材交易登记自动化信息系统的新版本——联邦国家林业信息系统的国家森林登记簿（Государственный Лесной Реестр Федеральной государственной информационной системы лесного комплекса）中建立。

4. 电子随附文件

从本质上讲，电子随附文件是一组以二维码形式加密的信息，每个电子随附文件都有一个识别号码，由国家统一木材交易登记自动化信息系统自动分配。

5. 创建随附文件的义务人

木材的所有权人在运输时应当为木材建立电子随附文件，无论是个体工商户还是法人。

在实践中这意味着，如果在装货时是所有权人，那就应当创建一个电子随附文件，然后把它交给运输公司的司机；如果在运输时所有权已经转移给买方，那么电子随附文件就由买方建立；如果所有权在买方的仓库转移给买方，供应商必须完成电子随附文件，并将数据交给发货人的司机；如果转售商从伐木场购买木材，并将其运至买方继续销售，那么转售商必须创建电子随附文件，因为在运输的时候，木材的所有权已经属于转售商。

6. 电子随附文件中应包含的信息

（1）木材的所有权人、发货人、承运人、收货人信息；

（2）木材数量、种类（品种）和品种组成；

（3）木材发货及抵达；

（4）交易申报的细节（如果木材是在买卖交易中装运的）；

（5）用于运输的车辆的国家登记牌号。

7. 电子随附文件模板

木材运输电子随附文件形式由 2021 年 12 月 6 日第 2214 号政府令批准。

8. 不需要建立电子随附文件的主体和情况

（1）公民为自需而采伐木材；

（2）因使用森林（如林地租赁）而获得木材所有权的人，且运输发生在采伐区内；

（3）从零售商购买的体积不超过10立方米的木材。

对于从伐木场到木材场的运输（超出其边界），就需要有电子随附文件。

如果要运输从零售市场或零售贸易组织处购买的少于10立方米的锯材，那么承运人应当持有贸易交易的主要会计文件（收据、木材账单、销售发票）。

如果零售购买的木材体积超过10立方米，卖方应签发电子随附文件，但无须写明下列信息：

（1）目的地；

（2）运载木材的车辆的国家登记牌号。

9. 填写木材的电子随附文件的平台

目前有2种创建电子运输文件的选择：

（1）在 m. lesegais. ru 系统中；

（2）在 LesEgais 移动应用程序中。

10. 违反电子随附文件要求的法律责任

根据《俄罗斯联邦行政违法法典》第8.28.1条第5款“违反森林立法关于登记木材及与之相关交易的要求”的规定，如果木材所有权人在运输木材时没有按照法定程序建立电子随附文件，将面临行政罚款。在这种情况下，行政机关还可能会没收没有电子随附文件的木材，以及没有建立电子随附文件的车辆。

（四）木材出口强制标签

法人、个体工商户在出口珍贵种类木材（橡树、榉树、白蜡树）时应当对木材进行强制标记，相关程序及要求规定在2014年11月4日第1161号俄罗斯联邦政府令《关于批准〈珍贵林种（橡树、榉树、白蜡树）木材标识条例〉》。标记后，应当将相关信息输入国家统一木材交易登记自动化信息系统。

### 2.2.8　海港投资

#### 一、俄罗斯海港建设大背景

2018年5月7日，俄罗斯联邦总统普京签署第204号总统令《至2024年前俄罗斯联邦发展国家目标和战略任务》。

2018年9月30日，俄罗斯联邦政府出台《2024年前俄罗斯基础设施更新扩建整体计划》，共设立11项联邦项目，其中9项涉及交通基础建设的更新扩建，俄罗斯海港建设项目（Федеральный проект《Морские порты России》）便是其中之一。

## 二、俄罗斯海港建设项目规模

据俄罗斯媒体报道，俄罗斯交通部统计，截至 2019 年年底，海港建设框架下共启动了 40 个项目，其中，包括波罗奈斯克、沙赫乔尔斯克、波西耶特多功能港区建设和瓦尼诺港矾土装卸综合体等在内的多个项目，均无法在 2024 年达到预定状态，总计 3450 万吨的吞吐量无法实现。俄罗斯官方正在考虑加入项目执行担保条款、项目承建方履约进度报告等承建方义务，以保障项目按时顺利履行。

## 三、外资参与海港建设的可行性

由海港建设融资规模可知，私人投资将占到项目预算总额的 74.5%。与此同时，俄罗斯法律法规和政府令并未对外资进入该领域作出禁止性规定，也就是说，外商投资俄罗斯海港建设在法律层面具有可行性。

据俄罗斯联邦反垄断局统计，2015 年至 2017 年，经俄罗斯联邦政府外资监管委员会批准的，投入俄罗斯战略行业的外商投资总额为 282.34 亿美元，其中海港领域外商投资额为 18.62 亿美元。

2015 年至 2017 年，经俄罗斯联邦政府外资监管委员会批准的海港行业外商投资交易如下：

2015 年 3 项，交易额共计 4.3 亿美元；

2016 年 3 项，交易额共计 9400 万美元；

2017 年 2 项，交易额共计 13.38 亿美元。

俄罗斯联邦反垄断局表示，海港业已成为对外资具有较大吸引力的战略行业之一，并提出会同相关部门制定降低外资准入行政门槛的有效机制。

## 四、外商投资俄罗斯海港领域的主要法律规范

(1)2008 年 4 月 29 日第 57 号《俄罗斯联邦外资进入对保障国防和国家安全具有战略意义商业组织程序法》。

(2)2007 年 11 月 8 日第 261 号《俄罗斯联邦海港法》。

(3)2005 年 7 月 21 日第 115 号《俄罗斯联邦特许权协议法》。

(4)2015 年 7 月 13 日第 224 号《俄罗斯联邦国家与私人合作、地方自治与私人合作法》。

(5)2016 年 6 月 17 日第 1249 号俄罗斯联邦政府令《关于俄罗斯联邦港口服务清单》。

## 五、外商投资海港建设运营领域的模式

(一)投资海港建设

1. 投资项目客体的所有权问题

《俄罗斯联邦海港法》第 6 章对海港港区内土地、设施财产权作出了规定。

禁止或限制私人取得所有权的客体有:

(1)海港港区土地

A. 外国公民、外国组织单位、无国籍人士不得取得海港港区内的土地的所有权。

B. 海港港区内,除私人投资者(个体工商户或法人)出资建设并取得所有权的港口水利技术设施、建筑物、构筑物等所占用土地外,其他土地不得归个体工商户或法人所有。

(2)海港港区基础设施

A. 仅国家拥有所有权的港口基础设施:

用于疏通河道的水下设施、水渠;操控船舶航行的无线电定位系统;安全保障和灾难预警机制下用于与全球海运系统建立联系的海港基础设施;导航设施;自动信息系统设备和船舶监管设备。

B. 国家拥有所有权且不得转让给私人或地方自治机关的港口基础设施(由个体工商户或法人出资建造的,则私人可拥有所有权):

海岸保护建筑、栈桥、防波堤等;国家监察机关履行职能所占用的海港基础设施;两个以上港口终端使用的铁路、公路、热力、电力、水利等设施;破冰设备。

2. 投资模式——特许权协议

(1)适用情况:投资于无法取得所有权的建设项目。

(2)主要法律:《特许权协议法》。

(3)一般合作形式:私方或公方均可作为项目发起人,立项审批后,一般通过公开或定向招标方式进行。外国企业可直接作为特许权协议一方与政府或其授权主体订立协议,私方出资建设,协议项下项目客体所有权归公方,私方依照协议约定在一定时期内占有使用项目客体。

3. 投资模式——公私合作协议

(1)适用情况:投资于可取得所有权的建设项目。

(2)主要法律:《国家与私人合作、地方自治与私人合作法》。

(3)一般合作形式:私方或公方均可作为项目发起人,立项审批后,一般通过公开或定向招标方式进行。私方须是俄罗斯企业,外商应先设立俄罗斯企业作为签约主体与政府或其授权主体订立协议,私方出资建设,协议项下项目客体所有权归属由双方约定。

综上,鉴于俄罗斯法律禁止私人拥有部分海港基础设施所有权,所以,应以是否能取得投资项目的所有权作为选择投资模式的依据。

对于不能取得所有权的项目,可通过特许权协议取得一定时期的占有使用权;对于拟取得所有权的项目,一般选择订立公私合作协议对权利归属进行约定。

订立协议的私方,无须通过公开招标方式便可租赁土地。依照公私合作协议约定可取得项目所有权的,该项目客体和土地所有权均在项目成功落成后获得。

海港港区管理:俄罗斯联邦政府设立、授权国有单一制企业,对海港港区国家资产进行统一管理。

(二)投资海港港区业务企业

1. 战略行业企业性质认定

鉴于海港港区业务企业经营范围和规模,达到俄罗斯一般战略行业企业认定标准的居多。

一般战略行业企业认定标准:

(1)从事某些自然垄断行业;

(2)在港区从事客运、仓储、货物装卸、船舶维护等业务且市场占有率超过20%。

2. 主要法律依据

(1)《俄罗斯联邦外资进入对保障国防和国家安全具有战略意义商业组织程序法》第6条第36款、第37款第4项。

(2)《俄罗斯联邦海港法》第17条第10款。

(3)2016年6月17日第1249号俄罗斯联邦政府令《关于俄罗斯联邦港口服务清单》。

3. 投资程序

拟设立或入股企业属于俄罗斯一般战略行业企业的,应依法向反垄断局进行预先审批或事后备案(见表2-4)。

表 2-4 投资程序

| 持股比例 $X$ | 一般外国投资者 | 外国国有企业或未披露最终受益人的主体 |
| --- | --- | --- |
| $X<5\%$ | 无须预先审批或事后备案 | 无须预先审批或事后备案 |
| $5\%\leqslant X\leqslant 25\%$ | 事后备案 | 事后备案 |
| $25\%<X\leqslant 50\%$ | 事后备案 | 预先审批 |
| $50\%<X$ | 预先审批 | 禁止交易 |

### 2.2.9 环境保护/碳排放

#### 一、主管部门

俄罗斯联邦自然资源和生态部(以下简称俄罗斯自然资源部)是负责在环境保护和生态安全领域制定国家政策并实施管理,以及在以上领域协调联邦其他权力机构工作的政府部门。环保管理部门为俄罗斯自然资源部及其下属机构:俄罗斯联邦自然资源利用监督局、俄罗斯联邦矿产资源利用监督署、俄罗斯联邦水资源监督署、俄罗斯联邦水利天气与环境监测局和俄罗斯联邦林业资源署。

#### 二、相关法律法规

俄罗斯环保领域主要的法律为《俄罗斯联邦环境保护法》和《俄罗斯联邦生态评估法》。

#### 三、环保法律法规基本要点

(一)俄罗斯环保的重要基本原则

根据《俄罗斯联邦环境保护法》的规定:

1. 资源的有偿使用原则和环境污染破坏的补偿原则;

2. 对计划中的经济活动和其他活动有可能产生的生态危害进行预先评估;

3. 在决定开始进行经济活动和其他活动时必须对其做环境影响评估;

4. 必须根据环保技术标准检查项目情况;

5. 根据环保标准要求尽量利用最佳技术工艺,确保有关活动的有害影响降至最低;

6. 禁止对环境影响后果不明的经营和其他活动项目，禁止可能造成自然生态系统恶化、改变和(或)消灭动植物和其他生物基因的项目，禁止浪费自然资源和其他恶化环境的项目；

7. 违反环保法要承担相应责任；

8. 违反环境保护法规行为的财产责任、纪律责任、行政责任和刑事责任。环境保护领域的纠纷，依法通过司法程序处理等。

(二)特殊保护项目和地区

进入世界文化遗产或自然遗产名单的项目，国家自然保护区，动植物园区，旅游度假区，食物来源地，少数民族原生地，具有特殊环境、科学、历史、人文、审美、教育、医疗等价值的项目，大陆架和专属经济区，以及稀有或濒危土壤、生物及其生长或栖息地，受到特殊保护。受到特殊保护的地区和项目所在地采用更加严格的环境质量标准。除非有联邦法律批准，不准占用自然保护区土地。稀有及濒危生物被列入俄罗斯濒危生物红皮书，受到特殊保护。稀有及濒危土壤也受国家法律专门保护。

(三)俄罗斯环保部门职责

俄罗斯联邦环保部门的一项重要职责是制定环保要求和环保的国家标准及其他规范性法律文件，确定污染物和废弃物排放偿付标准及程序，对违反环保法律法规，污染和损害环境的当事方提起损害赔偿诉讼，组织和发展生态教育体系，宣传和构建生态文明观念。对经营和其他活动对自然和人文环境造成的影响进行经济损失评估。规定某些环保活动的许可程序和组织实施。

俄罗斯联邦主体环保机关可制定本地区的地方性环保法规，并负责对本地区的环境状况进行国家生态监测，对本地区属联邦国家监督外的所有经济和其他项目活动进行国家生态监督。制定环境质量标准，其要求和标准不得低于国家规定的标准。提请法院限制、暂停和(或)禁止违反环保法律法规的活动，提起损害赔偿诉讼。建立本地区的特别保护区并实施管理监督，对本地区各种有关项目活动进行生态评估，并对本地区生态情况登记造册。

(四)环保的经济调节手段

在生态评估基础上制定国家的社会经济发展预测；制定生态发展国家规划和地区环保规划；采取措施防止环境污染；规定排污费缴纳标准；规定污染物最低排放标准，生产生活垃圾废料处理限制标准；对自然与自然—人文项目进行价值评估；对影响环境的经营或其他项目进行经济评估；对采用最佳工艺、非传统能源,利用再生资源和废物利用,以及各种利于环保技术工艺手段上马的项目依法给予税收和其他优惠;支持企业的创新和环保性质的活动;规定污染损害补偿和补救办法等。

### (五)生态保险

生态保险是经营主体或个人用以防范生态风险,保护自己财产利益的保险险种,属国家强制险。

### (六)工业项目的环保要求

某些需要环保部门开具许可证的经营活动清单由俄罗斯联邦法律规定。生态认证是为保证企业活动时生态安全而进行的一项强制或自愿的措施。某些环境影响大的拟建项目要进行环境影响评估和生态状况鉴定。对项目建筑设施及其他设施的选址、设计、建设、改造、投产、停用都有相应的环保要求,如要恢复自然环境,合理利用和再生自然资源等。违法项目将被法院依法叫停,情形严重的项目将被法院或仲裁法院禁止。建筑设施施工建设必须考虑使用时产生的短期及长期的生态、经济、人口及其他后果,应优先保护环境和生物多样性,并使自然资源得到合理利用和再生。项目设计施工时必须遵守环境对人类活动负荷标准,采取措施预防和消除环境污染,选择最环保的技术工艺和生产生活垃圾处理方式。项目建设和改造时应按照被批准方案施工,符合环保规范要求。禁止在项目获得审批和建设用地划分之前施工,禁止以牺牲环保改变项目方案。应严格按照预定的环保方案使用项目建筑设施。如项目环保方案要求的技术装备尚未安装,尚未投入垃圾和污染排放无害化和安全处理工艺,或者未按照项目环保要求安装污染监测设备或未完成有关的环境和土地恢复工作,则禁止项目设施投入使用。

工业区和经营活动项目周围应建立防护带,包括卫生防护带、居民区绿化带,绿化区域禁止进行经营活动。

有环境影响的项目企业领导应接受环保知识培训教育。

### (七)农业项目环保要求

应着重考虑土地、土壤、水体、动植物及其他生物免受经营活动的损害。经营者应在进行生产、储存、加工及其他活动时遵守有关的环保要求。农业项目应具有必要的卫生防护区,以及土壤、水体和空气清洁设备。从土壤改良到项目各个阶段,都应节约用水,保护土壤、土地、森林和其他生物,土壤改良不得恶化生态环境,破坏自然生态系统功能。

(八)城建环保要求

城镇居民点的建设改造应优先考虑适宜方便的人居环境,不破坏动植物和其他生物的生存条件和自然生态系统功能,并应符合卫生防疫标准和城建规划要求,应建立防护带、绿化带和绿化区、森林公园等限制开发的保护性区域。

(九)能源项目环保要求

石油天然气企业在从项目设计到产品加工和运输、销售全过程都应考虑采取清洁措施,对生产废料、伴生气和矿化水进行无害化处理,恢复污染的土地,降低环境污染危害,对建设和生产中造成的污染予以补偿。能源项目必须在国家组织的专家组通过企业的环保方案之后方可上马。

(十)垃圾及污染物处理

环境质量标准包括环境化学、物理及生物微生物等指标。有害化学物质及危险生物物质的无害化处理必须经法定程序,按照技术标准获得批准后进行。农业和林业使用化学物质,要求对化学物质的生产、存储、运输和使用必须符合环保要求,禁用高残留有毒化学制剂,预防不良环境后果,消除环境有害影响,保护自然风貌。必须进行收集、利用、无害化处理、运输、存放和填埋的生产生活垃圾,其条件和方法应是对环境不产生危害的。

(十一)环境监测与环保监督

国家环境监测部门负责进行全境不间断的环境(生态)监测。

环保监督分国家、企业、市政和民间环保监督。需进行国家环保监督的企业项目名单由俄罗斯联邦政府依据俄罗斯联邦其他法律拟定,之外的企业项目名单由俄罗斯相关联邦主体拟定。国家环境监察人员负责对属于国家环保监督范围的企业项目进行检查,依法提出建议和要求并追究违法者的行政责任。民间环保监督由民间环保组织依据本组织的章程进行,也可由公民个人或群体依法进行。政府环保部门必须认真研究民间环保组织提交的监督报告。

(十二)环保违法责任

环保违法责任分为财产责任、纪律责任、行政责任和刑事责任。

就环保问题产生的争执可通过法律程序解决。

经营者或个人造成环境污染,掠夺性破坏性开采资源,浪费资源,损害、毁灭自然资源,不合理使用自然资源,使自然生态系统、综合环境和自然风貌受到影响和毁坏的,将承担完全赔偿责任。

项目环保方案通过了国家生态鉴定,但事实上经营活动对环境造成了有害影响,项目发包人或经营者应予以赔偿。损害赔偿根据环境损害程度,环境恢复实际投入和企业经营盈亏情况,按照国家环保机关规定程序和方式,由企业自愿或经法院判决后进行支付。法院可以要求被告企业按照恢复方案以自有资金恢复环境。

环境损害追诉期限为 20 年。因污染环境而给公民造成健康和财产损害的,责任人应依法足额赔偿。

限制、暂停或终止企业经营活动的决定由法院或仲裁法院作出。

(十三)环保评估的相关规定

《俄罗斯联邦生态评估法》规定,要对与生态评估的客体有关的经营活动相关文件进行评估,确认其符合环境保护领域的技术规章和法律的要求,防止该活动对环境产生负面影响。

俄罗斯联邦建设和住房公用事业部下设国家鉴定总局,外资企业在俄罗斯境内投资建厂需向该部门提供环评报告。一般性项目在初步设计方案中提供项目环评报告,高污染的项目需在设计前提交环评报告,具体收费根据项目而定。

## 四、碳排放

(一)《俄罗斯到 2050 年前实现温室气体低排放的社会经济发展战略》

俄罗斯总理米哈伊尔·米舒斯京于 2021 年 11 月批准了《俄罗斯到 2050 年前实现温室气体低排放的社会经济发展战略》,作为俄罗斯应对气候变化作出的政策调整与战略规划。《俄罗斯到 2050 年前实现温室气体低排放的社会经济发展战略》称,俄罗斯将在经济可持续增长的同时实现温室气体低排放,并计划 2060 年之前实现碳中和。

《俄罗斯到 2050 年前实现温室气体低排放的社会经济发展战略》对俄罗斯低碳发展和减排前景提出了以提高森林等生态系统固碳能力、实现能源转型为基础的"目标计划",表示将按照发展路径实现减排及碳中和,确保俄罗斯在全球能源转型背景下的竞争力和可持续经济增长的同时,实现经济"脱碳"发展。主要内容包括:

第一,俄罗斯在实现经济增长的同时将兼顾温室气体低排放目标。《俄罗斯到 2050 年前实现温室气体低排放的社会经济发展战略》指出,俄罗斯计划支持低碳和无碳技术的应用和拓展,刺激二次能源使用,调整税收、海关和预算政策等。同时,俄罗斯还将发展绿色金融,采取措施保护和提高森林以及其他生态系统的固碳能力,提升温室气体回收利用技术。到 2050 年前,俄罗斯温室气体净排放量在 2019 年排放水平上降低 60%,同时比 1990 年的排放水平降低 80%,并在 2060 年前全面实现碳中和。

第二,俄罗斯不仅考虑温室气体排放,还考虑通过森林等进行碳吸收。该国选择了有别于欧洲的道路:煤炭发电自然实现逐步减少,并且这一进程将继续下去(根据俄罗斯能源部预测,到 2050 年,煤炭在能源组合中所占的份额可能在 4%—5%)。目前煤炭在俄罗斯能源组合中所占份额为 15%,煤炭在发电中所占份额为 16%,在热生产中所占份额(锅炉房和燃煤电厂)为 21%。将煤炭比例降低为 4%—5%是一项雄心勃勃且艰巨的任务。

第三,俄罗斯将在 2023 年启动企业强制性碳报告制度,实现强制减排及碳中和。俄罗斯经济发展部于 2021 年年底表示,俄罗斯实施温室气体减排项目的标准体系已准备就绪,到 2022 年第一季度,就可以按照基于国际公认标准制定的俄罗斯标准,开始对所有气候项目进行核查,并逐步在 2023 年启动企业强制性碳报告制度,萨哈林州将是俄罗斯第一个决定进行碳中和实验的地区。

第四,俄罗斯计划开发高精度的温室气体排放和吸收记录系统,以便更好地评估本国产品碳强度,帮助本国产品得到国际层面的评估认可。据了解,到 2030 年,俄罗斯投向气候和环境发展研究及技术领域的资金有望达到近 340 亿卢布(约合 4. 69 亿美元),其中最重要的一项措施是创建一个高效的气候变化监测系统,并尽可能地接收完整可靠的数据和信息。由于欧盟计划 2026 年起向进口商品征收碳边境税,俄罗斯考虑与欧盟之间庞大的贸易额,势必需要提前做好准备。该气候变化监测系统旨在对接国际碳强度评估标准,为全球经济低碳转型和生态环境安全提供数据支撑。

第五,俄罗斯将逐步实行碳税征收,致力于碳排放交易、碳配额机制。碳税的制定和征收已经迫在眉睫,这不仅能够降低俄罗斯能源产品碳密集度,还能从一定程度上刺激行业和企业认真对待减排。2021 年 5 月,俄罗斯公布了首部《气候法草案》,其中明确指出,将引入碳交易、碳抵消与排放情况披露、污染者问责机制等。

第六,俄罗斯将大力推进液化天然气开发使用,稳步推进脱碳行动。在石油和煤炭使用量下降的同时,天然气尤其是液化天然气的作用将会增强。因此,俄罗斯总统普京曾公开表示,希望在 2035 年之前,俄罗斯液化天然气产量增加到每年 1. 4 亿吨,并占据约 20%的国际市场份额。届时,俄罗斯在全球石化产品供应中的份额，将从目前的1%增加到7%。虽然液化天然气仍为化石能源，但相较于煤炭，天然气的碳排放量平均要低45%—55%，其他空气污染物的排放量则更低。

俄罗斯正式作出碳中和承诺，将采取措施推动其经济逐渐远离化石燃料，并力求实现碳中和的过程“缓和且平稳”，其实现手段是多维度的：

首先，俄罗斯将通过完善立法以促进能源行业重组。俄塔斯社指出，俄罗斯需要重组所有行业和部门，才可能实现碳中和。“我们必须通过重修相关政策机制，才能实现所有经济部门重塑，进而在既定时间内实现碳中和。”俄罗斯国际组织关系特使阿纳托利·丘拜斯表示，“重大转型清单中，工业领域一马当先”。重修的政策机制涉及预算、税收、关税、对外经济策略等，旨在为多个当前还不健全但在不久的将来会很重要的行业奠定基础，比如氢能。2021年9月，俄罗斯发布了一份《氢能发展构想文件》，旨在通过三个阶段发展氢能，目标是建成集生产、出口为一体的氢能项目产业集群，并于2024年实现氢气供应20万吨。

其次，俄罗斯促进碳中和所构建的法律体系体现了系统性的方法。俄罗斯政府在气候立法前已经制定及发布了“俄罗斯适应气候变化战略”和《俄罗斯到2050年前实现温室气体低排放的社会经济发展战略》等一系列国家长期减排战略、规划和行动计划，以此框定目标、取得共识。在此基础上，再通过《气候立法草案》《氢能发展构想文件》等一系列法律法规增强约束力，进而再落实具体行动计划，对每个产业部门的具体行动措施做了明确的规定。

《气候立法草案》的核心内容是“引入碳交易、碳抵消、排放情况披露、污染者问责机制等，旨在为绿色投资和减少俄罗斯产品的碳足迹创造条件，同时考虑为那些致力于生态保护的俄罗斯公司提供特惠待遇”。

根据草案的公开内容，俄罗斯将设定较为详细的追责标准，规定2025年前每年排放15万吨二氧化碳的公司或机构，必须向监管机构报告其排放水平；2025年之后门槛将进一步提高，即每年排放5万吨二氧化碳的公司或机构，就必须公布排放情况。

这部法律草案为确保俄罗斯实现碳减排目标提供了严格的法律框架，明确了各个产业部门在2025年至2050年的刚性年度减排目标，具有传导压力、落实责任、倒逼目标的强约束作用。

### （二）碳中和的气候试验

2022年2月22日，俄罗斯联邦委员会当日在全体会议上批准了关于在萨哈林州进行限制温室气体排放试验的法律。

俄罗斯联邦委员会农业与粮食政策及环境管理委员会成员根纳季·奥尔登诺夫指出，该法律的草案由俄罗斯联邦经济发展部按照《在萨哈林州限制温室气体排放并于2025年12月31日前实现碳中和的气候试验的路线图》制定。

法律规定，限制温室气体排放的试验将于2022年9月1日至2028年12月31日在萨哈林州进行。同时，其他联邦主体也被授权在其范围内进行气候试验。

奥尔登诺夫表示："法律引入了一些基本概念，比如地区内受监管组织、配额（地区内受监管组织的温室气体排放量）、地区人造垃圾清单、配额履行单位、碳单位登记册中的账户、核查等。"

奥尔登诺夫强调，法律引入了新的碳监管机制。计划登记联邦主体对温室气体的排放和吸收、确定地区内受监管组织的温室气体排放配额、引入比联邦级别更广泛的强制性碳报告。

奥尔登诺夫表示："计划在试验期间对碳监管的方式和工具进行测试；针对用于减少排放和增加吸收温室气体的技术，测试为采用前述技术创造条件的机制；制定核查、计算温室气体排放和吸收系统的建设方法。"

奥尔登诺夫补充道，法律对地区内受监管组织提出了强制性要求，要求他们向相关部门提交碳报告并遵守既定的排放配额。同时，法律规定，俄罗斯联邦主体的最高执行机关每年根据伴随温室气体排放的经济活动和其他活动来选择地区内受监管组织。

奥尔德诺夫强调，俄罗斯联邦的所有主体应当在2022年5月10日之前制定出自己的气候变化适应计划，这些计划将成为各地区实施气候项目的基础。

### 2.2.10　土地使用

《俄罗斯联邦土地法典》《俄罗斯联邦民法典》是调整土地关系的基础性文件，《俄罗斯联邦农用土地流转法》《俄罗斯联邦森林法典》《俄罗斯联邦水法典》等规范性法律文件对特定类别土地进行单独调整或者存在特别规定，此外，俄罗斯联邦总统令在调整土地关系中发挥着独特的积极作用。同时，俄罗斯会出现联邦各主体立法和自治地方规范性文件与联邦立法不一致的情况，因此，在对取得、利用俄罗斯土地的法律风险评估中，应当对调整目标土地的规范性法律文件进行系统分析，不能仅局限于联邦法律，还应当注意俄罗斯联邦总统令、联邦各主体规范性法律文件和自治地方规范性文件中的特别规定。对于农用地、林地、水体土地等特别类型土地，亦应结合专门立法进行全面的法律风险评估。在不确定的情况下，需向当地土地管理局咨询相关政策，避免不必要的法律纠纷。

## 一、私人土地权利受限制

### （一）限制私人取得地块的范围

在俄罗斯并非所有的土地都能被私有化。《俄罗斯联邦土地法典》采用正反两种形式规定了私人可以拥有所有权或使用权的地块。正的方面：可以提供给公民所有或租赁的属于国家或市政所有的土地中的地块（第28条）；从农业用地提供给公民进行个人住宅和车库建设等地块（第27条第7款）。反的方面：法典列举了10种禁止流通的地块，这些禁止流通的地块，不能提供给私人所有（第27条）；被列入限制流转的地块能否提供给私人所有，则根据联邦法律的规定而定（第28条第4款）；法典施行后，不再允许向公民提供享有可继承的终身占有权的地块，但公民在2001年10月30日（土地法典施行之日）前享有的可继承的土地终身占有权，仍然继续保留。

### （二）利用方式的限制

比如，按专门用途和规定利用土地，不得损害环境、污染水资源，维持和提高土壤肥沃程度等（《俄罗斯联邦土地法典》第42条）。

## 二、权利与义务一致

《俄罗斯联邦土地法典》第65条第1款规定，“在俄罗斯联邦实行土地有偿使用。土地使用费的形式是土地税和租金”。该法还规定土地的私人所有权人在法律规定的财产范围内行使其土地所有权的同时，还承担积极利用自己土地的义务，如不闲置土地、不滥用土地、保护耕地面积、不擅自改变土地的专门用途等。同理，在为国家或市政需要征收地块时应对权利人进行补偿（第57条）。

《俄罗斯联邦土地法典》实施后，将通过拍卖来获得土地的使用和所有权，拍卖所得收入归国家和地方所有。俄罗斯联邦会议通过的土地法仅适用于该国2%的土地，另外98%的农业用地买卖将用其他法律来规范。这项法律同时规定，商业及住宅用地如果具有战略重要性，也可以禁止外国人或外国机构购买。

## 三、外资企业获得土地的规定

根据《俄罗斯联邦外国投资法》的规定，如俄罗斯联邦法律未作其他规定，有外国投资的商业组织可以在招标(拍卖、竞买)中获得租赁土地的权利。外国人、无国籍人士可以拥有位于俄罗斯境内土地的租赁权,但《俄罗斯联邦土地法典》另有规定的情况除外(《俄罗斯联邦土地法典》第 22 条第 1 款)。

《俄罗斯联邦外国投资法》规定,外国投资者应按照俄罗斯联邦和俄罗斯联邦主体的法律享有获得土地、其他自然资源、建筑物、设施和其他不动产的权利。外国人、无国籍人士和外国法人根据该法第 28 条取得土地的所有权必须是有偿的,费用标准由《俄罗斯联邦土地法典》规定(《俄罗斯联邦土地法典》第 28 条第 5 款)。

(一)外资企业获得土地的限制

《俄罗斯联邦土地法典》第 15 条第 3 款规定,外国公民、无国籍人和外国法人不能取得边境地区和依据俄罗斯联邦法律规定的特别区域土地所有权。2011 年 1 月 9 日,俄罗斯联邦总统签发了“关于确认外国公民、无国籍人、外国法人不能取得土地所有权边境地区清单”的命令,列入清单内的地方土地不能被外国公民、无国籍人、外国法人所有。同时,俄罗斯立法禁止外国主体取得大陆架和地下空间所有权。《俄罗斯联邦农用土地流转法》第 3 条规定,外国公民、无国籍人、外国法人以及外国公民、无国籍人、外国法人所占注册资本超过 50%的法人只能以租赁的方式使用农用地,而不能取得农用土地所有权。租赁农用土地的上限不能超过 49 年。根据《俄罗斯联邦土地法典》的规定,禁止外国公民和公司拥有俄罗斯林业用地,通过竞拍方式可获得林地使用权。

(二)取得土地所有权许可程序

对外国公民、无国籍人和外国法人以及外国资本超过 50%的俄罗斯公司不动产交易设立许可程序。

在涉及房屋买卖和租赁、土地买卖和租赁、不动产抵押等问题时,外国投资者也应当仔细研究相应登记主管部门的具体要求,保证交易文件从格式和内容上完全符合俄罗斯法律要求,以免在交易过程中出现无法预见的风险。

(三)优先取得土地所有权的特别限制

作为他人土地上建筑物、构筑物、设施所有人的外国公民、无国籍人和外国法人,享有对该土地的优先购买权或租赁权,行使优先购买权应当遵守《俄罗斯联邦土地法典》第 35 条规定。

(四)土地权利国家登记

根据《俄罗斯联邦土地法典》第 26 条的规定,获得土地权利,必须根据《俄罗斯联邦不动产权利和不动产契约国家登记法》进行国家登记，该条规定的例外情况除外。

（五）土地使用

严格遵守《俄罗斯联邦土地法典》第 6 章的规定行使权利，履行使用土地方面的义务。

（六）土地保护

严格遵守《俄罗斯联邦土地法典》第 13 条关于土地保护的要求，避免土地权利被强制剥夺。

### 2.2.11 反对垄断和不正当竞争

《俄罗斯联邦宪法》第 8 条第 1 款规定，俄罗斯保证支持竞争，第 34 条第 2 款规定禁止垄断和不公平竞争。为了执行前述规定，俄罗斯制定并出台了一系列反垄断立法，包括《俄罗斯联邦保护竞争法》《俄罗斯联邦商业秘密法》《俄罗斯联邦广告法》《俄罗斯联邦自然垄断法》《俄罗斯联邦民法典》《俄罗斯联邦刑法典》《俄罗斯联邦行政违法法典》等。

《俄罗斯联邦保护竞争法》的基本内容概述：

《俄罗斯联邦保护竞争法》第 1 章规定了该法的调节对象、立法目的、适用范围、基本概念的含义，以及俄罗斯联邦反垄断相关法律法规。根据《俄罗斯联邦保护竞争法》第 1 章的规定，该法适用于调节与保护竞争有关的问题，包括防止和制止俄罗斯法人、外国法人和组织、个体工商户、自然人、各级政府机构等参与垄断行为和不正当竞争行为，即使协议以及相关行为是在俄罗斯境外签署或进行的，只要对俄罗斯市场的竞争产生影响，就适用《俄罗斯联邦保护竞争法》。

《俄罗斯联邦保护竞争法》第 2、2.1 章规定了法律禁止的垄断行为以及不正当竞争行为。其中，垄断行为包括经营主体滥用市场支配地位、限制竞争协议、限制竞争的协同行为。同时，法律规定了允许前述垄断行为的情况。不正当竞争行为包括商业诋毁，误导消费者，不适当比较，不合法利用法人、商品、作品或服务的个人化手段的专有权，不合法利用他人知识产权，商业混淆，侵犯商业秘密等行为。

《俄罗斯联邦保护竞争法》第 3、4、5 章规定禁止行政垄断。第 3 章禁止联邦执行权力机构、俄罗斯联邦主体国家权力机构、地方自治机构、其他履行上述机构职能的机构和组织，以及国家预算外基金、俄罗斯中央银行制定限制竞争的法规、进行限制竞争的行为(不作为)、限制竞争协议或协同行为;第 4 章规定了对招投标活动、选择金融机构和关于国家所有制和地方自治体所有制资产合同签署权的反垄断要求;第 5 章规定了提供国家或地方自治体特惠。

《俄罗斯联邦保护竞争法》第 6 章规定反垄断机构的功能及职权;《俄罗斯联邦保护竞争法》第 7 章规定国家对经营者集中的控制,明确了受到控制的交易及行为、需要获得反垄断机构前置批准的行为、前置批准的程序、未经批准进行受控行为的后果;第 7.1 章规定对建立和经营单一制企业的反垄断要求;第 8 章规定违反反垄断立法的责任,包括行政责任、民事责任和刑事责任;第 9 章规定了反垄断违法案件的审理。

## 2.3 劳动用工

### 2.3.1 人事管理的一般事项

#### 一、了解俄罗斯劳动法律法规

(1)《俄罗斯联邦劳动法典》(Трудовой кодекс Российской Федерации);

(2)《俄罗斯联邦外国公民法律地位法》(ФЗ《о правовом положении иностранных граждан в Российской Федерации》);

(3)《俄罗斯联邦个人数据法》(ФЗ《о персональных данных》);

(4)《俄罗斯联邦国家养老保障法》(ФЗ《о государственном пенсионном обеспечении в Российской Федерации》);

(5)《俄罗斯联邦强制医疗保险法》(ФЗ《об обязательном медицинском страховании в Российской Федерации》);

(6)《俄罗斯联邦暂时失去劳动能力和产孕期强制社会保险》(ФЗ《об обязательном социальном страховании на случай временной нетрудоспособности и в связи с материнством》);

(7)《俄罗斯联邦居民就业法》(Закон РФ《о занятости населения в Российской Федерации》);

(8)俄罗斯联邦政府关于工作履历手册的规定(Постановление Правительства РФ от 16. 04. 2003 N 225《О трудовых книжках》);

(9)其他法律法规。

## 二、依照公司规章制定人事管理文件、人员编制表

审查公司设立文件、公司规章中有权颁布公司内部规范性文件的职权信息,确定谁是负责人。要注意人事文件不能与公司设立文件的内容产生冲突,需要了解章程中规定的公司高层管理人员聘用和薪酬等重要信息。

人员编制表是人事政策中首要的文件之一,所有与用人单位形成劳动关系的员工都应列在人员编制表中。通常该表中还包括部门名称、岗位名称、固定工资、职级工资等信息。

公司应当在自己的权限范围内制定包含劳动法规范的内部规范性文件,详见《俄罗斯联邦劳动法典》第 8 条。只有符合《俄罗斯联邦劳动法典》第 309. 2 条的微型企业才能不必制定或制定部分内部规范性文件,这些公司可以把原应该规定在内部规范性文件中的内容约定在劳动合同当中。针对所有采取的内部规范性文件,包括对其修订,员工都需要知悉并签字确认。

## 三、审核公司负责人的人事文件

在俄罗斯,公司负责人一般为总经理。针对负责人应有按照法律规定、公司设立文件制作的任命文件和劳动法领域的文件:劳动合同,任职令。应该在劳动手册中进行相应的记录。避免公司负责人的劳动合同的有效期与独任执行机关的任命时限不符。

## 四、保管并记录员工劳动手册等文件

应当任命负责记录、保存、考核和流转劳动手册的负责人,由负责人进行员工劳动手册等员工个人资料的保管,不得泄露个人信息。

## 五、建立并完善公司人事管理制定

针对员工个人,应当按照《俄罗斯联邦劳动法典》的规定签发、保存、流转每位员工个性化的人事档案文件,必要的文件包括但不限于员工用工命令、劳动手册、劳动合同、个人卡片等。用人单位必要的人事文件包括但不限于就业规则、休假时间表、人员编制表、劳动保护简报和指引、个人数据保护规章、工资及奖金支付制度、工作时间考勤表、个人数据制度、工资和奖金制度、劳动手册流动日志、年假安排表、安全生产培训记录簿、保密协议、工作考核测评规则、体检

记录簿等。

## 六、依照俄罗斯法律法规组织并完成劳动保护监查要求

(1)及时办理劳动环境特别评估(СОУТ);

(2)及时向相关机关备案增减员等公司人事信息变更;

(3)定时清查整理人事文件,以备迎接俄罗斯主管机关监查。

## 七、依法保护员工个人数据

在俄罗斯,用人单位招聘和雇用员工,必然要涉及员工个人数据。这种情况下,俄罗斯关于个人数据的法律是否同样适用于用人单位?这一问题在俄罗斯国内对个人数据保护日益趋严的背景下受到了广泛的关注。

(1)用人单位都应该办理个人数据处理者注册。根据《俄罗斯联邦个人数据法》的规定,所有法人实体在处理个人数据时必须遵守相关规定。先来看该法对个人数据处理者的定义(第3条第1款):单独或同他人共同组织和(或)实施个人数据的处理,确定个人数据处理目的、被处理的个人数据组成及对个人数据的实施行为(操作)的国家机关、市政机关、法人或自然人。俄罗斯联邦通信、信息技术和大众传媒监督局也依据该法条对这一问题进行了解释,根据该局的解释,用人单位只要从事招聘和雇用员工的活动,就属于个人数据处理者的范畴。因此,严格来讲,用人单位应在该局登记注册成为个人数据处理者。

(2)用人单位必须征得劳动者处理其个人数据的书面同意。与此同时,根据《俄罗斯联邦个人数据法》第5条第2款的规定,个人数据处理应限于具体的、事先确定的和合法的目的。也就是说,用人单位作为个人数据处理者,作为雇主处理员工个人数据时,存储的员工标准个人数据包括姓名、联系方式、护照号、原工作单位等(具体可以参见《俄罗斯联邦劳动法典》第14章)。如果用人单位在存储和处理员工个人数据时违反法律规定或超出法定范围,则俄罗斯联邦通信、信息技术和大众传媒监督局有权对其进行罚款。如员工的个人数据泄露给了银行、竞争对手、员工前配偶等,则用人单位还需承担精神损害赔偿义务。《俄罗斯联邦个人数据法》的核心规定之一是个人数据处理者在处理个人数据前必须先征得个人数据主体的同意。不过,鉴于《俄罗斯联邦劳动法典》第22条中规定,用人单位需为员工缴纳社保。因此,在缴纳社保时,用人单位将个人数据提交给相关部门并不需要征得个人同意。此外,还有一些涉及向税务部门、军方等传输个人数据时无须征得个人同意的例外规定。

(3)用人单位必须任命一个个人数据负责人。值得注意的是,如个人数据处理者是法人实体,则用人单位必须任命一名员工为个人数据处理负责人。根据《俄罗斯联邦劳动法典》第273条的相关规定,如未单独任命该负责人,则该项职责由总经理承担。个人数据处理负责人直接接受个人数据处理者(用人单位)的指示并向其负责。个人数据处理负责人主要负责审查个人数据处理者及其员工是否遵守俄罗斯联邦法律的规定,对与保护个人数据相关的义务予以内控,对员工进行相关培训,同时也负责接受和处理数据主体依法提出的申请及要求。如违反《俄罗斯联邦个人数据法》,对个人数据处理者的违法行为负有责任的个人数据处理负责人亦可能需承担相应的责任,包括纪律、行政、民事乃至刑事责任等。综上所述,鉴于俄罗斯对个人数据保护的重视程度,用人单位一定要注意防范其中的法律风险,做好必要的工作。

### 2.3.2　劳动合同

#### 一、劳动合同类型

劳动合同分为有固定期限和无固定期限,一般情况下,用人单位应当与劳动者订立无固定期限劳动合同。

#### 二、劳动合同的条款

除了劳动者和用人单位信息、合同订立时间、地点等基本条款外,《俄罗斯联邦劳动法典》第57条还列明了劳动合同要项条款:

(1)工作地点;

(2)工作岗位及职能;

(3)工作开始日期;

(4)薪酬;

(5)工作和休息制度;

(6)工作条件;

(7)员工社会保障;

(8)联邦法律、法规规定的其他内容。

劳动合同约定的条款不得低于劳动法律法规、集体合同等规定的员工权益。

## 三、劳动合同的签订

（一）劳动合同的形式（《俄罗斯联邦劳动法典》第 67 条）

1. 书面劳动合同一式两份，每一份均由双方签字。

2. 未签署书面劳动合同不等于没有形成劳动关系：如果员工经用人单位或其代表同意或受其委派已开始工作，视为劳动关系建立。公司有义务限期内与员工签署书面劳动合同。

（二）未订立劳动合同须承担的行政责任

依照《俄罗斯联邦行政违法法典》第 5. 27 条相关规定，如果未签订劳动合同，则用人单位将会受到 10 万卢布的行政罚款。与此同时，用人单位故意逃避订立劳动合同，从而逃避缴纳员工社会保险的，则按照《俄罗斯联邦税法典》第 122 条和相关社会保险法规定，会受到未缴金额 20%到 2 倍的罚款。

（三）未订立劳动合同的劳动争议案例

根据俄罗斯劳动法的相关规定，只有在法律规定的情况下，用人单位才能与劳动者订立有固定期限的劳动合同，也就是说，订立无固定期限的劳动合同才是常态。此外，俄罗斯劳动法对劳动者权益给予了更为充分的保障，包括每年 28 天的带薪年假、用人单位单方解除劳动关系时应向劳动者支付的补偿和赔偿等，都在无形中增加了用人单位使用和解聘员工的经济成本。

现实中，许多中国用人单位出于种种原因，更倾向于与俄罗斯人长期建立其他民事法律关系来实现在俄境内的经营目标，以规避俄罗斯劳动法规定的束缚。那么，俄罗斯司法实践是如何认定存在"实际劳动关系"的呢？以下案例以供参考。

主张民事法律关系存在的，由主张的一方承担举证责任。当劳动者与用人单位间不存在劳动合同时，劳动者承担证实劳动关系存在的举证责任。

俄罗斯公民叶格尔主张自己与俄罗斯公司 MDK 之间存在劳动关系，2015 年 7 月 23 日至 2016 年 6 月 20 日，他在本市作为 MDK 公司的销售代表履职，月工资 2 万卢布。叶格尔的平板电脑中安装有公司的客户管理系统，每个月的工资由 MDK 公司送货到该市的司机带给他。2016 年 6 月，公司突然不让他继续干了，也未作任何说明，这让他感到十分不满。于是，叶格尔向法院起诉，要求公司向他支付欠发工资及年假补偿金 71, 686 卢布、物质及精神赔偿金 70, 000 卢布。

庭审中,叶格尔提供了外出交通报销记录单、工作沟通记录、商品提单、供货合同以及其他工作文件,他还将MDK公司的几个同事列为证人,证明其在MDK公司工作的事实。其中,一名证人出庭作证,但并未得到法院的采信,法院还驳回了叶格尔请其他证人出庭作证的申请。法院认为,劳动关系是本案的诉讼依据,叶格尔应对劳动关系的存在承担举证责任,叶格尔既没有提供劳动合同,也没有提供工资凭单,且他所提供的邮件通信内容、供货合同和提单的复印件也均未经相关方确认或公证,因此,由叶格尔承担举证不能的不利后果。一审法院和二审法院均以相同理由判决驳回叶格尔诉讼请求。

但是,俄罗斯联邦最高法院推翻了下级法院的结论。俄罗斯联邦最高法院认为,下级法院应当查明:叶格尔是否就工作内容与MDK公司达成一致;他本人是否遵循公司内部劳动规范行事;是否为了公司的利益履行义务;是否收取工资。下级法院仅以不存在劳动合同等书面证明为由,认定劳动关系不存在,忽略了《俄罗斯联邦劳动法典》中关于"如果用人单位知道或受用人单位指派且劳动者已实际开始了工作的"表述。俄罗斯联邦最高法院表示,如果没有劳动合同等书面证明,那这是用人单位的过错,是用人单位违反了俄罗斯劳动法的规定。最终,俄罗斯联邦最高法院将本案发回重审。

俄罗斯伊利亚什夫合伙人律师事务所律师曼纳柏夫说,仅仅能够证明用人单位同意劳动者进行工作是不够的,还需要理清一系列问题,例如,用人单位是如何同意劳动者进行工作的?和谁商定的工作内容?听从谁的指示行事?劳动者在哪儿工作?用人单位是否向其提供过工位、劳动工具、工作服等?劳动者是否受用人单位内部规定的约束?劳动者是否持续性获得工资?此外,一些工作中获得的内部单据也可用作证据,如工作总结、货单、货运申请单、工作服申领单等,其中用人单位办公场所门禁卡的通行证证明力会较强些。与此同时,还应注意的是,如果是短信或电邮类的工作沟通内容,应经公证取证,否则,将不被法院采信。

对于证人证言在此类案件中又是如何运用的呢?律师玛莫诺娃认为,大多数情况下,证人证言要结合其他证据发挥作用。玛莫诺娃举了两个例子:案件一(案号:33-6109/2018)中,原告(劳动者,主张存在劳动关系)的两位证人证明,他们看到原告以公司总经理的身份与他人进行业务上的往来,但其他证据证实,原告是根据公司零散的指示完成工作,没有固定的作息时间、没有办公场所,因而,证人证言不足以证实劳动关系的存在。案件二(案号:33-2210/2018)中,有两名公司员工证明看见原告(劳动者)出现在办公场所,但却都表示,原告的身份是承包方,而不是公司经理。结合本案的其他证据,即案卷中附有的证实原告领取过部分工资的证明文件,法院认为,两名员工的证人证言足以说明原告出现在办公场所这一事实是公司明知的,公司明知原告出现在办公场所且向其支付过部分工资,由此可以认定劳动关系的存在。

#### 2.3.2.1 试用期

《俄罗斯联邦劳动法典》第 70 条对试用期作出了规定:

**一、试用期的约定**

在签订劳动合同时可经双方协议规定试用期,第 70 条规定的不能约定试用期的情形除外。试用条件应在劳动合同中写明,未在劳动合同中写明试用条件的,被认为没有试用期。

**二、试用期期限**

普通员工试用期不得超过 3 个月,单位领导及其副手、总会计师及其副手、公司分支机构、代表处、其他独立的组成部门领导的试用期不能超过 6 个月,签署为期 2—6 个月的劳动合同时,试用期不得超过 2 周。

**三、试用结果**

如果试用不合格,用人单位有权在试用期满前与员工终止劳动合同,但应提前 3 天书面通知该员工。如果试用期届满后员工继续工作,那么视为其已通过试用期,以后只能根据基本规定解除劳动合同,不能够再使用试用期不合格这个理由了。

**四、试用期工资**

同一岗位(人员编制表中的单位),无论是否处于试用期,都应发放一样的工资。

#### 2.3.2.2 劳动合同的期限

根据俄罗斯劳动法的规定,除法律规定的情况外,用人单位原则上应与员工签订无固定期限劳动合同。

《俄罗斯联邦劳动法典》第 58 条规定,签订有固定期限合同需满足的条件是:存在本法第 59 条规定之因由;明确规定了合同期限,即合同终止点,且合同期限不得超过 5 年。

禁止以逃避为员工提供应有权利和保障为目的,签订有固定期限劳动合同。

《俄罗斯联邦劳动法典》第 59 条规定:

1. 无须双方同意,即可签订有固定期限劳动合同的情况有:

(1)临时履行未在岗员工的岗位职责,且存在相关法律或合同文件规定应为该未在岗员工保留工作岗位;

(2)从事 2 个月内可完工的临时工作;

(3)从事季节性工作;

(4)从事用人单位日常从业范围之外的工作,以及与临时扩大生产(不超过 1 年)或扩大服务量有关的工作;

(5)在临时性单位或为完成某项目而特设的单位工作;

(6)为完成某特定工作且该工作确切的截止日期尚未知晓的情况下;

(7)具有进修人员性质的从业;

(8)政权、政党以及其他社会团体机构具有选举限期的职位;

(9)应就业机构派遣从事临时性工作或社会工作的人员;

(10)本法或其他联邦法律规定的情形。

2. 根据双方协商,可签订有固定期限劳动合同的情况有:

(1)与员工不超过 35 人的小用人单位;

(2)与已退休人士,与法律规定其身体健康状况只能从事临时性工作的人;

(3)去位于北部边区或同等地带的单位工作的人,且居住地位于工作地之外;

(4)参加救援、抢险等清除事故工作的人员;

(5)按法律法规规定的程序竞争上岗的人员;

(6)在大众传媒、影视单位、剧院、杂技团等组织从事创造性工作的人员;

(7)与单位的领导、副领导和主管会计;

(8)在校学生;

(9)船员等;

(10)兼职人员;

(11)本法或其他联邦法律规定的情形。

只有符合上述条件时,用人单位方可以与员工签订有固定期限劳动合同,否则即为违法行为。

即使员工不反对签署有固定期限的劳动合同,也必须要符合第 59 条列举的情形。同时,已签订的有固定期限劳动合同,其固定期限理由不充分的,法院可判定为无固定期限的劳动合同。

固定期限劳动合同的合同期限最长是 5 年,最短期限没有具体规定。如果未约定合同期限或合同解除的条件,或者约定期限达到 5 年以上,那么合同自动成为无固定期限的劳动合同。

根据《俄罗斯联邦劳动法典》第 58 条的规定,如果有固定期限劳动合同到期时,雇佣双方未表示解约,员工继续工作的,则视为签署了无固定限期劳动合同。因此,有固定期限劳动合同到期后并不会自动解除。如果用人单位打算在合同到期后同劳动者解除劳动关系,应当在合同到期 3 天前书面通知劳动者本人。

需要注意的是,不得就同一工作内容与同一名员工多次签订有固定期限劳动合同,否则合同会被认定为无固定期限劳动合同,用人单位还将会受到行政处罚(《俄罗斯联邦行政处罚法典》第 5.27 条)。

### 2.3.2.3　劳动合同的解除与终止

根据俄罗斯法律的规定,大多情况下,用人单位与劳动者订立的均应是无固定期限劳动合同。解除此类劳动合同,通常有 3 条途径:一是员工主动辞职;二是双方协商解除劳动合同;三是用人单位依法辞退员工。

#### 一、员工主动辞职

《俄罗斯联邦劳动法典》赋予了员工较为自由的劳动自主权,即员工仅需提前两个星期单方书面通知用人单位,期满后员工便有权解除劳动合同;期满后,员工可停止工作,用人单位应当为员工依法办理离职手续并结算。如果在期满前,员工改变初衷不想辞职,且用人单位尚未就该职位与第三人建立劳动关系,则员工有权随时撤回辞职通知,继续工作。如果期限届满后,员工并未要求解除劳动合同且不再打算辞职,则劳动合同继续有效。

当然,双方可以协商,将两个星期的期间缩短。但是,如果辞职是由用人单位方面违法或违约行为引起的,则员工可单方面决定随时离职。

## 二、双方协商解除劳动合同

《俄罗斯联邦劳动法典》第 77 条规定，双方可以协商解除劳动合同。协商解除劳动合同的基础是双方自愿，是双方合意的体现，由此使得劳动合同解除程序具有了较大的灵活性。比如，双方可以就离职时间、补偿等内容进行自由约定；对于处于产假期等法律禁止辞退的情形，双方仍可以通过协商合意来解除劳动合同。

## 三、用人单位解除合同

《俄罗斯联邦劳动法典》第 81 条较为详尽地规定了用人单位解除劳动合同的事由，也就是说，用人单位需要“依法”才能解除劳动合同，法定事由简要介绍如下：

(1)用人单位注销。

(2)用人单位大批裁员(以员工不能胜任用人单位的其他岗位为前提)。

(3)经技能考核不合格，无法胜任现有岗位和现从事的工作(法律、公司规章规定的考核)(以员工不能胜任用人单位的其他岗位为前提)。

(4)因用人单位易主，辞退单位正副领导和财务负责人。

(5)辞退有纪律处罚记录、且无正当理由屡次不履行工作职责的员工。

(6)辞退有下列严重违反工作职责行为的员工：

A. 无正当理由旷工一整日(无论该日工作时长是全天还是半天)，或者一个工作日内无正当理由连续旷工 4 个小时以上的；

B. 员工在酒醉、吸毒等不清醒状态下上岗的(需有医疗机构或法院出具的证明为依据)；

C. 泄露在履职期间得知的依法应予保密的信息的，包括国家秘密、商业秘密、其他员工的个人信息等；

D. 员工在工作地实施盗窃(包括小额偷窃)、挪用、故意损坏他人财物行为，且已有生效的法院判决、行政处罚令等相关机关文件加以确定的；

E. 经劳动保护委员会或劳动安全负责人确定，员工实施的行为有违安全生产规定，且该行为已导致严重后果或足以造成严重威胁的，如工伤、生产事故、灾难等；

(7)员工在与资金或货物直接相关的问题上存在过失，致使用人单位对其失去信任的(本条款的适用，以相关事由发生之日起 1 年为限)。

(8)根据俄罗斯联邦法律或政府规定,应披露个人、配偶、未成年子女相关财产信息的员工,未披露或未全面真实披露上述信息,未采取预防利益冲突措施,致使用人单位对该员工失去信任的。

(9)从事教育岗位的员工作出了违背道德的行为,不宜继续从事该工作的(本条款的适用,以相关事由发生之日起 1 年为限)。

(10)用人单位正副领导、财务负责人作出决定时存在过失,致使用人单位财产遭受损失的。

(11)用人单位正副领导有严重违反自身职责行为的。

(12)在订立劳动合同时提交虚假文件的。

(13)与从事领导岗位人员订立的劳动合同中,约定的解约事项发生的。

(14)法律规定的其他情况。

此外,用人单位不得提出与暂时丧失劳动能力的员工解除劳动合同,也不得在员工休假期间解除劳动合同。

## 四、离职结算

用人单位与员工进行离职结算时,除工资结算外,一般还应将员工在职期间未使用的带薪假期按工资水平支付对价。那么,除此之外,用人单位是否还需额外支付离职补偿金呢?

首先应以劳动合同约定内容为准,劳动合同可以约定不低于法律规定的补偿。劳动合同事先没有特别约定的,一般情况下,如果是员工主动辞职,则用人单位无须另外支付补偿金。如果是双方协商解除劳动合同,则是否支付离职补偿金、支付多少等问题,一般均以双方协商结果为准。

如果用人单位未依法解除劳动合同,员工就此可向法院起诉,要求返岗、辞职、更正辞退原因、赔偿工资损失和精神损害等。此种情况下,根据《俄罗斯联邦劳动法典》第 394 条相关规定,用人单位仍应该向员工支付被迫离岗期间的工资,即截至用人单位依照法院判决作出返岗决定或解除劳动关系决定之日止,按平均工资计算的工资。如果员工主张精神损害赔偿金,赔偿金数额由法院判决最终认定。

此外,《俄罗斯联邦劳动法典》还规定了在一些特定情况下,用人单位解除劳动合同时应支付的补偿金:

(1)因用人单位注销或大批裁员解除劳动合同:

除正常结算外,用人单位另需向员工支付 1—2 个月的平均工资作为离职补偿金。特殊情况下,有可能需要支付3个月的平均工资。

(2)因用人单位易主,解聘原正副领导和财务负责人:

除正常结算外,用人单位还需向其支付不低于3个月的月平均工资作为补偿。

(3)因以下事项解除劳动关系的,用人单位需向员工支付2个星期的平均工资作为离职补偿:

A. 因自身身体原因须接受换岗的员工,拒绝换岗或用人单位无合适岗位可换的;

B. 员工应召去服兵役或去履行其他国民义务的;

C. 原员工依法院判决或劳动主管机构决定返回工作岗位,导致该岗位现从业员工需离职的;

D. 用人单位搬迁,员工不接受工作地点变动的;

E. 经法定鉴定程序,员工被认定为丧失劳动能力的;

F. 用人单位进行技术工艺革新等致使原劳动合同约定条件发生变动的情况下,员工拒绝继续履行劳动合同的。

除此之外,用人单位还需要注意进行离职结算时所负有的代扣代缴个人所得税义务。根据《俄罗斯联邦税法典》第217条第1款第3项的相关规定,员工离职所得一般无须缴纳个人所得税,但对于离职结算中带薪假期的对价支付金额、超过3个月平均工资部分的超额补偿金额是需要用人单位代扣代缴个人所得税的。

### 五、用人单位违法解除劳动合同的行政处罚

用人单位在解除劳动合同时存在违法行为且不构成犯罪的,应按照《俄罗斯联邦行政违法法典》第5.27条第1款规定接受行政处罚,对责任人进行警告或处以1000—5000卢布的行政罚款,对不具有法人资格的营利性单位处以1000—5000卢布的行政罚款,对具有法人资格的用人单位处以3万—5万卢布行政罚款。

## 2.3.3 工资与社保

### 一、工资

《俄罗斯联邦劳动法典》第21章对工资作出了规定,公司应当依法按时足

额为员工支付工资。

(1)最低工资标准:完成劳动时间定额及劳动义务的员工月工资不得低于俄罗斯月最低工资标准,具体见2000年6月19日第82号《俄罗斯联邦最低工资标准法》;最低工资标准不包括补助、补贴、奖金及其他奖励。

(2)同工同酬原则:同一职位必须要保持相同的工资,而不管在该职位工作的员工人数和工作质量如何。

(3)特殊情况下的工资发放:加班工资、休息日工资、节日工资、从事重体力劳动及在有害、危险和其他特殊条件下工作的员工工资标准,见《俄罗斯联邦劳动法典》第146—158条。

(4)工资的发放程序:支付工资时,用人单位必须以书面形式通知每一位员工相应期间应支付的工资构成、金额和扣款理由,以及应支付的货币总额。至少每半个月发一次工资,休假工资不迟于假期开始的前3天发放。

(5)允许扣除工资的情形:只有在《俄罗斯联邦劳动法典》第137条和其他联邦法律规定的情形下才能扣除员工的工资。不能以法律没有规定的理由随意扣留员工工资,员工迟到扣工资、在工作时间打私人电话扣工资等,不符合俄罗斯劳动法。员工的这些违规行为可以通过劳动法规定的纪律处分或者无知责任的规定去处罚,但不能通过扣留工资的方式。

(6)允许扣除工资的金额:扣工资的数额应当按照俄罗斯法律规定计算。一般情况下,每次支付工资时扣除员工工资的数额不得超过应向员工支付工资的20%,详见《俄罗斯联邦劳动法典》第138条。

## 二、社保

根据俄罗斯相关法律规定,需要为员工缴纳的社保类型有:

### (一)养老保险

1. 法律依据:2001年12月15日第167号《俄罗斯联邦国家养老保障法》。
2. 费率:22%(不超过1,150,000卢布)+10%(超额部分)。

### (二)医疗保险

1. 法律依据:2010年11月29日第326号《俄罗斯联邦强制性医疗保险法》。
2. 费率:5.1%。

### (三)社会保险

1. 法律依据:2006年12月29日第255号《俄罗斯联邦暂时失去劳动能力

和产孕期强制社会保险》。

2. 费率：2.9%（最高按 865,000 卢布计提）。

（四）工伤和职业病保险

1. 法律依据：1998 年 7 月 24 日第 125 号《俄罗斯联邦生产事故和职业病强制性社会保险法》。

2. 费率：根据职业性质，费率区间为 0.2%—8.5%，分 33 级。

### 2.3.4　劳动保护

1. 在劳动保护方面雇主的义务规定在《俄罗斯联邦劳动法典》第 212 条，主要包括：

（1）保证员工在使用厂房、设施、设备时，完成工艺流程时，生产中使用工具及原材料时的安全。

（2）使员工能够使用个人或集体的安全器材。

（3）保障每一劳动地点都具备符合劳动保护要求的条件。

（4）执行法律法规为员工规定的劳动和休息制度。

（5）根据法律规定为在有害劳动条件、高温、污染下工作的员工发放专门的劳保鞋及清洗去污用品。

（6）进行劳保方面的安全操作方法的培训、发生生产事故时提供紧急救护的培训；给予劳保指导和进行劳保知识、安全操作方法的测验；未经过培训和测验的人员不得上岗。

（7）对工作场所的劳动条件及员工掌握安全操作方法情况进行监督。

（8）对单位工作地点劳动条件进行鉴定。

（9）在法律要求的情况下，接收员工之前事先要有身体检查，要定期给员工检查身体；未进行体检的人员不得上岗。

（10）要将工作地点的条件和劳保情况、损害身体的危险和进行补偿的规定、个人防护的手段告诉员工。

（11）向劳动保护管理机关、国家监察机关、监督劳动立法及劳保立法执行情况的工会机关报告有关情况，以便他们完成自己的职责；允许上述机关负责人到单位调查事故情况。

（12）采取防止事故的措施，在发生事故后要采取保护员工生命和身体的措施、向受害者提供紧急救助。

（13）按照法律规定的程序对生产事故和职业病进行调查和登记。

(14)根据劳保的要求保障员工的日常疗养、预防和治疗。

(15)要给员工上事故和职业病社会保险等。

2. 在劳保方面员工应遵守的义务规定在《俄罗斯联邦劳动法典》第 214 条，主要包括：

(1)员工要遵守法律规定的劳保要求，正确使用个人和集体安全器材；

(2)参加劳保方面的安全操作方法的培训、发生生产事故时提供紧急救助的培训，接受工作地点的劳保指导和进行劳保知识、安全操作方法的测验；

(3)及时向自己的直接领导或上级领导通报任何危及生命和身体的情况、生产中发生的每一事故、自己身体的不适，包括严重职业病的症状表现；

(4)应聘之前检查身体，工作中定期检查身体等。

3. 员工体检。

某些种类的员工的体检有不同规定，用人单位应当遵守法律规定为其安排体检，具体规定见《俄罗斯联邦劳动法典》第 213 条。

4. 员工劳动保护权利的保障规定在《俄罗斯联邦劳动法典》第 36 章，用人单位应当依法保护员工的各项权利。

5. 用人单位的劳动保护部门。

对员工人数超过 50 人的从事生产活动的用人单位履行劳动保护要求的情况进行监督，建立劳动保护部门或设置在这方面受过相关培训或有相关工作经验的劳动保护专家职位。

6. 调整个别工种员工劳动的特别规定。

《俄罗斯联邦劳动法典》第 12 编对于妇女、操持家务者、未满 18 岁员工、季节性工作员工等个别工种作出了特殊规定，用人单位应当严格遵守规定。

### 2.3.5 雇用外国员工的特殊规定

考虑到建设本国劳动力市场、维护就业稳定、发展国民经济和社会秩序的需要，像其他国家一样，俄罗斯联邦政府也设置了体系化的外国公民在本国就业的移民管理制度，对外国公民的就业活动进行管理。

#### 2.3.5.1 外国公民在俄罗斯境内从事劳动活动的限制

根据俄罗斯法律的原则性规定，外国公民享有与本国公民相等的劳动权利。对于外国公民个人来讲，在依照规定取得相应的劳动许可后，其履职行为并不受到限制。但是，对于从事某些特定工种，是存在一些限制性规定的，主要表现在两个方面。

**一、对于专业水平有一定要求的工种**

限制主要由各部门法对该领域的从业提出规定。例如,禁止暂时居留在俄罗斯的外国公民担任主管会计或其他负责会计核算的职位(暂居或长居在俄罗斯的外国公民可以依据相应的要求从事上述活动)。

**二、对外国员工比例的限制**

按照2002年7月25日第115号《俄罗斯联邦外国公民法律地位法》第18.1条第5款规定,俄罗斯联邦政府有权每年确定在不同领域的经济主体使用外国员工的比例。因此,人事管理部门应当跟踪俄罗斯联邦政府每年11月公布的下一年度个别行业外国用工比例限制的规定,根据公司用工情况调整下一年度外籍员工数量。

设置就业比例限制的常见行业有建筑业、种植业、陆上客运业、烟酒和药品销售业等。

以上限制一般针对暂时居留在俄罗斯的外国公民,根据法律规定外国高级专家及其家属,以及暂居或长居在俄罗斯的外国公民不适用该比例的限制。同样这种用工比例对于欧亚经济联盟成员国公民不适用。除了法律法规和俄罗斯联邦政府对允许使用的外国员工比例作出特殊限制的情况外,用人单位在雇用外国员工与本地员工的比例上不受限制。

违反该比例要求的用人单位,应按照《俄罗斯联邦行政违法法典》第18.17条第1款规定,接受80万—100万卢布的行政罚款或14—90天停业整顿。

### 2.3.5.2 外来劳务用工许可制度

在俄罗斯从事劳动活动的外国人获得工作许可证的途径,大体分为两大类:一是配额许可;二是非配额许可,即不受配额限制的许可。用人公司申请获批后,以公司的名义获得外来劳务用工许可,在此许可上已注明了有效期、有效工作区域、用工职位以及人数信息,公司可凭此许可为外来员工办理个人的工作许可证。

**一、配额许可**

俄罗斯联邦劳动和社会保障部在每年年底,都会公布下一年度各联邦主体和地区可签发的本区外来务工许可配额。公司应当向公司所在辖区的移民局申请外来劳务用工许可,获批后为相关外国员工办理工作许可证。公司在获得外来劳务用工许可,并与外国员工签订劳动合同后需在一个月之内完成以下事项:

(1)向所在地居民就业主管部门递交雇佣外来劳务的报告;

(2)向俄罗斯联邦主体劳动监察部门递交签订劳动合同的报告;

(3)将获得的外国员工工作许可证寄回国内,按照正常签证办理程序为每位员工办理有效期为3个月的一次性入境签,员工入俄境后,需要在3个月有效期内按照规定程序在移民局换发1年多次往返的长期签证。

## 二、不受配额限制的许可

### (一)分公司、代表处的工作人员

根据俄罗斯现行的政策,分公司和代表处在俄罗斯联邦税务局登记注册之前,需向俄罗斯联邦工商会进行外籍员工人数的确认,此后,分公司或代表处注册完成后可凭借此许可,向工商会递交材料为员工办理工作许可证。

### (二)特殊性的职位

俄罗斯联邦劳动和社会保障部官方网站上会公布《外来劳务用工非配额的职位清单》,为该类人员办理工作许可证的受理机构、流程与配额许可相同,只不过不受递送材料时间的限制,而是可以根据用人单位的需要随时递交申请材料。

### (三)外国高级专家

《俄罗斯联邦外国公民法律地位法》第13.2条规定,对在俄从事劳动活动的外国高级专家的界定范围、特殊权利等内容进行了详细的界定。用人公司自行对高级专家的业务水平进行评定,并对此自行承担风险。

## 三、无须持有工作许可证的可从业外国人员

《俄罗斯联邦关于外国公民在俄罗斯联邦法律地位的条例》第13条第4款中规定了不受外来劳务用工许可制度制约的情况,也就是说,本款中所列外籍人员在俄从事劳动活动不需持有工作许可证,比如持有俄罗斯长居证或暂居证的外国人;外交代表、驻俄领事机构的工作人员、国际组织人员及其随行人员;外国供货厂家或生产厂家派来对其提供给俄罗斯的设备进行维修的人员;派驻俄罗斯的记者;就读于俄罗斯高校或职业技校假期打工的学生等。

### 2.3.5.3　为外国员工发放工资的特殊性

从立法和司法实践中的观点可知，给外国员工发放现金形式的工资是否违反了俄罗斯外汇监管领域的立法以及是否会招致行政违法责任，观点不一，但为了减少以及避免这种风险，建议用人单位以非现金形式向作为非纳税居民的外国员工发放工资。

对于外国员工是否需要缴纳社保，按照相关规定，对于不同身份的外国员工，缴纳社保的规定不尽相同。

目前，持有长期居留和暂时居留身份的外国人，一般按照上述标准缴纳社保费用。与此同时，俄罗斯法律对于某些类型的外国公民也规定了社保缴费的优惠。

一般而言，在俄罗斯工作的外国人大多数属于暂时逗留（временно пребывающие）身份。对于此类身份人员，如果持有的是高级专家签证（высококвалифицированный специалист），则在社保缴纳方面优惠力度比较大，不需要缴纳养老保险、医疗保险和社会保险，只需按一般规定缴纳工伤保险即可。如果持有的是普通工作签证，则需要按照一般规定缴纳养老保险、工伤保险，按照1.8%的优惠费率缴纳社会保险，不需要缴纳医疗保险。同时，中资公司也需要注意，如果公司有已经办理高级专家工作签证的员工，当该员工获得长期居留或暂时居留身份之后，其社保费用的适用法律会相应变化，需要按照暂时居留或者长期居留身份缴纳社保费用，将不再享受高级专家签证持有人的社保缴费优惠。

除了俄罗斯法律规定的上述优惠，根据中俄两国签署的双边条约，属于暂时逗留身份的中国公民在俄罗斯就业还另有“独家优惠”。2000年11月3日在北京签署的《中华人民共和国政府和俄罗斯联邦政府关于中华人民共和国公民在俄罗斯联邦和俄罗斯联邦公民在中华人民共和国的短期劳务协定》第1条和第12条规定，中国公民在俄罗斯就业，而且是和俄罗斯法人订立了劳动合同的，如果属于短期劳务（不超过2年），则其养老保险和失业保险按照劳动者长期居住国（中国）的法律处理。也就是说，持普通工作签证的暂时逗留中国公民，如果符合两国条约规定的前述条件，在俄罗斯不需要缴纳养老保险和医疗保险，只需要按1.8%的优惠费率缴纳社会保险、按一般规定缴纳工伤保险。

需要注意的是，上述“独家优惠”并不适用于中国公司向驻俄罗斯代表处/分公司派员工的情形，因为这些员工的用工单位是中国公司，而不是俄罗斯公司。对于代表处/分公司的属于暂时逗留身份的中国员工,需要按一般规定缴纳养老保险和工伤保险、按1.8%的优惠费率缴纳社会保险、不需要缴纳医疗保险。

#### 2.3.5.4 外国员工终止劳动合同的特殊性

与非俄罗斯公民签订的劳动合同,可以按照法律规定的一般理由终止,但对于与外国公民签订的劳动合同,还可以按照特别理由终止效力。

1. 以一般理由解雇非俄罗斯公民的员工时,用人单位应注意以下事项:

(1)在这种情况下,必须遵守与采用解雇理由相对应的终止劳动合同的法定程序,在劳动关系终止过程中需要完成的文件性手续依然需要履行。

(2)只有在不违反关于外国公民和无国籍人法律地位相关立法的情况下,才能遵守解雇员工的一些保障措施。

(3)除了遵守劳动立法的要求外,终止与非俄罗斯公民劳动关系的用人单位有义务通过向授权机构发送适当的通知来完成行政手续。如果不履行这项义务,要对用人单位处以严重的行政罚款。

2. 与外国公民终止劳动合同的特殊理由:

(1)用人单位获得的文件效力终止:

A. 引入与使用外国员工的许可效力终止;

B. 用人单位与医疗机构签订的关于向外国公民或无国籍人员提供有偿医疗服务的协议效力终止。

但对于部分类型的外国员工,这种理由不能导致劳动合同终止,比如针对不需要签证而入境俄罗斯的外国公民,外国高级专家和其家属,在俄罗斯职业教育机构或者高等教育机构(国家认可的)进行全日制学习的外国公民等。

(2)员工获得的文件效力终止:

A. 工作许可效力终止;

B. 自愿医疗保险合同(保险单)效力终止。

(3)不具备给暂时停留在俄罗斯的外国公民提供劳动条件:

A. 根据《俄罗斯联邦劳动法典》第327.4条第2部分在临时调转日期结束时不能提供给员工原工作;

B. 根据《俄罗斯联邦劳动法典》第327.4条第3部分不能给员工提供临时性调转。

(4)在不同领域的经济主体外国用工比例变化:

减少这一比例将是解雇外国员工的理由,由此,该程序应根据《俄罗斯联邦劳动法典》第327.6条第1部分第9款的规定进行。

(5)根据特殊理由与外国公民解除劳动合同的程序：

根据特殊理由与外国公民解除劳动合同规定在《俄罗斯联邦劳动法典》第327.6条。

除了在与外国公民(无国籍人)终止劳动合同时要满足劳动立法的要求，用人单位还有义务履行一些行政立法方面的要求。比如，用人单位有义务在与非俄罗斯公民的员工终止劳动关系时，通知俄罗斯联邦主体(外国公民从事劳动活动所在地区)的内务部机关。这种通知必须在终止劳动关系之日起3日内进行(《俄罗斯联邦外国公民法律地位法》第13条第8款)。

#### 2.3.5.5 录用外国员工的其他注意事项

按时为外籍员工办理在俄罗斯合法就业生活的各种手续，其中包括俄罗斯法律国情语言考试合格证、工作许可证、工作签证换发、移民登记等，并在相关证件期满前，及时为其办理下一时段的申请文件。

定期对外籍员工进行俄罗斯移民规定等常识性培训，提高外籍员工守法和风险防范意识。

依法向当地移民管理局就外籍员工入境离境等事项及时办理备案登记或注销手续。

### 2.3.6 俄罗斯用人单位违反劳动立法的常见行为

1.公司内部规范性文件的确认没有考虑到工会的意见。

2.员工办理离职的过程中结算没有在离职当天进行。

3.员工的个人卡片记录不符合相应规定。

4.与签署劳动合同有关的违法行为：不签署书面劳动合同；劳动合同缺乏必要条件，缺乏签署固定期限劳动合同的理由等。

5.与劳动报酬规则有关的违法行为：未支付或者未足额支付工资。

6.与劳动保护领域有关的违法行为：没有进行劳动条件的特殊评估；没有进行定期或不定期的体检；没有进行劳动保护领域的培训等。

7.缺少或不正确制作、维护必要人事文件。

# 3. 外商投资的优惠政策

## 3.1　特别投资合同

### 一、特别投资合同 2.0 版简介

根据《俄罗斯联邦工业政策法》第 2.1 章的规定，特别投资合同 2.0 版（SPIC2.0）是俄罗斯促进工业发展的政策工具，由投资者和国家签订，投资者应当按照特定要求投资和生产，而国家应当为投资者提供相应优惠措施，并保证其经营环境的稳定。特别投资合同 2.0 版的一大特点是创新技术的运用，国家通过各项优惠政策吸引大量外资开发创新的解决方案、进行大规模的高科技生产。

（一）允许签订特别投资合同 2.0 版的行业以及主体

俄罗斯联邦工业和贸易部、俄罗斯联邦农业部和俄罗斯联邦能源部下属行业的俄罗斯或外国法人、个体工商户有资格签订特别投资合同 2.0 版。

值得投资者注意的是汽车工业和医药产业，这两个产业都属于俄罗斯政府重点发展的领域。2018 年 4 月，俄罗斯政府出台了《2025 年前汽车工业发展战略》，在刺激汽车消费和促进汽车出口方面为投资者提供了很多支持措施，包括贷款、购车补贴，对出口车辆提供运输、认证、零件适配、在海外建立营销网络等方面的补贴，以及贷款和保险支持等。而在招商引资方面，政府正是希望通过与投资者签署特别投资合同的方式，来推动外商投资大项目的落地。

（二）投资者义务

投资者最主要的义务是研发和运用、或运用俄罗斯政府制定的《旨在签订特别投资合同的现代技术清单》（以下简称《现代技术清单》）中的技术批量生产工业产品。此外，投资者还应当按照合同约定的数额和期限投资项目、保证相关指标的达成（产量、销售量、税款、提供就业岗位）等。

（三）国家提供的优惠

国家应当保证投资者经营环境的稳定，并为投资者提供合同中约定的优惠。在法律规定的前提下，如果在合同签订后出台了对投资者履行合同不利的法律法规，那么此类法律法规对投资者在合同期限内不生效。并且，国家还可以为投资者提供下列优惠：包括零所得税率在内的各类税收优惠；通过简化程序获得行业补贴及其他补贴，并且获得补贴的时间可以超过预算义务期限；通过加速和简化程序获得“俄罗斯制造”地位，从而在获得国有公司采购订单和各类补贴时排在优先顺序；作为国家订单的唯一供应商，从而获得不参与报价直接签订合同的机会；加速折旧；公共工业用地的优惠租赁；由联邦主体建设项目的基础设施；俄罗斯联邦工业发展基金为投资者提供关于特别投资合同 2.0 版的咨询服务；俄罗斯联邦工业发展基金以贷款、担保、出资注册资本、融资租赁等形式提供资金支持等。

（四）签订特别投资合同 2.0 版的时间、合同期限以及签订方式

特别投资合同 2.0 版可以在 2030 年 12 月 31 日前签订。投资者一般通过参加招标获得签订合同的资格。招标可由国家或投资者发起，同时中标的可以有数个投资者。合同期限根据不同投资额而有所不同：如果投资额低于 500 亿卢布，合同最长期限为 15 年；如果投资额高于 500 亿卢布，合同最长期限为 20 年。

（五）可以签订特别投资合同 2.0 版的地区

目前，并不是在俄罗斯所有地区都可以签订特别投资合同 2.0 版。只有在地方法规中为签订特别投资合同的投资者规定了支持措施的俄罗斯联邦主体可以签订特别投资合同 2.0 版，哪怕支持力度很小，例如，税收优惠、稳定条款、分配土地的简易程序以及任何其他激励措施。因此，投资者需要在签订特别投资合同 2.0 版前研究拟投资的联邦主体的法规，如果其法规中未规定相应支持措施，投资者可以与该联邦主体当局谈判，商议在当地法规中加入相应措施，或者选择另一个联邦主体进行投资。

## 二、特别投资合同 2.0 版详细介绍

### (一)特别投资合同 2.0 版的私方和公方

特别投资合同 2.0 版的一方是俄罗斯联邦、联邦主体和自治地区,另一方是投资者。代表俄罗斯联邦签订特别投资合同 2.0 版的是俄罗斯联邦工业和贸易部、俄罗斯联邦能源部或者俄罗斯联邦农业部,这几个部门被授权负责不同工业领域特别投资合同 2.0 版合同的签订,代表俄罗斯联邦主体签订的是其最高官员,代表自治地区签订的是自治地区的首脑。这一点与特别投资合同 1.0 版合同的规则不同,特别投资合同 1.0 版合同只能选择与联邦签署,或者与地方签署,而新规则在全俄罗斯建立起一个统一机制,各级政府包括自治地区都应当同时参与特别投资合同 2.0 版合同的签订。

### (二)不能签订特别投资合同 2.0 版的情况

签订特别投资合同 2.0 版的前提是,作为合同一方的联邦主体在其地方性法规中为签订特别投资合同 2.0 版的投资者规定了支持措施,否则投资者将不能与该联邦主体签订特别投资合同 2.0 版。但是,投资者可以与联邦主体当局谈判,商议在当地法规中加入相应措施,或者选择另一个联邦主体进行投资。此外,下列情况不允许签订特别投资合同 2.0 版:

1. 投资者计划用以生产工业产品的技术不在《现代技术清单》中;

2. 投资项目不符合《俄罗斯联邦工业政策法》或《特别投资合同签订、变更与解除程序》的要求;

3. 由于提供各项支持措施对特别投资合同 2.0 版项目的国家预算支出及预算未收回收入的总额超过投资者的预计投资额。

### (三)国家提供的保障及优惠政策

在特别投资合同 2.0 版期限内,根据联邦法律法规和地方性法规的规定,保证特别投资合同 2.0 版项目投资者经营条件的稳定,按照合同约定为投资者提供支持措施。

1. 保证特别投资合同 2.0 版项目投资者经营条件的稳定

(1)联邦法律法规的稳定

在联邦法律规定的前提下,如果在特别投资合同 2.0 版签订后出台了对投资者履行合同不利的法律法规,对投资者为履行合同而获得的各项权利规定了禁止或限制,那么此类法律法规对投资者在合同期限内不生效(为执行俄罗斯

联邦加入的国际条约通过的联邦法律、规定欧亚经济联盟权利的国际条约和法律除外)。

(2)地方性法规的稳定

联邦主体和自治地区的法规稳定政策,由其各自的法规规定。

俄罗斯联邦、联邦主体、自治地区的法律法规稳定政策自特别投资合同2.0版签订之日起对投资者生效。稳定条款不涉及旨在保护宪法基础、公民的宪法权利,确保国防和国家安全的法律法规。

2. 针对投资者的支持措施

签订特别投资合同2.0版时,应当根据相关法律法规在合同中约定投资者可以享受的支持措施。

主要的支持措施可以是:

(1)包括零所得税率在内的各类税收优惠;

(2)通过简化程序获得行业补贴及其他补贴,并且获得补贴的时间可以超过预算义务期限;

(3)通过加速和简化程序获得"俄罗斯制造"地位,从而在获得国有公司采购订单和各类补贴时排在优先顺序;

(4)作为国家订单的唯一供应商,从而获得不参与报价直接签订合同的机会;

(5)加速折旧;

(6)公共工业用地的优惠租赁;

(7)由联邦主体建设项目的基础设施;

(8)俄罗斯联邦工业发展基金为投资者和联邦执行机构提供关于特别投资合同2.0版的咨询服务;

(9)俄罗斯联邦工业发展基金以贷款、担保、出资注册资本、融资租赁等形式提供资金支持等。

值得注意的是,特别投资合同2.0版对各项支持措施的总投入进行了限制:在特别投资合同2.0版的项目中,如果国家预算支出及国家预算未收回的收入总额超过投资人投资的50%,国家将停止对该项目的各项支持措施。相应的计算方法在《特别投资合同的签订、变更、终止程序》中规定。

3. 国家支持措施简介

(1)税收优惠

税收优惠包括保证税收条件不恶化的税收稳定条款和税率方面的优惠。

从特别投资合同 2.0 版被录入国家工业信息系统的特别投资合同清单起，投资者即获得特别投资合同参与者纳税人地位，并有权享受税收优惠。

符合以下情形的投资者不属于特别投资合同参与者纳税人，不能享受税收优惠：

——使用特殊税制；

——是纳税人合并团体的成员；

——是另一个正在进行的区域投资项目的参与者（或参与者的继承人）；

——是任意类型的特别经济区或社会经济超前发展区的居民；

——是自由经济区的成员和（或）符拉迪沃斯托克自由港的居民。

A. 税收稳定

税收稳定是为了防止企业经营环境恶化，适用于所得税、财产税、交通税和土地税，作用于在特别投资合同 2.0 版签订后生效的对特别投资合同参与者纳税人已享有的税收优惠不利的联邦法律、联邦和地方级法规和规章，包括提高已降低税率的、取消已降低税率的、取消或更改降低税率条件的、取消其他优惠（特殊付款程序和条件，特殊税费计算程序）的规范性文件。

特别投资合同参与者纳税人享受税收稳定的前提是，在特别投资合同 2.0 版中指明提供相关税收优惠的法律依据，即相关法律法规条款。特别投资合同参与者纳税人可以享受税收稳定直至特别投资合同 2.0 版解除或终止之日，或特别投资合同 2.0 版条款规定的相关优惠到期时（二者择一较早日期）。

B. 税率优惠

特别投资合同参与者纳税人有机会获得联邦级和地方级零所得税率的优惠。

地方级税率优惠：俄罗斯联邦主体有权将针对特别投资合同参与者纳税人的地方所得税率降至 0。特别投资合同 1.0 版的此项优惠有期限，即至 2025 年，而特别投资合同 2.0 版取消了这一限制，特别投资合同 2.0 版的优惠税率有效期：从特别投资合同 2.0 版项目产品销售获得第一笔收入时的纳税期间开始，直到解除或终止特别投资合同、或国家预算投入总额超过投资人投资的 50%时的纳税期间为止。

联邦级税率优惠：特别投资合同参与者纳税人有权在享受地方级优惠所得税率期间，享受联邦级零所得税率。

所得税率优惠分两种方式，特别投资合同参与者纳税人根据自身情况进行选择，选择后应当在会计政策中写明，并且在整个特别投资合同 2.0 版有效期内不可改变：

a. 如果特别投资合同项下的产品销售收入占特别投资合同参与者纳税人全部收入的90%或更多，则可以对全部所得税基适用零税率，或者

b. 如果特别投资合同项下的产品销售收入少于特别投资合同参与者纳税人全部收入的90%，则零所得税率适用于特别投资合同项下的产品销售的所得税基（单独核算特别投资合同2.0版项目的收支和其他项目收支）。

俄罗斯联邦主体和自治地区还可以提供交通税、财产税、土地税优惠。

（2）行业补贴及其他补贴

特别投资合同2.0版规定可以通过简化程序获得行业补贴，并且，提供补贴的期限可以超过预算义务期限，即超过1年。

（3）以加速和简化程序获得"俄罗斯制造"地位

自签订特别投资合同2.0版之日起，就可以获得"俄罗斯制造"的地位。同时，投资者应当根据关于本地化的法律规定（2015年7月17日第719号联邦政府法规《关于确认俄罗斯联邦的工业生产》等），在3年内分阶段完成技术和生产运营。

（4）作为国家订单的唯一的供应商

条件：投资额超过30亿卢布；产品原产国是俄罗斯；产品的生产由法人完成。

（5）加速折旧

特别投资合同2.0版项目生产的、且在折旧资产分类中属于第1—7类的固定资产适用加速折旧（系数不超过2）。在特别投资合同2.0版项目中生产可折旧固定资产的投资者，有权向其产品的购买者签发加速折旧证书。

获得加速折旧证书的条件：

可折旧资产是特别投资合同2.0版中规定的工业产品，可折旧资产是在特别投资合同2.0版期限内生产的。

（6）公共工业用地的优惠租赁

可不经招标租赁作为国有和市政财产的土地。

### （四）私人投资者承担的义务

与特别投资合同1.0版相比，特别投资合同2.0版的一大特点是将目标转向了创新技术的运用。因此，签订特别投资合同2.0版的投资者有义务研发和运用、或运用俄罗斯政府制定的《现代技术清单》中的技术进行工业产品的批量生产。

投资者主要履行以下义务：

1. 按照特别投资合同2.0版规定的数额和期限投资项目；

2. 研发《现代技术清单》中的技术并以该技术为基础批量生产工业产品，或者获得《现代技术清单》中的技术所包含的智力活动成果的专有权或使用权，并运用该技术批量生产工业产品；

3. 确保在订立特别投资合同 2.0 版之日或在合同规定的日期，具有《现代技术清单》中的技术所包含的智力活动成果的专有权或使用权（拥有这些权利的目的在于以该技术为基础批量生产工业产品）；

4. 保证有权以《现代技术清单》中的技术所包含的智力活动成果（投资者得到其使用权的）为基础创造自己的智力活动成果，并且有权获得其创造出的智力活动成果的专利（如果必须将投资者的这项义务加入特别投资合同中）；

5. 在俄罗斯、俄罗斯专属经济区按照自己投标申请或签订特别投资合同提议中规定的产量，进行合同中规定的以现代技术为基础的工业产品的生产；

6. 保证达到特别投资合同 2.0 版中约定的指标：达到一定生产量和销售量、支付一定数量的税款和其他费用、创造一定数量的就业机会；

7. 若投资者在特别投资合同 2.0 版项目外有其他收入，应当对特别投资合同 2.0 版的项目单独进行收支记录，包括特别投资合同项目下获得的财产和产权。

俄罗斯联邦工业和贸易部、俄罗斯联邦能源部或者俄罗斯联邦农业部以及各联邦主体国家权力机关对投资者是否履行合同义务进行检查，包括文件检查和现场检查，每年向政府报告检查结果。

### （五）投资额

特别投资合同 2.0 版取消了对最低投资额的要求。

### （六）特别投资合同 2.0 版签订流程

特别投资合同 2.0 版的签订资格一般通过公开或非公开招标获得，招标可由投资者或国家（俄罗斯联邦或俄罗斯联邦、联邦主体、自治地区共同）发起，同时中标的可以有数个投资者，涉及保障国防和国家安全的军用、特殊用或双重用途的技术的项目进行非公开招标。特别委员会在选择项目时考量的因素是，从签订特别投资合同 2.0 版到运用现代技术生产出第一批工业产品的期限、合同期限内的工业生产量、运用现代技术生产的本地化水平。在总统亲自决定的情况下，或只有一位投资者参加招标的情况下，特别投资合同 2.0 版可以不通过招标签订。

1. 投资者发起招标的情况

投资者应当先确认为了批量生产工业产品而拟研发和运用、或运用的技术被纳入俄罗斯政府制定的《现代技术清单》,如果未被纳入,应当先申请将其纳入。之后,研究拟投资的联邦主体的法规,如果其法规中未规定针对签订特别投资合同2.0版的投资者的支持措施,投资者可以与该联邦主体当局谈判,商议在当地法规中加入相应措施,或者选择另一个联邦主体进行投资。选好拟投资的联邦主体或自治地区后,联系相关联邦主体和自治地区,商定好工业生产地点。之后,投资者根据其产品所属工业领域,向负责签订特别投资合同的联邦部门发送签订特别投资合同2.0版的提议,提议中应当写明与联邦主体和自治地区商定好的工业生产地点,还可以写明在项目实施过程中投资者应当运用于批量生产的技术专有权属于俄罗斯联邦的智力活动成果。投资者的提议由负责签订特别投资合同的联邦部门决定是否通过,若投资者的提议被拒绝,投资者可在收到拒绝决定之日起3个月内上诉。

2. 国家发起招标的情况

由联邦或联邦、联邦主体、自治地区一起发起招标时,在关于招标的文件中会规定投资者在项目实施过程中应当批量生产的工业产品的类型,文件中还可以规定在项目实施过程中投资者应当运用于批量生产的技术专有权属于俄罗斯联邦的智力活动成果。在联邦、联邦主体、自治地区一起发起招标时,在关于招标的文件中还会指明生产场地。在联邦发起招标时,签订特别投资合同2.0版之前,投资者必须联系拟在其领土上进行生产的联邦主体和自治地区,以商定工业生产地点,并将协商结果在投标申请中写明。

3. 投资者发起招标时签订特别投资合同2.0版的流程

特别投资合同2.0版的签订过程以及整个合同项目的执行(包括合同的变更、解除和控制)都将通过俄罗斯国家工业信息系统(ГИСП)完全以电子方式进行。这种变化不仅将使特别投资合同2.0版的签订全程自动化,而且将形成一套统一文件,大大简化特别投资合同2.0版发起者与参与者的申请过程。

第1步是将技术纳入《现代技术清单》:

投资者向俄罗斯联邦工业和贸易部申请将用于生产的技术纳入《现代技术清单》,在申请书中对技术进行描述;

俄罗斯联邦工业和贸易部将申请提交鉴定机构鉴定;

俄罗斯联邦工业和贸易部作出将技术纳入《现代技术清单》的决定并进行公开讨论;

俄罗斯联邦政府批准《现代技术清单》(清单每年更新4次,删除旧技术);

评判"现代技术"的标准:市场前景、以此技术为基础批量生产的产品在世界级工业产品中的竞争力、技术可以进行符合现代生产实践和标准的生产、减少对环境的不利影响、技术的资源和能源效率。

第 2 步是研究拟投资联邦主体的法规：

投资者需要研究拟投资的联邦主体的法规，如果其法规中未规定针对签订特别投资合同 2.0 版的投资者的支持措施，投资者可以与该联邦主体当局谈判，商议在当地法规中加入相应措施，或者选择另一个联邦主体进行投资。

第 3 步是与联邦主体和自治地区商定生产地点。

第 4 步是提交签订特别投资合同 2.0 版的提议：

投资者根据产品所属工业领域，向负责签订特别投资合同的联邦部门提交签订特别投资合同 2.0 版的提议，提议中应当写明与联邦主体和自治地区商定好的工业生产地点，还可以写明在项目实施过程中投资者应当运用于批量生产的技术专有权属于俄罗斯联邦的智力活动成果。负责签订特别投资合同的联邦部门决定提议是否通过，并且必须在收到投资者来函之日起 10 个工作日内完成审理。若投资者的提议被拒绝，可在收到拒绝决定之日起 3 个月内上诉。

第 5 步是提交竞标申请：

提议被通过后，投资者通过国家工业信息系统提交参与招标的申请。

参加招标的投资者准备以下文件，并使用电子签名：

（1）研发和运用、或运用现代技术并进行工业产品批量生产的行动计划（格式见俄罗斯联邦工业发展基金官方指南）；

（2）商业计划；

（3）财务模型；

（4）计划投资时间表；

（5）证明投资者投资可能性的文件；

（6）本地化生产时间表等。

收集申请的期限为 35—45 个工作日，以便其他潜在投资者也可以为招标过程做准备。所有申请均进行形式审查，并进行风险评估和项目执行的可能性评估。此外，还将进行专家现场评审，以确保拟生产场地满足必要条件。最终，由特别委员会选定检查结果最佳的项目。

第 6 步是招标获胜者签订特别投资合同 2.0 版。

### （七）双方违约责任

如果国家不向投资者提供特别投资合同 2.0 版中约定的支持措施，投资者有权诉诸法院解除特别投资合同 2.0 版，并要求按照特别投资合同 2.0 版规定的程序赔偿由此造成的实际损失；如果国家没有保证特别投资合同2.0版项目投资者经营条件的稳定，国家应当按照特别投资合同2.0版的规定赔偿投资者由此造成的实际损失。

如果投资者未按照合同约定的投资额进行投资，但是实际投资额超过合同约定的50%，或者未履行上文中投资者义务的第5、6、7项，投资者应当按照特别投资合同的规定缴纳罚款；如果投资者的实际投资额不到合同约定的50%，或者未履行上文中投资者义务的第2、3项，国家有权不通过法院拒绝履行特别的投资合同，并要求投资者赔偿实际损失。投资者的责任以特别投资合同2.0版中规定的鼓励措施总金额为限。

除非特别投资合同2.0版的条款另有规定，如果外国、外国组织对俄罗斯、俄罗斯居民施加贸易、海关制裁（或者俄罗斯对外国）导致合同任意一方无法履行特别投资合同规定的义务，那么可以向法院要求提前解除合同并且不承担责任。

### （八）特别投资合同2.0版的特点及与特别投资合同1.0版的不同

#### 1. 重视创新

与特别投资合同1.0版相比，特别投资合同2.0版的一大特点是将目标转向了创新技术的运用。因此，签订特别投资合同2.0版的投资者有义务研发和运用、或运用俄罗斯政府制定的《现代技术清单》中的技术进行工业产品的批量生产。

由投资者发起签订时，投资者需要先申请将技术纳入《现代技术清单》，再进行之后的竞标等程序；由国家发起签订时，国家可以在关于招标的文件中规定在项目实施过程中投资者应当运用于批量生产的专有权属于俄罗斯联邦的智力活动成果。

因为运用现代技术的最终结果应当是生产某种产品，所以《现代技术清单》将与按经济活动划分的全俄产品分类手册（OKПД）绑定在一起。《现代技术清单》中的技术按照所属工业领域受俄罗斯联邦工业和贸易部、能源部、农业部之一监管。清单每年更新4次，删除旧技术。

#### 2. 投资额要求

特别投资合同1.0版要求最低投资额为7.5亿卢布（不含增值税），而特别投资合同2.0版取消了对投资额的要求。

#### 3. 合同期限

无论投资额是多少，特别投资合同1.0版的期限都被限制为10年。而2.0版的合同期限按照不同的投资额有所不同：如果投资额低于500亿卢布，合同最长期限为 15 年;如果投资额高于 500 亿卢布,合同最长期限为 20 年。

此外,特别投资合同 2.0 版新增一项规定,如果在签订特别投资合同 2.0 版之日投资者受到外国或外国组织的单方面制裁,俄罗斯政府可决定将特别投资合同 2.0 版期限延长覆盖整个受制裁期。

4. 发起人

特别投资合同 1.0 版的签订只能由投资者发起,而特别投资合同 2.0 版的签订除了可以由投资者发起外,还可以由国家(俄罗斯联邦或俄罗斯联邦、联邦主体、自治地区共同)发起。

5. 签订方式

特别投资合同 1.0 版通过简单的申请程序签订,而特别投资合同 2.0 版则通过招标的方式签订。特别投资合同 2.0 版的签订基于公开或非公开的招标结果,涉及保障国防和国家安全的军用、特殊用或双重用途的技术的项目采用非公开招标的方式。中标的投资者获得签订特别投资合同 2.0 版的权利,同时中标的可以有数个投资者。招标可由投资者或国家(俄罗斯联邦或俄罗斯联邦、联邦主体、自治地区共同)发起。特别委员会在选择项目时考量的因素是,从签订特别投资合同 2.0 版到运用现代技术生产出第一批工业产品的期限、合同期限内的工业生产量、运用现代技术生产的本地化水平。

6. 电子化

特别投资合同 2.0 版的签订过程以及整个合同项目的执行(包括合同的变更、解除和控制)都将通过俄罗斯国家工业信息系统(ГИСП)完全以电子方式进行。这种变化不仅将使特别投资合同 2.0 版的签订全程自动化,而且将形成一套统一文件,大大简化特别投资合同 2.0 版发起者与参与者的申请过程。

7. 俄罗斯联邦主体和自治地区的参与

特别投资合同 1.0 版与特别投资合同 2.0 版代表国家方面签订的主体有所不同。特别投资合同 1.0 版规则下投资者只能选择与联邦签署,或者与地方签署,而特别投资合同 2.0 版的新规则在全俄罗斯建立起一个统一机制,俄罗斯联邦、联邦主体和自治地区都应当同时参与特别投资合同 2.0 版的签订。代表俄罗斯联邦签订特别投资合同 2.0 版的是俄罗斯联邦工业和贸易部、俄罗斯联邦能源部或者俄罗斯联邦农业部,这几个部门被授权负责不同工业领域特别投资合同 2.0 版的签订,代表俄罗斯联邦主体签订的是其最高官员、代表自治地区签订的是自治地区的领导。

值得注意的是特别投资合同 2.0 版的签订前提,只有在俄罗斯联邦主体的法规中规定为签订特别投资合同的投资者提供支持的情况下(哪怕支持力度很小,例如,税收优惠、稳定条款、分配土地的简易程序以及任何其他激励措施),投资者才能与其签订特别投资合同2.0版。因此,投资者需要在签订特别投资合同2.0版前研究拟投资的联邦主体的法规,如果其法规中未规定相应支持措施,投资者可以与该联邦主体当局谈判,商议在当地法规中加入相应措施,或者选择另一个联邦主体进行投资。

8. 提供支持措施的条件

值得注意的是,特别投资合同2.0版对各项支持措施的总投入进行了限制:在特别投资合同2.0版的项目中,如果国家预算支出及国家预算未收回的收入总额超过投资人投资的50%,国家将停止对该项目的各项支持措施。相应的计算方法在《特别投资合同的签订、变更、终止程序》中规定,该文件目前还在审理阶段。

9. 税务优惠方面的相应改变

A. 不满足"90%标准"的签订了特别投资合同的投资者现在也有机会享受零所得税率的优惠

特别投资合同1.0版规则下,零所得税率仅适用于特别投资合同项下的收入超过投资者全部收入90%的情况。而根据特别投资合同2.0版的规定,不满足"90%标准"的特别投资合同参与者纳税人也有机会享受零所得税率的优惠,并且2017年1月1日之后签订的特别投资合同1.0版的不满足"90%标准"的投资者也开始有机会享受零所得税率的优惠。

特别投资合同2.0版规则下的所得税率优惠分两种方式,特别投资合同参与者纳税人根据自身情况进行选择,选择后应当在会计政策中写明,并且在整个特别投资合同2.0版有效期内不可改变:

a. 如果特别投资合同项2.0版下的产品销售收入占特别投资合同参与者纳税人全部收入的90%或更多,则可以对全部所得税基适用零税率,或者

b. 如果特别投资合同2.0版项下的产品销售收入少于特别投资合同参与者纳税人全部收入的90%,则零所得税率适用于特别投资合同项下的产品销售的所得税基(单独核算特别投资合同2.0版项目的收支和其他项目收支)。

B. 取消了所得税率优惠的期限

俄罗斯联邦主体有权将针对特别投资合同参与者纳税人的地方所得税率降至0。特别投资合同1.0版的此项优惠有期限,即至2025年,而特别投资合同2.0版取消了这一限制,特别投资合同2.0版的优惠税率有效期是,从特别

投资合同 2.0 版项目产品销售获得第一笔收入时的纳税期间开始，直到解除或终止特别投资合同、或国家预算投入总额超过投资人投资的 50%时的纳税期间为止。

C. 税收稳定条款针对的税种有所变动

之前，特别投资合同 1.0 版的税收稳定条款还作用于提高已降低保险费率的、取消已降低保险费率的法律法规，而特别投资合同 2.0 版取消了对保险费率的稳定条款。特别投资合同 2.0 版稳定条款作用于在特别投资合同 2.0 版签订后生效的对特别投资合同参与者纳税人已享有的税收优惠不利的联邦法律、联邦和地方级法规和规章，包括提高已降低税率的、取消已降低税率的、取消或更改降低税率条件的、取消其他优惠（特殊付款程序和条件，特殊税费计算程序）的规范性文件。

D. 区域投资项目和特别投资合同的单独管理

新规则下，对区域投资项目和特别投资合同施行单独监管。《俄罗斯联邦税法典》中加入了“特别投资合同参与者纳税人”的单独章节和“针对特别投资合同参与者纳税人税率的特殊性“的单独条款。并且，如果投资者同时是另一个正在进行的区域投资项目的参与者（或参与者的继承人），是没有权利在特别投资合同框架下享受税收优惠的。

10. 国家预算支持的相应改变

按照特别投资合同 2.0 版的约定，为了保证对合同项目生产产品的需求，在采购国家和市政需求的商品和服务时，以及某些类型的法人在进行此类采购时，可以在特别投资合同 2.0 版中采用长期预算义务。还有一项重要修正是提供补贴的期限可以超过预算义务期限，即超过 1 年。

在特别投资合同 2.0 版机制下，联邦、联邦主体、自治地区有权单方面不通过司法程序拒绝履行合同，比如国家预算投入超过投资人投资的 50%的情况。

（九）特别投资合同 1.0 版到特别投资合同 2.0 版的过渡期

法律规定了过渡期：当特别投资合同 2.0 版启动时，特别投资合同 1.0 版将继续以有限的形式存在。

1.《俄罗斯联邦工业政策法》方面

特别投资合同 1.0 版将继续执行并且与特别投资合同 2.0 版一起登记在国家工业信息系统的特别投资合同清单中。

特别投资合同 1.0 版的变更和终止将在《俄罗斯联邦工业政策法》的规定内按照旧规则进行（旧规则指：2015 年 7 月 16 日第 708 号俄罗斯联邦政府法规

《关于个别工业领域的特殊投资合同》)。

在法律修正之前签订的地区级特别投资合同将继续按照其条款执行。

新的特别投资合同将仅按照特别投资合同2.0版的制度签订。

2.《俄罗斯联邦税法典》方面

《俄罗斯联邦税法典》中的修正除个别条款外于2019年9月2日生效。

新的税收优惠起点是2020年1月1日:2020年1月1日起,旧的所得税率终止,特别投资合同项下收入少于其总收入90%的参与者纳税人可以开始选择采用单独核算特别投资合同项目的收支和其他项目收支的方法,来获得特别投资合同项下产品销售的所得税基零税率的优惠(仅限2017年1月1日之后签订的特别投资合同1.0版和特别投资合同2.0版,并且合同中应当规定了所得税率优惠)。对于特别投资合同1.0版来说,选择并在会计政策中规定所选择的优惠方式后,可以从下一个税期开始采用单独的会计核算以获得所得税优惠。

在2020年1月1日之前签订的地区级特别投资合同的税收优惠在该特别投资合同结束之前一直有效。

## 3.2　特许权协议与公私合营

### 一、公私合作

政府和社会资本合作(以下简称公私合作)是政府鼓励社会资本方(以下简称私人投资者)参与建设基础设施和公共服务项目的一种模式。政府采用竞争性方式选择私人投资者,双方订立协议明确各自的权利和义务。私人投资者负责项目的投资、建设、改造,一般情况下私人投资者还负责项目建成后的运营,并通过使用者付费、政府付费、政府提供补助等方式获得合理收益。

### 二、在俄罗斯参与公私合作的方式

根据俄罗斯法律规定,俄罗斯政府与私人投资者通过签订特许权协议或公私合作协议开展合作(公私合作协议分为俄罗斯联邦国家—私人合作协议、自治地区—私人合作协议)。特许权协议与公私合作协议是两个独立的制度,签订与执行由不同的法律法规规定,私人投资者可以根据自身需要选择签订特许权协议或者公私合作协议。

## 三、特许权协议

特许权协议由2005年7月21日第115号联邦法律《特许权协议法》、其他联邦法律法规和地方性法规规定。《特许权协议法》本质上是现代俄罗斯规范公私合作关系的第一部法律。根据《特许权协议法》,特许权受让方(私人投资者)应全部或部分自筹资金建设和(或)改造协议所指的不动产(以下简称项目客体),并且负责项目客体建成后的运营。特许权出让方(政府)应当在协议规定期限内,向特许权受让方提供进行上述活动所需的特许权协议项目客体的占有权和使用权。特许权协议项目客体的所有权一直属于特许权出让方。

## 四、公私合作协议

为进一步吸引投资、提高经济发展水平,2015年7月13日俄罗斯国家杜马通过了第224号联邦法律《俄罗斯联邦国家—私人合作、自治地区—私人合作和俄罗斯联邦特定法规修订联邦法》(以下简称《公私合作法》),公私合作协议由《公私合作法》、其他联邦法律法规和地方性法规规定。相较于《特许权协议法》,《公私合作法》的创新之处在于允许公共基础设施,即项目客体的所有权归私人投资者所有。公私合作协议的私方合作伙伴应当全部或部分自筹资金建设和(或)改造协议项目客体,公方合作伙伴则应在协议规定期限内,向私方合作伙伴提供进行上述活动所需的协议项目客体的占有权和使用权,并且在符合《公私合作法》规定和协议约定的条件下,确保私方合作伙伴获得对项目客体的所有权。与特许权协议不同,公私合作协议项目客体建成后的运营可以依据协议约定,由私方合作伙伴或者公方合作伙伴负责。

## 五、俄罗斯公私合作制度的特点与优势

(1)通过长期协议与公方开展合作:公私合作协议的法定最短期限是3年。特许权协议没有法定最短期限,据俄罗斯联邦经济发展部公布的材料,在俄罗斯特许权协议的平均期限为13年;

(2)进入一般由国家经营的领域;

(3)有机会获得公方资助和额外担保,包括约定最低收益;

(4)与公方分担风险;

(5)由私方发起签订协议的情况下,私方有机会自主制定项目结构并提出协议草案,缩短协议期限;

(6)通过提供额外的有偿服务以及在建设、运营阶段使用各种降低成本的方式来增加项目收入；

(7)在公私合作协议下，私方合作伙伴有机会不通过招标获租实施协议约定活动所必需的土地、林地、水体、矿产地。

### 六、特许权协议与公私合作协议对比介绍

作为规范公私合作的制度，特许权协议和公私合作协议有相似之处，也存在许多不同。比如，两种协议涉及的项目领域有所不同、对私方签订者的资格要求不同、项目客体所有权归属不同、项目建成后的后续运营义务分配也不同等。

## 3.3 保护和鼓励投资协议

2020 年 4 月 1 日第 69 号联邦法律《保护和鼓励在俄罗斯联邦投资法》在国家和企业之间引入了新的投资合作形式——保护和鼓励投资协议。

在 2030 年之前，私人投资者可以与国家签订保护和鼓励投资协议，保护和鼓励投资协议为私人投资者提供一系列优惠措施。保护和鼓励投资协议可以针对新的投资项目签署，也可以针对 2018 年 5 月 7 日之后决定实施，且投资总额于 2020 年 4 月 1 日之前确定的投资项目签署。

### 一、允许签订保护和鼓励投资协议的投资项目

(一)行业

保护和鼓励投资协议约定在俄罗斯经济领域实施投资项目，但下列领域和活动除外：

1. 赌博业；

2. 烟草制品、酒类制品、某些种类液体燃料的生产；

3. 原油和天然气，包括伴生石油气开采(该限制不适用于液化天然气的投资项目)；

4. 批发和零售贸易；

5. 由俄罗斯联邦中央银行监督的金融机构的活动(该限制不适用于为投资项目融资而发行证券的情况)；

6. 建设、重建行政商业中心、购物中心(航空站除外)、公寓楼、住宅楼(根据

领土综合开发协议建设的除外），或对其进行现代化改造。

（二）投资项目内容

投资项目内容为以下任意一项：

1. 建造新的不动产以及日后的运营；

2. 对旧的不动产进行现代化、改造以及日后的运营；

3. 创造和使用智力活动的成果、个人化手段，从而营利或达到另一种有益的效果，包括防止或尽量减少对环境的负面影响。

（三）投资门槛

1. 地方级协议（代表国家签订协议的为俄罗斯联邦主体）：

（1）莫斯科、圣彼得堡：投资额不低于2亿卢布；

（2）其他联邦主体：投资额不低于2亿卢布，不超过10亿卢布。

2. 联邦级协议（代表国家签订协议的为俄罗斯联邦主体以及俄罗斯联邦）：

（1）在医疗、教育、文化和体育领域的投资项目，以及领土综合开发协议项下的公寓楼和住宅楼建设项目，私人投资者的投资额不少于2.5亿卢布；

（2）数字经济、环保、农业、食品和加工行业、旅游业的投资项目，私人投资者的投资额不少于5亿卢布；

（3）在制造业、航空站、城市和郊区公共交通、运输和物流中心的投资项目，私人投资者的投资额不少于15亿卢布；

（4）其他经济部门的投资项目，私人投资者的投资额不少于50亿卢布。

上述投资额是私人投资者以自有资金而非借贷资金的投入。

## 二、协议双方

（1）国家方面

项目所在的俄罗斯联邦主体（地方级协议）。

项目所在的俄罗斯联邦主体及俄罗斯联邦（联邦级协议）。

如果自治地区提供优惠政策，那么自治地区也可参与签订地方级协议或联邦级协议，但不能单独作为合同一方。

（2）私人方面

实施项目的俄罗斯法人，也可以是专门为了投资项目设立的俄罗斯法人。

## 三、投资者可以获得哪些优惠

（一）稳定条款

如果与签订保护与鼓励投资协议时比，法律法规的规定更加不利于私人投资者为执行协议项下投资项目而进行商业或其他活动，那么这样的法律法规对私人投资者在一段时间内不生效。在税法领域，只要法律法规与签订保护与鼓励投资协议时比有所改变，无论对私人投资者有利或不利，都对私人投资者在一段时间内不生效。

1. 不利于私人投资者的规定指：

（1）增加实施投资项目所需程序的时间、数量；

（2）提高为实施投资项目而向私人投资者收取的费用金额；

（3）对投资项目的实施条件提出额外要求，包括要求提供额外文件；

（4）设定阻碍投资项目实施的额外禁止性规定。

2. 适用稳定条款的法律法规及时间。

（1）税收领域保护和鼓励投资协议签署后生效的涉及下列税种的法律法规：

A. 财产税（联邦级协议、地方级协议）；

B. 交通税（联邦级协议、地方级协议）；

C. 土地税（必须有自治地方参与的联邦级协议和地方级协议）；

D. 利润税（联邦级协议）；

E. 增值税（联邦级协议）；

F. 新征收的税（联邦级协议）。

（2）其他领域的法律法规：

A. 涉及出口关税税率（仅投资额超过 100 亿卢布的联邦级协议可约定，在协议约定的期间内不对私人投资者生效）；

B. 涉及土地（在法令生效时起 3 年内且在保护和鼓励投资协议有效期内不对私人投资者生效）；

C. 涉及城市建设（在法令生效时起 3 年内且在保护和鼓励投资协议有效期内不对私人投资者生效）；

D. 涉及不动产开发（在法令生效时起 3 年内且在保护和鼓励投资协议有效期内不对私人投资者生效）；

E. 涉及污染环境的收费、水体使用费、报废税、环境保护费（仅投资额超过 100 亿卢布的联邦级协议可约定，在法令生效时起 3 年内且在保护和鼓励投资协议有效期内不对私人投资者生效）；

F. 涉及森林资源开采费、林区租赁费（开采资源）（仅投资额超过 100 亿卢布的联邦级协议可约定，在法令生效时起 3 年内且在保护和鼓励投资协议有效期内不对私人投资者生效）。

（3）涉及国家支持的法令：

对已生效的关于提供国家支持的决定进行修改并对国家支持措施的期限、范围进行修改的法令（在协议约定的期限内不对私人投资者生效，该期限等于提供国家支持的期限）。

（4）稳定条款期限：

A. 税法稳定条款：

在保护和鼓励投资协议签署后法律法规的生效时起至下列期限中较早的期限：

a. 一般规定中的期限；

b. 保护和鼓励投资协议解除登记时。

B. 一般规定：

稳定条款期限自保护和鼓励投资协议签订时起并不能超过：

a. 6 年——对投资额不超过 50 亿卢布的投资项目，农业、食品和加工业、教育、健康领域的项目除外；

b. 10 年——对投资额不超过 50 亿卢布的农业、食品和加工业、教育、健康领域的项目；

c. 15 年——对投资额 50 亿以上 100 亿卢布以下的投资项目；

d. 20 年——对投资额 100 亿卢布以上的投资项目。

C. 国家支持稳定条款：

按照补贴类型等不同情况，最高为 5—11 年。

### （二）国家支持——对建立、升级实施项目所需基础设施的费用进行补偿

1. 补偿费用种类

（1）实施投资项目所需的支持性或辅助性基础设施的建设、改造、现代化，包括改造国有、自治地方所有、垄断主体和政府定价组织所有的基础设施的花费，相关贷款借款等利息（垄断主体和政府定价组织所有的基础设施除外）。

（2）在投资项目实施阶段为建设、改建、现代化不动产，创作智力活动成果，获个人化手段借款贷款等支付的利息，条件是对该部分花费没有提供其他国家支持。

(3)一些新技术的科研、开发活动。

(4)一些拆除军营设施的活动。

(5)交通、能源、公用事业、社会和数字基础设施。予以补偿的基础设施详细类型清单由2020年12月14日第8251号俄罗斯联邦经济发展部命令批准。同时,为了获得补偿,私人投资者及相关基础设施还应符合《保护和鼓励在俄罗斯联邦投资法》第15条第7款、2020年10月3日第1599号俄罗斯联邦政府令规定的条件。

2. 补偿形式

根据俄罗斯联邦预算法通过补偿形式发放,或者通过俄罗斯联邦税法规定的其他形式发放。私人投资者可以选择。

3. 补偿数额

按照补偿费用类别、基础设施所有权归属、基础设施使用等情况的不同,能够补偿的数额分为最高20%、25%、50%、100%四个档次。同时,补偿限额不得超过私人投资者向协议国家一方预算支付的与项目有关的强制性付款数额,即支付进各级别预算的税费。

4. 补偿期限

按照补偿费用类别、基础设施所有权归属等情况的不同,补偿期限分为最高5年、最高10年两个档次,如果私方在实施项目时与中小企业进行合作,补偿期限可达最高6年、最高11年两个档次。

5. 补偿程序

在协议签订阶段,申请者提交关于希望被补偿的基础设施的信息,以供审查是否可以向其提供补偿。补偿将不早于2023年1月1日开始。

6. 接受补偿后的限制

接受补偿的基础设施自补偿之日起10年内,不得通过买卖或其他有偿交易转让,也不能租赁给垄断主体、政府定价组织或其他第三方。

(三)相关协议

下列合同,如果被认定为旨在协助投资项目实施,且被录入保护和投资协议登记簿中,即为相关协议:

1. 补贴协议,根据俄罗斯联邦预算法签订的预算投资协议;

2. 部分以优惠利率向私人投资者提供贷款的贷款协议;

3. 私人投资者与垄断主体、政府定价组织之间的包含指定条件的协议(包括能源供应合同、供热合同、供气合同、公共事业服务合同、固体废物管理服务合同）。

私人投资者可以在申请签订保护和投资协议时，同时申请相关协议的认定。保护和投资协议中应当约定，如果公共法律组织违反相关协议中的某些条款，应当在《保护和鼓励在俄罗斯联邦投资法》第 12 条规定的范围和条件下，赔偿实施项目组织的实际损失。如果保护和投资协议因任何原因失去效力，那么各方在相关协议下的权利和义务依然不终止。

（四）投资项目财务指标稳定

保护和鼓励投资协议中可以约定俄罗斯联邦和俄罗斯联邦主体在实施其他投资项目（以下简称公共投资项目）时不允许恶化保护和鼓励投资协议项下投资项目的财务指标，但必须满足以下条件：

1. 保护和鼓励投资协议中约定私人投资者投入自有资金以及通过其他渠道融资的总数额不少于 3000 亿卢布；

2. 公共投资项目以及保护和鼓励投资协议项下投资项目的主要内容是建立交通基础设施；

3. 公共投资项目规定，建设的交通基础设施应转为国家所有。

（五）保证最低收入

在俄罗斯联邦政府确定的情况和程序下，可以向私人投资者提供国家支持措施，以确保保护和鼓励投资协议项下投资项目的最低回报率。

（六）其他国家支持

私人投资者还可以被提供《保护和鼓励在俄罗斯联邦投资法》第 15 条没有列明的支持措施，支持数额除了应当满足第 15 条第 1 款规定的数额外，也不应当超过对投资项目投入资金的总额。

## 四、签订程序

保护和鼓励投资协议可以由国家发起签订，也可以由私人投资者发起签订。2022 年 6 月 1 日前，可以提交纸质材料，也可以通过“国家投资信息系统”（государственная информационная система “Капиталовложения”）提交电子版材料，2022 年 6 月 1 日后，只能通过系统提交电子版材料。

（一）私人投资者发起签订

私人投资者向拟实施项目所在地的联邦主体最高国家权力执行机关授权的国家权力机关提交申请表及相关文件材料（见《保护和鼓励在俄罗斯联邦投

资法》第 7 条)，如果俄罗斯联邦也将作为协议一方，那么同时提交给俄罗斯联邦经济发展部。地方级协议签订申请由拟实施项目所在地的联邦主体最高国家权力执行机关授权的国家权力机关审理，联邦级协议签订申请还应当由俄罗斯联邦经济发展部、投资发展局参与审理。在某些情况下，联邦税务局、联邦海关署也参与审理过程。

审理内容：提交的材料以及协议草案是否完整且符合法律法规的要求、申请人是否适格、项目内容和项目所在经济领域是否符合法律规定、投资额是否符合法律规定、是否提交虚假信息等。

如果私人投资者发起签订，无须经过任何招标或其他竞选程序，只要符合联邦法律和申请程序的要求，国家应当与每个提交申请的投资者签订保护和鼓励投资协议。

(二)国家发起签订

俄罗斯联邦经济发展部和联邦主体国家权力执行机关在“国家投资信息系统”上发布拟签订协议的申明，其中包括拟签订协议的国家方、拟提供的各种优惠措施及提供条件、投资项目描述、项目指标目标、最低投资额等信息。拟签订的私人投资者将通过招标获得签订资格，地方级协议的招标规则由《保护和鼓励在俄罗斯联邦投资法》及联邦政府制定的法令规定，联邦级协议的招标规则由《保护和鼓励在俄罗斯联邦投资法》及联邦主体国家权力机关制定的法令规定。私人投资者按照招标条件的规定提交材料。最终将由投资额最高、需要的国家支持最低、能在最短的时间以最高的效率完成投资项目的私人投资者中标。

## 五、设立投资协议登记簿

如果投资新项目，并且国家承诺提供包括财政支持在内的支持，则这些支持措施将写在投资协议中，国家有责任在整个投资项目实施时期保留并实施这些支持措施。所有投资协议由俄罗斯联邦国库以电子形式登记在保护和鼓励投资协议登记簿，以确保不改变在投资协议框架内作出的所有支持决定。

## 六、违约责任

如果国家违约，可能面临赔偿损失的违约责任。如果私人投资者违约，可能面临退还在项目实施过程中收到的补充支持、赔偿损失的违约责任。

## 3.4 产品分成协议

1995 年 12 月 30 日第 225 号《俄罗斯联邦产品分成协议法》规定，产品分成协议由俄罗斯联邦与投资者签订，俄罗斯联邦有偿授权投资者在协议指定矿区和期限内勘探、开采矿产资源，投资者自担费用、自负风险，开采出的矿产品由国家与投资者按协议规定的产品分成条件和程序分成。

### 一、协议双方

俄罗斯联邦——以联邦政府为代表，或以其授权的机关为代表。

投资者——法人和以合作协议为基础的法人联合体。俄罗斯联邦政府将在签约权拍卖条件中确定参与协议履行的俄罗斯法人的比例。

### 二、协议期限

产品分成协议期限由双方根据协议签订之日有效的俄罗斯联邦立法确定。在一定条件下投资者可以申请延长协议期限。

### 三、获得签约权

投资者可通过拍卖的方式取得产品分成协议的签约权，拍卖中出价最高者获得签约权。

### 四、投资者的主要义务

(1)按照协议约定的计划、方案、预算等勘探、开采矿产资源，可以引入第三方承担部分工作；

(2)俄罗斯员工数不少于员工总数的 80%，仅在项目开始阶段或没有相应资质的俄籍人才时才使用外籍员工和专家；

(3)优先选择俄籍承包人、供货人、运输人等；

(4)每年置办装备花费的 70%以上用于俄罗斯产装备，项目相关装备中俄罗斯产装备占 70%以上(按照装备价格计算)；

(5)为履行协议在俄罗斯银行或外国银行设立专门的卢布账户或外币账户；

(6)采取措施防止并消除工程对环境产生不利影响；

(7)投保环境责任险;

(8)完工后拆除所有装置、设施和其他财产,并清理工作区域。

## 五、产品分成方式和相关税收

产品分成协议签约权拍卖文件中写明,且此后在产品分成协议中约定下列任意一种在国家和投资者间分配产品的方式的,不得变更。产品分成协议下的征税基本被按协议条款分配产品的方式所取代,但是部分税种仍需要缴纳,针对产品分成协议的特殊税费计算和缴纳制度规定在《俄罗斯联邦税法典》第 26.4 章。

第一种分配方式:

第 1 步:协议中确定拟生产的产品总量和总价值;

第 2 步:在协议中确定用于补偿投资者生产成本的产品(补偿产品),补偿产品不能超过产品总量的 75%,如果是在俄罗斯的大陆架上开采,则不超过 90%;

第 3 步:确定如何在国家和投资者之间分配利润,即扣除补偿产品和矿产使用费后的剩余部分产品。

在第一种分配方式下,投资者需要缴纳的税:增值税、利润税、矿产开采税、自然资源使用费、环境负面影响费、水税、国家规费、关税、土地税、部分消费税。经有关机关同意,投资者可以免缴地方性税。

第二种分配方式:

第 1 步:协议中确定拟生产的产品总量和总价值。

第 2 步:确定产品在投资者和国家间的分配比例,投资者的比例不得超过 68%。

在第二种分配方式下,投资者需要缴纳的税:国家规费、关税、增值税、环境负面影响费。经有关机关同意,投资者可以免缴地方性税。

## 六、协议的履行

为了协调协议项下工作,协议双方应设立一个指导委员会,由同等数量的双方代表组成。

根据协议条款归投资者所有的矿物,可以按照协议约定的条件和程序从俄罗斯出口,没有出口数量限制,《俄罗斯联邦国家外贸活动管理法》第 21 条规定的情况除外。

投资者只有在国家同意的情况下,才能将其在协议下的全部或部分权利和义务转让给其他任何法人或任何公民(自然人),前提是受让人有足够的财产和技术资源以及管理经验来开展协议下的工作。

国家对协议履行情况进行监督。

### 七、稳定条款

商业成果稳定：如果在协议期间，投资者协议相关业务的商业成果由于法律法规的出台或变更受到了减损，则可以对协议进行修改，以保障投资者能够按照在签订协议时有效的法律法规规定获得商业成果。俄罗斯联邦法律中对矿产资源利用中的安全作业、保护矿产资源、自然环境和居民健康相关要求的修改，以及根据俄罗斯联邦标准化法律对该领域的标准文件的修改，包括为了使上述要求和标准文件与国际通行惯例一致的修改除外。

权利稳定：如果法律法规对投资者依协议获得和行使的权利造成限制，则上述法律法规对投资者无效。但有关检查机关为了保障作业安全，保护矿产资源、自然环境、居民健康以及国家和社会安全根据联邦法律颁布的命令除外。

### 八、争议解决

国家和投资者之间有关协议的履行、终止和无效的争议，应根据协议条款在法院或仲裁机构（包括国际仲裁机构）解决。

## 3.5　中小企业优惠

### 一、法律基础

2007 年 7 月 24 日第 209 号联邦法律《关于俄罗斯联邦中小型企业发展》。

### 二、中小企业需要符合的特征

（一）法律组织形式

1. 企业法人：公司（有限责任公司、股份公司）、合伙企业、商事合作组织、生产合作社、农户、非营利性组织。

2. 非企业法人：消费者合作社。

3. 个体工商户。

（二）认定中小企业时考虑的指标

1. 公司和合伙企业的注册资本、设立资产构成。

（1）俄罗斯联邦、俄罗斯联邦主体、自治地区、社会和宗教机构、慈善和其他性质的基金会在有限责任公司、股份公司的注册资本和合伙企业的设立资产中的总份额、表决权不超过25%。

(2)外国法人、不属于中小企业的法人在有限责任公司、股份公司的注册资本中的总份额、表决权不超过49%。

对外国法人、非中小企业的法人持股总额的限制不适用于作为公司股东的外国法人(离岸公司除外),公司在上一日历年从商业活动中获得的收入不超过俄罗斯联邦政府根据第209号联邦法律第4条第1.1款第3项为中型企业规定的限额(微型企业1.2亿卢布、小型企业8亿卢布、中型企业20亿卢布),且在上一日历年平均员工人数不超过俄罗斯联邦政府根据第209号联邦法律第4条第1.1款第2项第6目为中型企业规定的限额(250人)。

对某些特殊类型的公司、商事合作组织没有上述注册资本、设立资产构成要求,比如:

A. 股份公司的股份属于科创板股份;

B. 公司、商事合作组织是斯科尔科沃项目参与者。

2. 上一日历年的平均雇员人数。

3. 上一日历年的营业收入。

(三)中小企业认定及中小企业统一登记册

企业无须主动申请列入中小企业统一名录,俄罗斯联邦税务局每月10日会按照上一年度和上上一年度的统一国家法人登记簿、统一国家个体工商户登记簿信息进行中小企业基本信息的录入和删除工作,被列入中小企业统一登记册是企业属于中小企业的证明,登记册中企业可以根据第209号联邦法律获得国家对中小企业的支持。因此,当前日历年新注册的法人和个体工商户如果希望获得中小企业支持,应在申请支持时按照相关部门规定的形式声明其符合法律规定的属于中小企业的条件。中小企业的统一登记册可在俄罗斯联邦税务局官方网站上查询。

俄罗斯联邦税务局自动录入的仅为中小企业的基本信息,如果中小企业想录入其他信息以起到更好地推广宣传效果,需要在俄罗斯联邦税务局官方网站提交电子申请,申请表使用电子签名签署,以便俄罗斯联邦税务局将其录入登记册。

## 三、中小企业享受的各种优惠

(一)财务支持

1. 制定中小企业优惠贷款项目,刺激向中小企业贷款

中小企业集团股份公司(以下简称中小企业集团)最重要的任务之一是为

中小企业提供可负担的信贷资源。中小企业集团与俄罗斯联邦经济发展部、俄罗斯联邦中央银行一起制定了刺激向中小企业贷款的项目。

2. 对中小企业的担保支持

国家担保体系(НГС)的战略重点是提高对中小企业的担保支持量,并提高担保的使用效率。国家担保体系为中小企业提供的担保支持分为三个层次,包括:中小企业集团、中小企业银行股份公司和各个地区担保组织。中小企业集团聚焦在大中型项目中向中小企业提供担保。中小企业银行股份公司和各个地区担保组织的重点是向大众市场提供银行保函和担保。

(1)中小企业集团出具的独立保函

中小企业集团向中小企业提供保函以帮助中小企业在担保不足的情况下获得贷款和借款。需要注意的是,中小企业集团仅向从与中小企业集团签订了合作协议的银行和金融机构(以下简称合作银行和金融机构)贷款或借款的中小企业提供保函支持。中小企业集团的独立保函可以与各个地区担保组织的担保同时适用。

如何获得中小企业集团出具的独立保函?

第 1 步:向集团的合作银行和金融机构申请贷款或借款。

第 2 步:获得在中小企业集团出具保函的情况下获得贷款或借款的前置批准。

第 3 步:通过合作银行和金融机构向中小企业集团申请保函(在合作银行和金融机构填写中小企业集团独立保函申请书)。

第 4 步:在中小企业集团出具保函后获得贷款或借款(由合作银行和金融机构与中小企业集团联系以获得保函)。

(2)中小企业银行股份公司担保

中小企业银行股份公司(以下简称中小企业银行)向中小企业提供担保,以帮助中小企业在担保不足的情况下获得银行贷款。需要注意的是,中小企业银行仅向从与中小企业银行合作的银行贷款的中小企业提供担保支持。中小企业银行的担保可以与各个地区担保组织的担保同时适用。

(3)各个地区担保组织提供担保

俄罗斯的所有联邦主体都设立了地区担保组织,以在中小企业担保不足的情况下提供担保,帮助其为投资或资金流动获得融资。地区担保组织的合作伙伴包括 200 家信贷机构、70 家小额信贷组织、50 家融资租赁公司、50 家其他金融机构。地区担保组织提供担保的合同包括:贷款合同、借款合同、融资租赁协议(租赁)、提供银行保函的协议、其他融资协议。

一般情况下,地区担保组织担保金额最高为主债务的95%,一次性担保金额最高为2500万卢布(资本少于7亿卢布的地方担保组织)或1亿卢布(资本超过7亿卢布的地方担保组织)。担保金额少于500万卢布的,决定提供担保的时间不超过3个工作日;担保金额在500万—2500万卢布的,决定提供担保的时间不超过5个工作日;担保金额超过2500万卢布的,决定提供担保的时间不超过10个工作日。

关于提供担保的实质条件以及如何获得担保,需要企业到各个联邦主体的地区担保组织确认。

3.“投资直梯”系统

“投资直梯”系统是联邦支持机构和地方发展机构之间的一个开放的互动系统,由该系统的至少两个成员在非资源出口、高科技和进口替代领域为中小企业提供综合支持,包括联合提供解决方案。“投资直梯”系统的参与者可以从联邦支持机构获得所有可用的金融和非金融中小企业支持工具,包括:

(1)中小企业集团向中小企业提供信贷和保函支持:

A. 保函担保金额最高达贷款的50%(为启动项目提供担保的金额不到5000万卢布的情况是100%)和最高达贷款的75%(与地区担保组织的担保一起),期限最长为15年,按照担保金额和担保目的的不同,年化费率为0.4%、0.5%和0.75%;

B. 优惠融资项目,包括刺激中小企业贷款项目(年利率为9.6%到10.6%)和补偿项目(年利率最高为8.5%)。

(2)工业发展基金为工业投资项目提供借款,年利率为1%或5%(取决于融资方案),借款额度在500万—7.5亿卢布,期限最长为7年。中小企业自有资金的数额至少是投资项目总额的15%。中小企业集团为工业发展基金发放的借款提供保函。

(3)俄罗斯直接投资基金的财务支持侧重于入股,包括提供夹层融资(可选择将债务转换成股权的借款)。俄罗斯直接投资基金的非财务支持如下:制定战略;通过发展与俄罗斯直接投资基金所投资公司的互动来扩大客户和交易方;并利用俄罗斯直接投资基金的国际联系进入国际市场。中小企业集团为俄罗斯直接投资基金发放的借款提供保函。

(4)俄罗斯出口中心为俄罗斯产的商品和服务的出口以及俄罗斯的海外投资提供法律、咨询、信贷和保险支持,以及出口融资。俄罗斯出口中心的非财务支持包括分析外国市场和确定对俄罗斯产品的潜在需求，组织俄罗斯产品在国外的国际专利和认证，为出口提供海关和物流支持。

4. 融资租赁支持

俄罗斯联邦总统战略发展和优先项目委员会主席团批准了优先项目“小企业及个体创业支持”（2016 年 11 月 21 日第 10 号会议纪要）。上述优先项目在“确保个体和小型企业获得俄罗斯联邦政府确定的大型订购方的采购”（2016 年 12 月 27 日第 15 号会议纪要）方面的综合计划规定，在俄罗斯各主体建立地区融资租赁公司，以落实中小企业集团的法定设立目标，主要是发展个体和小型企业，作为设备优惠融资租赁计划的一部分。

根据优惠融资租赁计划，向个体户和小企业融资租赁设备，年利率为 6%（国产设备）和 8%（外国设备）。

如果企业有兴趣获得优惠融资租赁，需要登录在中小企业数字平台的个人账户，并提交融资租赁申请（https://мсп. рф/services/leasing/）。

5. 对出口商的支持

出口商是指在俄罗斯设立并为履行出口合同而从俄罗斯出口非资源性产品的法人或个体工商户。俄罗斯国家计划“中小型企业和个体创业支持”规定了由中小企业集团参与进行旨在支持属于中小企业的出口商的活动。

一揽子支持措施：

中小企业集团、中小企业银行和俄罗斯出口中心的各个公司，包括俄罗斯出口中心股份公司、俄罗斯国家专业进出口银行、俄罗斯出口信贷和投资保险局向属于中小企业的出口商提供资金融通、担保及其他支持。

（1）中小企业集团向属于中小企业的出口商提供担保产品：“投资直接独立保函”“为补充营运资金的贷款提供的直接独立保函”“与地区担保组织的担保一起向出口商发放的直接独立保函（对出口商的共同担保）”。（https://corpmsp. ru/products/）

由共同担保人担保的贷款的目的是履行生产者和出口商之间的出口交易（合同）或委托协议，前述合同或协议约定农产品和食品的销售，包括出口前的费用、购买、采购、出口的全方位准备，出口产品的运输，出口商对出口的其他支持。

（2）中小企业银行向属于中小企业的出口商提供直接贷款，金额 1000 万卢布起，并通过由俄罗斯出口信贷和投资保险局为属于中小企业的出口商的出口、信贷风险提供保险的方式降低对担保价值的要求。（https://mspbank. ru/

credit/)

(3)中小企业集团的合作机构俄罗斯国家专业进出口银行为属于中小企业的出口商提供多种信贷产品。(http://eximbank.ru/credits/)

6.伞形担保机制

伞形担保机制:当企业没有获得融资的足够担保时的一种简化贷款方式。实质上是由中小企业集团向银行担保中小企业的贷款义务将得到履行。

(1)担保的主要参数:

A.担保金额最高为贷款的50%;

B.对一个企业贷款(或几笔贷款)的担保金额最高为10亿卢布;

C.贷款期限不超过180个月;

D.担保对企业是免费的,费用由银行支付。

(2)此种担保的新颖之处。

担保与贷款一起在银行的"一站式服务"中即时提供,无须为获得担保另外联系中小企业集团。

(3)贷款可用于:

A.投资目的;

B.补充营运资金;

C.业务发展;

D.再融资。

(4)对企业的基本要求:

A.该中小企业符合第209号联邦法律的规定;

B.没有违反向中小企业提供国家支持的条件和程序,或自上次违反后至少已过去3年;

C.不从事矿山开采、销售,也不从事应征消费税商品的生产、销售;

D.不处于破产程序中;

E.没有收入超过20亿卢布的公司;

F.借款人对合作银行没有到期未清偿的付款。

(二)保证中小企业获得大公司的订单

根据2007年7月24日第209号联邦法律《俄罗斯联邦中小型企业发展法》的规定,中小企业集团的主要任务之一是提高大型公司从中小企业采购货物、工程、服务,包括创新和高科技产品在其年度采购数量中的份额,前述大型公司由俄罗斯联邦政府根据2011年7月18日第223号联邦法律《关于某些类型的法人订购商品、工作和服务》确定。

1. 采购俄罗斯原产产品的最低份额

俄罗斯联邦政府规定了购买俄罗斯原产产品的最低份额(2020 年 12 月 3 日第 2013 号俄罗斯联邦政府令《关于购买俄罗斯原产产品的最低份额》)。

被列入下列任一名录的商品被认为是原产于俄罗斯的商品:

(1)在俄罗斯制造的工业产品名录(https://gisp.gov.ru/pp719v2/pub/prod/)。

(2)俄罗斯无线电产品名录(https://gisp.gov.ru/documents/10546664/)。

(3)在欧亚经济联盟成员国境内(俄罗斯除外)生产的工业产品名录(https://gisp.gov.ru/pp616/pub/app_eaeu/search/)。

将产品纳入上述名录的程序由 2019 年 7 月 10 日第 878 号俄罗斯联邦政府令和 2020 年 4 月 30 日第 616 号俄罗斯联邦政府令确定。俄罗斯原产产品供应商(制造商)以及在完成工作或提供服务的过程中供应此类产品的承包商为了提高获得大型公司订单的机会,应当为其产品获得俄罗斯原产认证并将其产品列入上述名录中。

2. 对于中小企业的优势

(1)自订购方决定签订合同之日起不超过 20 个工作日签订合同。

(2)最长的付款期限为自订购方签署货物验收文件之日起不超过 15 个工作日。

(3)有机会选择投标担保方式:把钱存入特别账户,提供银行保函。

(4)投标担保的最高金额:初始合同价格的 2%。

(5)合同履约担保的最高金额:如果合同没有规定支付预付款,则为初始合同价格的 5%;如果合同规定了预付款,则为预付款的金额。

3. 获得订单流程

第 1 步:搜索采购项目。

在哪里可以找到关于大型公司的采购信息?

(1)统一采购信息系统:https://zakupki.gov.ru;

(2)中小企业商业导航网站:https://smbn.ru/msp/zakupki.htm;

(3)电子交易平台;

(4)中小企业集团、俄罗斯各主体授权的机构、涉及中小企业利益的全俄罗斯非营利性协会、地方银行协会、行业协会的网站;

(5)多功能中心(МФЦ)。

第 2 步:研究采购通知和文件。

第 3 步:确认属于中小企业。

被列入中小企业统一登记册的企业属于中小企业,可在俄罗斯联邦税务局官方网站搜索栏中输入企业的纳税人识别、统一国家登记号或企业名称确认企业是否属于中小企业。(https://ofd.nalog.ru)

第 4 步:使用特别账户进行投标担保。

(1)中小企业参加采购招标时,应提供投标担保。

(2)开立专门的银行账户存放资金:从 2018 年 7 月 13 日第 1451 号俄罗斯联邦政府令批准的银行名单中选择一家银行开设特别账户,确保特别账户中拥有与投标担保金额相当的资金。

(3)银行保函。

(4)其他方式。

第 5 步:申请参加采购。

参与采购申请的内容和形式应符合订购方采购文件中的规定,申请书应当由电子签名签署并发送至电子交易平台运营方。

第 6 步:投标担保、履行合同担保。

电子交易平台在投标截止后向银行发送投标参与者的信息,以及担保投标所需的资金数额,银行冻结相应担保金额,担保金额、银行出具保函的条件在采购通知书和文件中规定。

为了投标担保以及合同的履行担保,如果中小企业自身资金不足,可以向信贷机构申请担保支持。中小企业银行为采购参与者提供专门产品,以优惠条件提供银行保函,以担保投标和担保合同的履行,以及退还预付款。保函条件和出具程序见中小企业银行的网站(https://www.mspbank.ru)的"保函"板块。

第 7 步:中标企业签订合同。

### (三)法律支持

中小企业集团组织和实施中小企业法律支持体系,主要是对小型和初创企业的法律支持,并为这种支持建立必要的机制和工具,以降低经营成本,提高中小企业的法律素养。

2016 年以来,中小企业集团一直致力于形成并不断扩大"中小企业法律解决方案数据库",其中包括中小企业经营中经常遇见的典型问题,并包含解决此类情况的法律机制说明(案例)。"中小企业法律解决方案数据库"的链接在中小企业信息支持官方网站和 85 个主体的中小企业支持机构的网站,构成俄罗斯 85 个主体的中小企业支持基础设施的组织的网站上,以及涉及中小企业利益的全俄罗斯非营利组织及其区域分支机构的官方网站上。

（四）财产支持

1. 国家财产支持

（1）法律基础

2007 年 7 月 24 日第 209 号联邦法律《俄罗斯联邦中小型企业发展法》；

2008 年 7 月 22 日第 159 号联邦法律《关于中小型企业承租的国有或自治地区所有不动产转让的特殊规定和对俄罗斯联邦某些法律文件的修正》；

2006 年 7 月 26 日第 135 号联邦法律《俄罗斯联邦保护竞争法》；

2015 年 6 月 5 日第 287 号俄罗斯联邦总统令《关于进一步发展中小型企业的措施》；

2010 年 8 月 21 日第 645 号俄罗斯联邦政府令《关于提供联邦财产时对中小型企业的财产支持》；

提供财产程序相关和俄罗斯联邦主体、自治地区的规范性文件。

（2）提供财产种类

各国家权力机关、自治地区机关向中小企业提供国家或自治地区财产，包括地块、建筑、非住宅房舍、设备、机器、装置、车辆、工具等：

——有偿；

——无偿；

——优惠租赁。

联邦、联邦主体、自治地区权力执行机关批准《俄罗斯联邦中小型企业发展法》第 18 条第 4 款规定的无第三方权利的国家和市政财产清单，清单中财产提供期限应至少为 5 年。

（3）如何获得财产支持

第 1 步：为企业活动选择国家和自治地区财产。

如何知道哪些财产可以提供给中小企业？

A. 中小企业商业导航网站。

需要在门户网站注册账号（https://navigator.smbn.ru/），该网站包含俄罗斯各个主要城市的可以提供给中小企业的财产清单，以及其他对中小企业有用的信息。

B. 公共服务统一门户（ЕПГУ）。

需要在门户网站（https://www.gosuslugi.ru/）上注册或登录（如果已注册）账号，该网站包含俄罗斯联邦主体和自治地区可以提供给中小企业的财产清单。

C. 向多功能中心申请。

向多功能中心提出申请,根据指定的参数选择列入国家和市政财产清单的不动产信息。

D. 俄罗斯联邦主体权力执行机关、自治地区机关的官方网站的“财产支持”模块。

第 2 步:联系负责财产管理及处置的国家权力机关或自治地区机关。

A. 了解所在地区、自治地区规定财产支持的规范性文件。

B. 致电负责管理和处置财产的国家权力机关或自治地区机关(财产和土地相关部门),确认财产的特点、位置、提供的条件。

C. 申请提供财产或申请财产租赁合同签订权招标。

第 3 步:如果现行法律没有规定不经招标可签订租赁协议,则参加招标,中标者签订租赁协议。

第 4 步:中小企业购买对承租财产的优先购买权。

2008 年 7 月 22 日第 159 号联邦法律《关于中小型企业承租的国有或自治地区所有不动产转让的特殊规定以及对俄罗斯联邦某些法律文件的修正》规定了中小企业对列入财产清单和未列入清单的中小企业承租的国家、自治地区所有财产的优先购买权。

2. 商业财产支持

TATNEFT 公司向中小企业提供其财产的所有权或使用权,其中包括微型和小型企业最需要的财产。财产清单和申请途径见链接:https://corpmsp.ru/imushchestvennaya-podderzhka/dlya-subektov-msp/kommercheskaya-nedvizhimost/pao-tatneft/。

俄罗斯铁路公司向中小企业提供其财产的所有权或使用权,其中包括微型和小型企业最需要的财产。财产清单和申请途径见链接:https://corpmsp.ru/imushchestvennaya-podderzhka/dlya-subektov-msp/kommercheskaya-nedvizhimost/oao-rzhd-/。

3. 拜科努尔市境内的不动产

位于拜科努尔市内的不动产及地块是哈萨克斯坦共和国的国有财产,由俄罗斯联邦承租至 2050 年,并由拜科努尔市行政部门按照转租协议提供给中小企业使用。

财产清单和申请途径见链接:https://corpmsp.ru/imushchestvennaya-podderzhka/dlya-subektov-msp/informatsiya-ob-obektakh-imushchestva.php。

(五)所有支持机构

中小企业集团记录“构成支持中小企业基础设施的组织统一名录”,名录包含中小企业发展计划框架下,以联邦、联邦主体或自治地区的预算及其他财产向中小企业提供支持的组织信息,包括商业支持中心和基金、地区担保组织、国家和自治地区小额信贷组织、商业孵化器、工业园区等,名录还包括有权作为支持中小企业基础设施组织的工商会的信息。清单链接:https://monitoring.corpmsp.ru/reestroi.html。

(六)对创新型中小企业的支持

支持快速增长的高科技创新公司计划是根据国家项目“中小企业和支持个体创业”与权力机关和创新领域发展机构的代表一起实施的。

1. 参评企业

参加评选的企业必须符合快速增长的高科技、创新企业标准,包括:

(1)被列为中小企业;

(2)经营至少3年;

(3)过去3年的平均年收入增长率至少为20%;

(4)中小企业的活动类型与优先的经济部门相一致;

(5)中小企业知识产权证明。

2. 支持措施

实施的支持措施包括财务支持、扩大客户面和其他支持。

(1)财务支持包括:

A. 在公司本身缺乏担保的情况下,由中小企业集团、中小企业银行提供保函和担保。

B. 优惠贷款(包括在刺激向中小企业贷款项目下)。

C. 在获得创新协助基金会、俄罗斯直接投资基金和其他发展机构的补贴方面提供信息支持。

(2)扩大客户面方面的支持包括:

A. 按照主要经营活动、产品提供关于大型公司采购计划的信息。

B. 向大型公司介绍中小企业的经营活动和产品。

C. 组织与大型公司会面,包括参加大型公司的活动。

(3)其他支持包括法律和咨询、信息和营销、财产支持、出口支持、优惠的融资租赁。

支持措施通过“单一窗口”以一站式服务提供。

申请入口：https://corpmsp.ru/podderzhka-innovatsionnykh-subektov-msp/。

## 3.6 《俄罗斯联邦外国投资法》对外国投资者确定的优先投资项目

根据《俄罗斯联邦外国投资法》规定，外国总投资超过 10 亿卢布的投资项目，或者外国投资者在注册资本中出资超过 1 亿卢布的商业组织所在的投资项目，如果被录入俄罗斯联邦政府批准的优先投资项目名录，则属于优先投资项目。外国投资者对俄罗斯联邦政府确定的优先投资项目进行投资时，将获得下列优惠：

1. 根据《俄罗斯联邦海关法典》《俄罗斯联邦税法典》等法律的规定获得相应进口关税优惠。

2. 税收稳定：外国投资者对优先投资项目投资后，如果生效的联邦法律或其他联邦级规范性文件增加了外国投资者的税负，且外国投资者进口的货物用于实施优先投资项目，那么前述法律或规范性文件在投资项目回收期内不对外国投资者生效，但最长一般不超过自外国投资者开始投资日起 7 年；生产领域、交通或其他基础设施建设领域的优先投资项目，外国总投资超过 10 亿卢布且回收期超过 7 年的，俄罗斯联邦政府可批准延长稳定期限。

## 3.7 地区鼓励政策

### 3.7.1 经济特区

2005 年 7 月，俄罗斯颁布《俄罗斯联邦经济特区法》，在经济特区内对企业经营活动提供优惠条件，还提供适用自由贸易区制度的可能。俄罗斯经济特区的建立旨在发展加工工业、高科技领域、旅游业、健康及保健部门、港口和交通基础设施、技术开发及商业化，促进新产品生产。据俄罗斯联邦经济发展部 2021 年官方介绍材料，经济特区重点发展领域为机械制造业、制药业、旅游业、农业、纳米技术、交通基础设施、电子商务、信息和技术。

## 一、经济特区的优势

(1)最低限度的行政壁垒;
(2)税收优惠及关税优惠;
(3)以优惠价格租用及购买土地;
(4)法律稳定条款;
(5)帮助实施投资项目第一阶段,后续阶段继续由经济特区管理公司协助;
(6)完善的基础设施。

## 二、优惠政策

(一)税收优惠

不同联邦主体和地方可以在表3-1幅度内自行确定对计入地方级预算的利润税、土地税、交通税的优惠税率及期限。

**表3-1 联邦及地方税收优惠**

| 税种 | | 工业生产型经济特区 | 技术创新型经济特区 | 港口经济特区 | 旅游娱乐型经济特区 | 非经济特区地区 |
|---|---|---|---|---|---|---|
| 利润税 | 合计 | 2%—15.5% | 2%—15.5% | 2% | 0%—15.5% | 20% |
| | 联邦级 | 2% | 2% | 2% | 2%[2023年1月1日前对加入集群(кластер)的特区居民适用0%] | 3%(2020—2024年) |
| | 地方级 | 0%—13.5%(适用期限由地方法律规定) | 0%—13.5%(适用期限由地方法律规定) | 0%(适用期限由联邦主体法律规定) | 13.5%(适用期限由地方法律规定) | 17%(2020—2024年) |
| 增值税 | | 20%(向经济特区进口商品适用0%) | 20%(向经济特区进口商品适用0%) | 20%(港口特区内居民间适用0%) | 20% | 20% |
| 财产税 | | 10年内适用0% | 10年内适用0% | 10年内适用0% | 10年内适用0% | 2.2% |

续表

| 税种 | | 工业生产型经济特区 | 技术创新型经济特区 | 港口经济特区 | 旅游娱乐型经济特区 | 非经济特区地区 |
|---|---|---|---|---|---|---|
| 土地税 | | 10 年内适用 0% | 10 年内适用 0% | 15 年内适用 0% | 5 年内适用 0% | 1.5% |
| 交通税(马力/卢布) | | 10 年内适用 0 卢布 | 10 年内适用 0 卢布 | 10 年内适用 0 卢布 | 1—250 卢布 | 1—500 卢布 |
| 企业及个体工商户保险费率(社保) | 合计 | 30%（2021 年起对 IT 公司适用 0%） | 30%（2021 年起对 IT 公司适用 0%） | 30% | 30% | 30% |
| | 俄罗斯联邦养老保险基金 | 22%（2021 年起对 IT 公司适用 6%） | 22%（2021 年起对 IT 公司适用 6%） | 22% | 22% | 22% |
| | 俄罗斯联邦社会保险基金 | 2.9%（2021 年起对 IT 公司适用 1.5%） | 2.9%（2021 年起对 IT 公司适用 1.5%） | 2.9% | 2.9% | 2.9% |
| | 俄罗斯联邦强制医疗保险基金 | 5.1%（2021 年起对 IT 公司适用 0.1%） | 5.1%（2021 年起对 IT 公司适用 0.1%） | 5.1% | 5.1% | 5.1% |

2. 加速折旧

工业生产型经济特区和旅游休闲型经济特区企业可以按照高折旧率对固定资产加速折旧，但折旧率不得超过法定折旧率的 2 倍。

3. 认定研发费用支出的快速程序

经济特区的会计核算简化了对企业研发费用支出的确认程序。经济特区企业在优惠期内计算利润税时，研发费用可作为成本扣除，其中包括研发无果所耗费用。

### (二)自由贸易区制度

实行自由贸易区制度的经济特区还提供下列优惠：

1. 设备、部件和材料进口至经济特区免缴进口税、增值税；

2. 向欧亚经济联盟外国家出口商品免缴出口税。

(三)完善的基础设施

1. 工业基础设施。
2. 海关基础设施。
3. 创新基础设施等。

(四)特别的行政制度

提供海关、税务、移民注册等“一站式”服务。

(五)投资条件稳定

对纳税人——经济特区居民造成损害的俄罗斯联邦、俄罗斯联邦主体和地方自治机关关于税费的法律法规在工业生产或技术推广协议有效期内不适用于经济特区居民,有关应征消费税商品的俄罗斯联邦税费法律文件除外。

(六)收购土地

经济特区内的土地承租人作为其建造不动产的所有者,有权根据俄罗斯联邦法律收购上述不动产所占的土地。

## 三、入驻经济特区程序简介

第1步:在经济特区所在的俄罗斯地区注册为法人或个体工商户;

第2步:将经济特区居民身份申请书和投资项目的商业计划书提交至俄罗斯地区的相关行政部门;

第3步:就商业计划向专家委员会答辩;

第4步:与经济特区管理公司和俄罗斯地区的行政当局签订在经济特区内开展活动的三方协议。

## 四、工业生产型经济特区

工业生产型经济特区旨在生产、加工、销售货物,位于工业企业占主导地位的经济最发达地区,拥有健全的交通基础设施、丰富的自然资源和高水平的劳动力,面积不超过40平方千米,特区内不允许建设住房设施。经专家委员会允许可以在工业生产型经济特区内进行技术创新活动。

按照工业生产型经济特区入驻协议,特区居民应当至少投资1.2亿卢布,在协议签订后的3年内应当实际投入至少4000万卢布。商业性组织(单一制企业除外)可以成为工业生产型经济特区居民。非特区居民可以在经济特区内开展经营活动。如果一个企业失去了经济特区居民身份,依然可以在经济特区内按照一般条件经营。

## 五、技术创新型经济特区

技术创新型经济特区旨在发展创新活动,创造、销售科技产品并投入工业应用,包括制造、测试和销售试验批,创造软件产品、数据收集、处理和传输系统、分布式计算系统,并提供实施和维护这些产品和系统的服务。经专家委员会同意可以在技术创新型经济特区进行工业生产活动。

技术创新型经济特区位于主要的科学教育中心地区,具有丰富科研传统和社会公认的研究型学校,面积不超过 4 平方千米,特区内可适用自由经济区制度,不允许建设住房设施。

个体工商户和商业组织(单一制企业除外)均可以成为技术创新型经济特区居民。同时,非经济特区居民纳税人的投资者可以在经济特区内开展创业活动。非特区居民可以在经济特区内开展经营活动。如果一个企业失去了经济特区居民身份,依然可以在经济特区内按照一般条件经营。

## 六、旅游娱乐型经济特区

旅游娱乐型经济特区旨在发展旅游业并提供相关服务,位于俄罗斯风景最美、游客需求量最大的地区,能够为旅游、体育、休闲及其他类型的商业活动提供有利条件。特区内不允许适用自由关税区制度,但允许住宿设施。

旅游娱乐型经济特区内只允许进行旅游休闲活动,即建设、改造和经营旅游产业相关设施,旨在疗养治疗、医疗康复和公民休闲的设施,开展旅游活动和旨在开发矿泉水矿床和其他自然疗养资源的活动,包括疗养治疗和疾病预防、医疗康复、组织公民休闲、矿泉水工业装瓶等活动。

个体工商户和商业组织(单一制企业除外)均可以成为旅游娱乐型经济特区居民。同时,非经济特区居民纳税人的投资者可以在经济特区内开展创业活动。非特区居民可以在经济特区内开展经营活动。如果一个企业失去了经济特区居民身份,依然可以在经济特区内按照一般条件经营。

## 七、港口经济特区

港口经济特区旨在为造船和修船活动创建场地,提供物流服务,以及为主要运输路线附近的新航线提供基地,面积不超过 50 平方千米,位于全球主要过境通道附近,这使得入住居民能够进入一个亟须港口物流服务的快速增长的市场。特区内始终适用自由关税区制度,不允许有住房设施。经专家委员会同意可以在港口经济特区进行港口活动和建设、改造、运营海港、河港或机场基础设施。

仅商业性组织(单一制企业除外)可以成为港口经济特区居民。非特区居民(不包括建设和经营经济特区基础设施、经济特区管理机构提供给特区居民的地块范围内的基础设施)以及丧失经济特区居民身份的企业不可以在经济特区内开展经营活动。

按照港口经济特区入驻协议,特区居民应当:

建设基础设施——投资不少于 4 亿卢布。

改造基础设施——投资不少于 1.2 亿卢布。

同时,必须在前 3 年至少投资 4000 万卢布。

## 八、几个特殊的经济特区

### (一)加里宁格勒州经济特区

直到 2045 年,整个加里宁格勒州,包括临近水域,都是经济特区。加里宁格勒州经济特区居民的活动由 2006 年 1 月 10 日第 16 号《关于加里宁格勒州经济特区和对一些俄罗斯联邦法律文件的修正》规定。

目前,在加里宁格勒州经济特区统一居民登记簿中,登记了 280 名正在实施投资项目的居民,申报的投资总额为 1600 亿卢布,创造了约 21,500 个新的就业机会。在制造业、农业和物流业进行投资的居民最多。

加里宁格勒州经济特区居民适用特殊税收制度,同时还享受一些稳定条款:

(1)税收优惠

利润税——从投资项目获得第一笔利润的纳税期开始计算的 6 个纳税期中,任意不超过三个纳税期可以适用 0%税率。在接下来的 6 个纳税期中,所得税率为法定税率的 50%。

企业财产税——从列入加里宁格勒州经济特区统一居民登记簿之日起 6 年内定为 0%,从第 7 年到第 12 年,税率为法定税率的 50%。

保险费率——7.6%,而不是通常的 30%。

土地税——根据《俄罗斯联邦税法典》第 395 条规定,加里宁格勒州经济特区的居民对位于经济特区内的地块免缴土地税，免缴期限为5年，从经济特区居民获得地块的所有权的月份开始计算。

(2)稳定条款

居民土地租金在整个租赁协议期间不变。

保证不施行增加居民税收负担的措施。

(3)其他

为投资项目租赁土地的简化程序。

(二)马加丹州经济特区

马加丹州的经济特区位于马加丹市行政边界内，适用特殊的经济活动法律制度和自由关税区的海关制度。马加丹州的经济特区已经成功运作了20多年，法律基础为1999年5月31日第104号联邦法律。目前，马加丹地区的经济特区有31个参与者。

马加丹州经济特区的参与者享受以下优惠：

1. 免税优惠

免缴联邦级矿产开采税(40%)。

在全部或部分位于马加丹州境内的矿产地开采矿产免税。

烃类原料和普通矿物不免税。

免缴联邦级利润税(3%)：

利润税优惠覆盖的经营活动为，在马加丹地区开展的经营活动，并在参与者和经济特区管理部门的协议中列出。一个先决条件是要对收入和支出进行单独核算。

2. 优惠的海关制度

进口、放置、在经济特区内使用外国货物免缴海关费用。

此项优惠制度不适用于：汽车、酒精产品、机油。

3. 弥补亏损

从2017年起，经济特区的参与者适用优惠程序弥补前几年的亏损。

从2017年起，企业可以通过弥补亏损来减少所得税税基，最高可达50%。而经济特区的参与者可以弥补以前年度100%的亏损。

另外，为了完善特殊的法律制度，地区发展部目前正在实施改善监管框架的措施。

## 九、中国企业经济特区投资概况

阿拉布加工业生产型经济特区(俄罗斯最大的经济特区之一,位于鞑靼斯坦共和国):山东远大钢板科技有限责任公司于2014年11月出资成立ABC钢铁有限责任公司,从事金属加工。

利佩茨克工业生产型经济特区(利佩茨克州):力帆汽车于2014年11月出资7.5亿卢布成立俄罗斯力帆汽车有限责任公司,从事汽车生产和组装。

2014年5月,长城汽车与俄罗斯图拉州签订合作协议,长城汽车投资约5亿美元在俄罗斯图拉州乌兹洛瓦亚工业生产型经济特区建设整车生产厂。于2015年9月开始动工,并在2019年6月已经正式投产。

### 3.7.2　产业园区

俄罗斯的产业园区分为两种:工业园和科技园。

## 一、工业园

(一)工业园概念

俄罗斯国家标准对工业园区的定义如下:工业园区是由管理公司管理的不动产综合体,配备了生产、行政、仓储及其他建筑及设施,提供新的工业生产所需的工程和交通基础设施,同时具有开展工业活动必要的法律制度。如果希望从头开始建厂,投资者可以在工业园区购买土地,园内具备所有必要的基础设施以供使用,包括道路、电力线、天然气管道以及水和污水处理设施。通常情况下,特别是中小型企业,不希望处理建筑问题,就可以从工业园区的管理公司租用现成的综合场所,面积通常在100—5000平方米。

截至2020年,俄罗斯工业园总数为334个。

(二)工业园居民

工业园居民是指就位于工业园区范围内的地块、建筑签订租赁(转租)合同或者买卖合同,并正在或者计划在工业园内建立生产设施并开展生产活动的个体工商户、公司或公司的分支机构。尽管工业园区的居民只能从事制造业,但来自各个经济部门的公司都可以在园区内经营。例如,仓储综合体、购物和物流中心、餐馆和咖啡馆、加油站和维修服务都是工业园区基础设施的用户。

(三)工业园的法律基础

规定工业园区的法律框架由俄罗斯联邦和地方的法律法规组成,虽然俄罗斯联邦各主体的立法可能有所不同，但是联邦级法律是统一的。

联邦级法律法规主要包括：

(1)国家标准《工业园区要求》规定了对工业园区的基本要求，如面积大小、最低能源供应参数、法律地位等。

(2)2014年12月31日第488号《俄罗斯联邦工业政策法》，将工业园区确定为地方工业的发展工具，并确定了其联邦级别的职能机构地位。

### (四)工业园的优惠政策

1. 完备的基础设施

居民在工业园租用现成的生产场所的需求越来越大，中小型制造企业越来越不愿意承担建厂的风险，越来越多地选择现成的服务和解决方案。

2. 税收优惠

工业园居民可以享受俄罗斯联邦各主体立法规定的税收优惠。在大多数情况下，园区居民可以享受与该地区其他投资者相同的优惠。各地区有权在其权限范围内减免利润税、交通税和企业财产税，自治地区也可以制定土地税的优惠税率。

俄罗斯的一些联邦主体规定，投资者在获得工业园居民身份后可自动获得税收优惠资格。

### (五)工业园分类

工业园最常见的分类：

1. 按产业园区类型划分：绿地和棕地。

2. 按状态划分：建成和在建。

3. 按所有权类型划分：国有和私有。

绿地和棕地工业园的区别在于，绿地工业园建立在一块新的土地上，棕地工业园是建立在现有工业企业的基础上。

根据产业园区的建设程度，分为建成的工业园和在建的工业园。区别在于，建成的工业园内的基本的基础设施必须建成，园区本身已经准备好容纳居民的生产设施。而在建的工业园正处于建设阶段。

另外，农业型工业园，旨在生产和加工农产品、原料和食品，以及为农业生产提供服务的工业园区。

### (六)工业园和科技园的区别

工业园和科技园的主要区别在于居民的经营活动内容。工业园的设计是为了容纳大规模生产,而科技园的居民则开发新产品、进行测试和小规模生产。因此,工业园和科技园内的基础设施不同。工业园倾向于发展工程和能源基础设施,并能提供现成的生产场地,而在科技园,居民通常能获得办公和实验室空间,以进行研究和建立小规模的生产。

（七）工业园和经济特区的区别

工业园的主要目的是为开展新的和扩大现有的生产而创造有利条件,大多数经济特区也有相同的目标。

经济特区有四种类型:工业生产型、技术创新型、港口型和旅游娱乐型。除旅游娱乐型经济特区外,其他类型的经济特区内可以为工业设施创造基础设施和条件。所有的工业生产型经济特区(阿拉布加、利佩茨克、莫格里诺、钛谷、斯图皮诺-克瓦德拉特、托格利亚蒂、乌兹洛瓦亚)都按照工业园的模式运作,只是由不同的立法框架规范。相当一部分技术创新型经济特区(圣彼得堡、莫斯科技术城)也是作为工业园创建和发展,但重点是开发新产品及投入生产。此外,工业园可以设在港口经济特区内(如乌里扬诺夫斯克)。

与工业园不同,经济特区居民可以享受联邦税收优惠和海关优惠:增值税、所得税、进口设备和部件的海关费用。

（八）工业园与超前发展区

在超前发展区内可以设立工业园。同时,工业园管理公司也可以成为超前发展区的居民,并享有相应的税收和海关优惠。工业园的居民也被认定为超前发展区的居民,也可以充分享受超前发展区的支持措施。

在超前发展区创建工业园的例子:

1. 私人工业园“先锋”在哈巴罗夫斯克超前发展区内。
2. 滨海工业园在纳德日丁斯卡娅超前发展区内。
3. 康加拉西工业园本身也是超前发展区。

（九）单一产业城镇中的工业园

根据单一产业城镇综合发展计划,单一产业城镇正在实施各种措施吸引投资者在其境内开展新的生产项目。在单一产业城镇内建立工业园成为吸引投资的方式之一。

一方面,可通过单一产业城镇发展基金的方式吸引预算资金建设工业园内的基础设施。另一方面,如果一个单一工业城镇获得了超前发展区的地位,那么未来的居民可以获得很大的税收优惠。因此,单一产业城镇的超前发展区居民可以叠加降低税率，在某些情况下，可以享受所得税、企业财产税和土地税的零税率。此外，对于超前发展区的居民，保险费率也有所降低，合计为7.6%，而其他组织为34%。

单一产业城镇的工业园居民还可以从单一产业城镇发展基金以每年0%—5%的优惠利率为投资项目吸引更便宜的债务融资。

（十）工业园中企业行业分布

1.行业分布

按照俄罗斯工业园协会2020年度报告的数据，2020年，绿地工业园中，各行业按照投资额排名顺序为：汽车制造（2584亿卢布）、食品工业（1887亿卢布）、冶金及金属加工（1002亿卢布）、制药工业（805亿卢布）、木材加工（790亿卢布）、橡胶及塑料制品生产（766亿卢布）、化学工业（676亿卢布）、建筑材料（631亿卢布）、物流（463亿卢布）、玻璃工业（420亿卢布）、动力机械制造及重型机械制造业（395亿卢布）、机电工业（343亿卢布）、制造纸浆及纸张工业（306亿卢布）、交通制造业（156亿卢布）、精密机器制造（71亿卢布）、建筑机械制造厂（69亿卢布）、修理安装活动（69亿卢布）、轻工业（64亿卢布）、航空制造业（59亿卢布）、机床制造业（51亿卢布）、农业机械制造（44亿卢布）、其他（987亿卢布）。

2.外国公司在工业园

2020年年末，工业园共吸引（累计）来自居民的投资13,740亿元。其中45%来自俄罗斯公司的投资，其余来自33个国家的公司。在外国国家中，中国公司投资总额排第8名。

90%的投资流入了16个地区，其中2/3投向卡卢加州、利佩茨克州、莫斯科州和鞑靼斯坦共和国。国内外投资者感兴趣的行业也不同。2020年，超过一半的外国投资投向了食品工业（超过90亿卢布）、汽车工业（超过60亿卢布）、木材加工（超过49亿卢布）和制药业（超过19亿卢布）。外国投资者致力于加强其在所在市场的地位，重点关注：（1）俄罗斯公司竞争力较低的市场：汽车制造业（客运部门）、木材加工（家具）、动力机械制造、重型机械制造、精密机器制造；（2）消费领域：食品和轻工业；（3）高附加值领域：化工业（家用领域）、制药行业、机电工业。

（十一）俄罗斯工业园名录

工业园、科技园和产业集群地理信息系统（GISIP）是由俄罗斯联邦工业和贸易部创建的，目的是提供有关该国工业基础设施的信息。目前，地理信息系统包含了 322 个建成、创建中和计划建造的工业园、46 个科技园的数据，以及 78 个产业集群的信息。系统中标注了 800 多个基础设施（海港和河港、机场、海关等），显示了工业园、科技园区和产业集群的汇总统计数据，并且可以按照输入的参数选择符合参数的场地。

## 二、科技园

（一）科技园概念

科技园配备必要的工业和技术基础设施，由管理公司管理，企业商户可以在科技园内进行工业生产或创新活动。

科技园也可以建立在经济特区、超前社会经济发展区、单一产业城镇内。科技园居民或管理公司可以成为经济特区或超前社会经济发展区的居民，并享受相应税收和海关优惠，还可以享受科技园框架内的国家支持措施，以及经济特区、超前社会经济发展区、单一产业城镇框架内的国家支持措施。

按照俄罗斯集群、科技园、经济特区协会发布的《俄罗斯及白俄罗斯科技园 2021 年度报告》，俄罗斯共有 183 个科技园，分布在 54 个地区，其中有 92 个属于工业型科技园。科技园居民中 93%是中小企业。居民的平均收入呈现逐年增长的趋势，2020 年居民平均收入 7010 万卢布。科技园在俄罗斯各地的分布不均，中央（49. 7%）和伏尔加（18. 5%）联邦区的科技园数量最多。2016—2021 年是科技园数量增长最快的时期。

（二）科技园的法律基础

1. 2014 年 12 月 31 日第 488 号《俄罗斯联邦工业政策法》；

2. 2019 年 12 月 27 日第 1863 号俄罗斯联邦政府令《关于工业型科技园区及工业型科技园区的管理公司》；

3. 国家标准《科技园要求》规定了对工业园区的基本要求，如面积大小、最低能源供应参数、法律地位等。

（三）分类

1. 高技术型科技园

高技术型科技园是由设施、建筑、设备组成的综合体，与科学、教育机构领土整合等，旨在确保推出并使高科技产品、服务、技术走向市场。科技园为创新型中小企业、个体工商户提供技术材料、服务、金融基础，助力其发展、独立经营,帮助将科学知识、发明、专有技术、知识密集型技术商业化并推向世界科技产品市场。

2. 工业型科技园区

工业型科技园区是由设施、建筑、设备组成的综合体,包括工业、技术基础设施,用于工业生产、科技活动、创新活动,旨在掌握工业生产、使获得的科技成果商业化。

3. 农工型科技园区

农工型科技园区旨在生产和加工农产品、原料和食品,为入驻居民提供农业生产或者科技活动方面的服务,包括进行生物技术、农业科学、创新方面的科学研究、探索性研究。

### (四)居民优惠

1. 园区提供完备的基础设施、丰富的基础性服务和技术服务,包括昂贵技术设备的租赁,由此为居民降低成本;
2. 有机会与科技园内其他居民合作发展业务;
3. 国家对建立、发展和装备办公场地、生产场地和实验室提供支持;
4. 利润税、财产税、交通税优惠税率;
5. 使用简易征税制度;
6. 设施租金优惠;
7. 不用招标即可租获土地;
8. 购置设备补贴、银行信贷利息补贴、融资租赁补贴;
9. 优惠的小额贷款;
10. 提供担保;
11. 信息咨询支持。

### (五)管理公司提供的服务

互联网接入服务、电话服务、保安服务、法律服务、会计服务、广告服务、餐饮服务、邮政服务、文秘服务、咨询服务、提供特种设备、教培服务、技术服务、管理知识产权、工程服务、营销服务、金融服务。

### (六)成为科技园居民

每个科技园区对可以入驻的企业类型(一般是法人、个体工商户)、投资项目类型、以及申请成为居民的程序提出要求,各个园区的具体要求可见于园区官方网站。基本上,符合要求的企业向拟入驻科技园管理公司提交入驻申请,通过选拔程序后，与管理公司签订入驻协议，即可成为科技园居民。

（七）园区内包括的基础设施种类

1. 工业基础设施

工业活动所需的一系列不动产、交通基础设施和公用事业基础设施。

2. 技术基础设施

为实施科技活动或创新活动所必需的一系列不动产和设备。

工业科技园的技术基础设施包括：企业孵化器或技术孵化器、工程中心、科学设备集体使用中心、工业试产设备集体使用中心、认证中心、实验室、生态箱、技术转移中心、无菌室、原型制作中心、数据中心、会议和展览厅。

### 3.7.3　地区投资项目

为了给投资活动创造有利的税收条件、支持创建新的工业企业和高科技项目，《俄罗斯联邦税法典》规定了一种纳税人类别——地区投资项目参与者。授予地区投资项目参与者地位的程序和条件在《俄罗斯联邦税法典》第3.3章规定。

根据法律，地区投资项目可以在远东、外贝加尔地区和东西伯利亚实施，设置地域限制是为了吸引投资到具体地区，创造更多就业机会，建立完善的基础设施，并普遍提高该地区居民的生活质量。具体包括下列联邦主体：布里亚特共和国、萨哈（雅库特）共和国、图瓦共和国、后贝加尔边疆区、堪察加边疆区、克拉斯诺亚尔斯克边疆区、滨海边疆区、哈巴罗夫斯克边疆区、阿穆尔州、伊尔库茨克州、马加丹州、萨哈林州、犹太自治州、楚科奇自治区。

#### 一、对地区投资项目的要求

1.《俄罗斯联邦税法典》第25.8条第1款规定，地区投资项目旨在生产货物，并同时满足法律规定的所有要求：

（1）地区投资项目在单一技术流程下，在《俄罗斯联邦税法典》第25.8条第1款第1项规定的几个俄罗斯联邦主体范围内生产货物。

（2）地区投资项目旨在开采矿物，相关的矿产地部分位于《俄罗斯联邦税法典》第25.8条第1款第1项规定的俄罗斯联邦主体范围内。

（3）除第25.8条另有规定外，地区投资项目的生产活动仅在俄罗斯联邦的一个主体范围内进行。

2. 地区投资项目不能为以下目的：

（1）生产、提炼石油；开采天然气、天然气凝析油；为石油、石油产品、天然气、天然气凝析油提供运输服务。

（2）生产应税商品（汽车和摩托车除外）。

（3）从事适用0%利润税率的活动。

3. 每个地区投资项目都由唯一的参与者实施，申报的投资额不得少于：

（1）5000万卢布，在该组织被列入地区投资项目参与者登记簿之日起3年内投资到位。

（2）5亿卢布，在该组织被列入地区投资项目参与者登记簿之日起5年内投资到位。

## 二、获得地区投资项目参与者地位的要求

俄罗斯公司同时满足以下要求：

（1）该公司不是：合并纳税人集团成员；非营利组织、银行、保险组织、非政府养老基金、证券市场的专业参与者、清算组织；任何类型的经济特区或超前发展区的居民。

（2）该公司以前没有成为过地区投资项目参与者，也不是另一个正在进行的地区投资项目的参与者（参与者的合法继承者）。

（3）该公司在实施地区投资项目的俄罗斯联邦主体境内进行国家注册。

符合上述条件的俄罗斯组织自被录入地区投资项目参与者登记簿之日起就获得地区投资项目参与者的身份。2014年6月23日俄罗斯联邦税务局第MMB-7-3/328号命令批准了地区投资项目参与者登记簿程序和登记簿中的信息构成，将公司列入登记簿的决定由被授权的俄罗斯联邦主体国家权力机关作出，希望获得地区投资项目地位的投资人需要向相关机关提交申请。

## 三、税率

对地区投资项目参与者适用的特别税率在《俄罗斯联邦税法典》第284.3条中规定。

### 3.7.4　北极地区优惠政策

## 一、俄罗斯北极地区简介

俄罗斯共有9个联邦主体位于北极地区内，生活着250万人口，17%的石油和82%的天然气产自这里。作为北极沿岸重要的国家，俄罗斯一直特别重视北

极的开发工作，一是加强政策上的谋划。2019 年 2 月，俄罗斯在原有的远东发展部的基础上，组建远东和北极发展部，提高北极发展的国家管理效率。二是重视北极能源开发，陆续启动了很多大型的油气开采项目，包括亚马尔液化天然气项目。三是积极推动北方航道的开发运营，明确提出到 2024 年要将北方航道的年货运量由 2017 年的 1000 万吨提高到 8000 万吨。

全部领土都位于北极地区的俄罗斯联邦主体：摩尔曼斯克州、涅涅茨自治区、楚科奇自治区、亚马尔-涅涅茨自治区。

部分领土位于北极地区的俄罗斯联邦主体：卡累利阿共和国、科米共和国、阿尔汉格尔斯克州、克拉斯诺亚尔斯克边疆区、萨哈(雅库特)共和国。

## 二、北极地区商业活动的法律基础

1. 2020 年 7 月 13 日第 193 号联邦法律《关于对俄罗斯联邦北极地区商业活动的国家支持》。

主要内容：俄罗斯联邦北极地区居民身份。

2. 2020 年 7 月 13 日第 194 号联邦法律《关于因通过〈关于对俄罗斯联邦北极地区商业活动的国家支持〉而修正俄罗斯联邦某些法律文件》。

主要内容：对相关联邦法律进行修正，以便在北极地区建立以下制度。

(1)特别的国家控制(监督)制度；

(2)北极地区居民获得土地的特别制度；

(3)特别的海关制度。

## 三、北极地区营商优惠法律基础、国家支持法律基础

(一)联邦法律

1. 2020 年 7 月 13 日第 195 号联邦法律《关于因通过〈关于对俄罗斯联邦北极地区商业活动的国家支持〉而修正〈俄罗斯联邦税法典〉第二部分》。

主要内容：为北极地区居民建立特殊的税收制度。

(1)降低利润税率；

(2)在满足一定条件的情况下对开采固体矿物(煤炭除外)减征矿产开采税；

(3)某些服务适用零增值税率。

2. 2020 年 3 月 18 日第 65 号《关于修正〈俄罗斯联邦税法典〉第二部分》。

主要内容：

(1)为鼓励勘探和评估碳氢化合物矿床，以及勘探、开采、储存和运输北极

地区内某些区域的碳氢化合物建立征税条件。

(2)修正《俄罗斯联邦税法典》第25章“利润税”。

(3)修正《俄罗斯联邦税法典》第25.4章“开采碳氢化合物额外收入税”。

(4)修正《俄罗斯联邦税法典》第26章“矿产开采税”。法律扩大了落入开采碳氢化合物额外收入税征收范围的矿产地清单[全部或部分位于北纬70度以北,完全位于克拉斯诺亚尔斯克边疆区、萨哈(雅库特)共和国和楚科奇自治区境内的矿产地被纳入范围]。

(5)对开采专门用于生产液化天然气、作为生产石油化工产品原料的燃料气适用零矿产开采税率,仅针对2022年1月1日后投入运营的新产能。

(二)俄罗斯联邦政府的法令

1. 2020年3月18日第297号《关于批准计划在俄罗斯联邦北极地区实施的投资项目的选择规则》。

2. 2020年9月2日第1338号《关于批准从联邦预算中为俄罗斯联邦北极地区的居民法人和居民个体工商户支付的保险费提供补贴的规则》。

## 四、北极地区营商支持主管机构

除了联邦和地方权力机关外,其他一些机构也参与支持北极地区商业发展。这些组织的共同目标是确保大区域的快速发展,提高北极地区居民生活水平。

1. 联邦级权力执行机关——俄罗斯联邦远东和北极地区发展部

俄罗斯联邦远东和北极地区发展部是制定及优化俄罗斯北极地区企业家支持监管框架的关键联邦权力执行机构。

主要职责:

(1)向北极地区居民发放基础设施建设和运营许可证,国防设施、与原子能使用有关的设施、位于特别保护自然区的设施除外。

(2)控制管理公司的活动。

(3)向北极地区居民提供用于投资项目的联邦土地。

2. 地方权力执行机关

地方权力执行机关的职责包括提供额外的地方福利和优惠,还包括向投资者提供土地。

3. 远东和北极发展集团——管理公司

主要职责:

(1)吸引投资者。

(2)审查北极地区投资者申请并签订协议。

(3)在法庭上维护北极地区居民的利益。

(4)签订关于居民社会保险费补偿程序的合同,补偿居民支付社会保险费的75%。

(5)按照“单一窗口原则”为北极地区居民提供全面服务。

4. 管理公司下属的地区发展机构

管理公司可以建立地方级的专门机构吸引和支持投资者,职权按照管理公司授权的职能清单确定,这些机构的任务包括在投资项目实施的各个阶段提供咨询支持和跟进、按照“单一窗口原则”为北极地区居民和投资者提供全面的服务。

5. 人力资源发展机构

机构帮助雇主寻找合适的员工,在公民搬迁到远东和北极地区时提供信息和咨询支持,并协助在该地区就业。

6. 远东和北极地区发展基金

通过提供优惠(年利率2%以上)和长期融资,实施旨在加速远东和北极地区经济增长的优先投资项目。

7. 监管机构

控制和监督企业活动,行动受到支持北极地区企业家相关法律的限制。

8. 俄罗斯联邦北极地区社会委员会

俄罗斯联邦北极地区社会委员会包括全俄协会、地区协会、在北极地区开展活动的非营利组织的代表,其组成由俄罗斯联邦远东和北极发展部批准,并根据该部批准的条例行事。

主要职权:

(1)监督北极地区居民与在北极地区生活的原住少数民族的交往;

(2)参与制定北极地区的环境保护措施;

(3)向授权的联邦机构、管理公司提出关于提高北极地区管理活动效率的建议。

## 五、北极地区居民

居民是指在北极地区注册并与管理公司签订了投资协议的商业组织或个体工商户。截至2022年4月28日,共注册了405名北极地区居民,拟投资额5294.11亿卢布,拟新创建的工作岗位17,062个。

居民清单链接:https://investarctic.com/registry.php。

(一)有资格成为居民的人

1.投资项目的最低投资额至少为100万卢布(不含增值税),包括建设不动产或其现代化的费用。在获得北极地区居民身份之前发生的费用不计算在内。

2.投资项目或业务应当属于新项目。新项目被认为是在提交申请时实际投资额低于商业计划中预计总投资额的25%(不包括购买矿产使用许可证的支出)。

3.申请人不处于重组、清算或破产阶段。

4.申请人不应拖欠超过申请人资产账面价值25%的过去一年的税费、划入俄罗斯联邦国家非预算基金的保险费、划入俄罗斯联邦预算系统的其他强制性付款。

外国投资的企业符合上户条件,也可成为北极地区居民。

一个企业不可能同时具有符拉迪沃斯托克自由港、超前发展区、特别行政区、北极地区的居民身份,只能选择一个身份。

(二)成为居民

希望成为北极地区居民的企业家向管理公司提交申请,以签订开展投资活动的协议。申请书内容包含经营活动类型、地块地址、协议期限,如果需要使用自由关税区制度,还应包含使用自由关税区制度的信息。

1.注册居民的程序

第1步:准备申请材料。

(1)申请书;

(2)设立文件复印件(对于公司申请人);

(3)商业计划;

(4)投资项目实施时间表;

(5)税务登记证;

(6)税务局出具的未欠缴税款证明;

(7)申请人前3年的会计报表(如果经营时间不到3年,则为经营期间的会计报表);

(8)预计的人员编制表;

(9)实施投资项目的税收额(按表格要求)。

第2步:提交申请材料。

在ARCTIC-RUSSIA.RU网站注册个人账户提交电子文件,或提交纸质文件。

第 3 步：申请通过的申请人签订投资协议并被列入北极地区居民名录。

居民申请审理程序：

(1)提交申请后 10 个工作日内对申请进行审理，俄罗斯联邦远东和北极发展部设立委员会审理申请，委员会由部委、管理公司、北极地区内地方最高国家权力机关执行部门的代表组成；

(2)如果委员会决定通过申请，管理公司应在作出决定后的 5 个工作日内通知申请人；

(3)管理公司在批准申请后的 10 个工作日内，将投资协议草案发给申请人；

(4)申请人在草案上签字，并在 10 个工作日内将签字的文件返还给管理公司；

(5)委员会应当在 7 个工作日内签署协议。

因此，从提交申请到居民登记的最长时间不超过 37 个工作日。

如果申请规定适用自由关税区的海关程序，管理公司应当在将申请人录入北极地区居民登记册当日，将关于个体工商户或法人被录入北极地区居民登记册的信息，以电子形式发送给海关。

2. 申请被拒的原因

(1)未提供必要文件；

(2)商业计划不符合俄罗斯联邦远东和北极发展部规定的要求；

(3)法人或个体工商户是在北极地区外注册的；

(4)拖欠税款超过资产账面价值的 25%或正在进行破产等程序。

如果申请被拒绝，管理公司应当在决定后的 10 个工作日内通知申请人。申请人有权通过司法程序寻求救济。

3. 投资协议

投资协议由管理公司与个体工商户或法人签订，协议签订后，个体工商户或法人被授予俄罗斯北极地区居民的身份。北极地区居民不得将其在投资协议下的权利和义务转让给他人。

协议期限为申请写明的期限，可延长。协议模板由俄罗斯联邦远东和北极发展部批准。

在协议有效期内，居民应当开展协议规定的活动，在规定的时间内按规定的数量进行投资，并履行创造新的就业机会的义务。协议规定了允许投资项目参数的最大偏差，偏差范围根据俄罗斯联邦远东和北极发展部批准的方法确定。

允许进行投资项目没有规定的活动，但是开展此类活动不能享受北极地区国家支持，并且强制对这些活动进行单独会计记账。

## 六、北极地区居民的联邦、地级税收优惠

### （一）矿产开采税

对开采固体矿物（煤炭除外）减征矿产开采税：

1. 减征金额不超过当前纳税期矿产开采税总额的50%；

2. 减征数额应包括北极地区居民为在矿产地上开采矿物所需的基础设施支出，矿产地采空区在2021年1月1日前不超过0.001（根据国家矿产储量平衡表），或在国家矿产储量平衡表中没有相关信息；

3. 基础设施在2021年1月1日前没有投入使用；

4. 减税期从2021年1月1日到2032年12月31日。

### （二）利润税

如果地方政府降低了地方级利润税的税率，那么联邦级所得税适用0税率，适用期间为获得第一笔利润后的10个纳税期间内。

根据《俄罗斯税法典》第284.4条第1款第2项的规定，申请利润税0税率的企业不得在俄罗斯北极地区以外有独立的分支机构。

### （三）增值税

零增值税率适用于：

1. 俄罗斯境外海上货物运输的工作（服务）；

2. 为俄罗斯境外海上货物运输船只提供破冰服务；

3. 根据2020年7月13日第195号联邦法律，增值税优惠适用于所有出口商。

### （四）开采税

对开采专门用于生产液化天然气、作为生产石油化工产品原料的燃料气适用零矿产开采税率，仅针对2022年1月1日后投入运营的新产能。

### （五）社会保险费补偿

北极地区居民支付的强制性养老保险、强制性临时工伤社会保险、与生育有关的强制性社会保险、强制性医疗保险的75%有机会获得补贴。

（六）联邦各主体税收优惠

俄罗斯联邦各主体被授权并为企业家提供额外的地方级税收优惠。地方优惠涉及税种：社会保险费、利润税、土地税、财产税、简易征税制度、矿产开采税。

## 七、优惠融资

远东和北极地区发展基金提供：

（1）贷款和直接投资；

（2）年利率2%起，10年以上，5000万卢布起；

（3）优先领域：工业、基础设施、交通运输、城市环境。

## 八、基础设施方面的国家支持

作为对大型投资项目的支持，联邦预算对基础设施投资提供补贴。

补贴要求：

（1）投资地点必须位于俄罗斯北极地区内；

（2）投资项目的总价值至少为3亿卢布；

（3）补贴金额不超过项目私人投资总额的20%；

（4）国家能够通过未来10年内的税收获得投资回报。

由国家北极发展委员会主席团据2020年3月18日第297号政府令选拔有资格获得基础设施支持的投资项目。符合以下标准的参与者有资格获得国家基础设施支持：

（1）法人或在法人注册资本中占10%以上的股东、法人单一执行机构（总经理）或其副手、参与实施投资项目的承包商，具有实施投资项目的经验，同时还要考虑他们计划的投资回报率和保证实现计划的经济效益指标；

（2）法人注册在北极地区内；

（3）法人或在法人注册资本中占10%以上的股东、法人单一执行机构（总经理）或其副手未在提供优惠税制、在进行金融交易时不披露和提供信息的国家或地区（离岸区）注册，上述地区名单由俄罗斯联邦财政部批准；

（4）法人不具有信贷机构、保险机构、投资基金、非政府养老基金、证券市场专业参与者、典当行或产品分成协议参与者的地位；

（5）对俄罗斯没有到期未履行债务、非处于破产、解散清算程序、未被限制经营、按时足额偿还贷款。

## 九、补贴贷款利率

对于俄罗斯北极地区的企业家，提供中央银行关键利率 1.5 倍的利率补贴，但不超过 9%。借款人的贷款成本为年利率 2%起。该优惠适用于除伐木、捕鱼和采矿外的所有经济部门的投资项目。借款人可以选择与哪家银行合作：数家俄罗斯银行都有资格获得补贴。投资项目的总价值为 1000 万—25 亿卢布(对于单个借款人)或达 50 亿卢布(对于相关的借款人团体)。借款人自己的投资至少占投资项目全部价值的 30%。

对借款人的要求：

(1)借款人具有俄罗斯北极地区居民身份；

(2)生产场地位于在俄罗斯北极地区。

## 十、对北极地区居民的检查

法律规定对北极地区居民进行定期和不定期检查，检查工作由俄罗斯联邦远东和北极发展部协调进行。

### (一)定期检查

1. 定期检查的年度计划须经俄罗斯联邦远东和北极发展部批准；

2. 俄罗斯联邦远东和北极发展部、远东和北极发展集团的代表在进行检查时有权出现；

3. 计划检查的时间从开始之日起不应超过 15 个工作日；

4. 每年安排的现场检查总时间对小型企业来说不得超过 40 小时，对微型企业来说不得超过 10 小时。

### (二)不定期检查

对北极地区居民的不定期检查需要经过俄罗斯联邦远东和北极发展部同意。不定期检查的时间不得超过 5 个工作日(有某些例外)。

## 十一、居民用地

为了获得地块，法人或个体工商户获得北极地区居民身份后，需要向有权处置相关地块的国家机构或地方自治机构提出申请。

此外，第 193 号联邦法律规定，管理公司可以向北极地区居民提供位于“实施投资项目的区域”的地块，以按照投资协议开展活动，这些地块是国家或自治地区先前提供给管理公司的。为了获得位于"实施投资项目的区域"的地块，北极地区居民需要向管理公司提交相关申请。土地租赁合同在管理公司和居民之间签订，租金支付给管理公司。

根据《俄罗斯联邦土地法》第39.6条第2款第39项，所有权属于国家或自治地区的地块可提供给北极地区居民，以便根据投资协议开展活动，且无须招标。

## 十二、俄罗斯北极地区边境口岸的运行

俄罗斯北极地区的国家边境检查站按照特殊规定运行。

(1)位于北极地区内国家边境检查站的货物和车辆的卫生检疫、动物和植物检疫控制由海关机构进行。

(2)国家控制机构在北极地区检查站24小时工作。

(3)海关和其他类型的控制按照"单一窗口原则"进行。

(4)执行控制活动所需的文件(除身份证件)可以以电子形式提交给海关机构。

## 十三、自由关税区制度

北极地区居民有权在其业务中适用自由关税区程序，此项优惠措施针对有意出口产品和使用进口设备的企业家。

(1)自由关税区可以建立在北极地区居民的装备区。

(2)放置和使用外国货物不需要支付关税和增值税。

(3)俄罗斯货物的放置和使用需要支付消费税，不需要支付出口关税。

(4)北极地区居民的优势：

A. 免缴关税和增值税。

使用进口设备和部件进行生产。

使用进口部件进行装配生产随后出口。

B. 对单个部件或整个产品支付关税。

使用进口部件进行装配生产随后在关税同盟中销售产品。

## 十四、支持北方原住少数民族的传统经营活动

俄罗斯联邦政府批准了北方原住少数民族在北极地区进行传统经营活动的国家支持项目。该项目由俄罗斯联邦远东和北极发展部与北极地区内各地

区合作制定。

与北方原住少数民族交往的原则和责任：

俄罗斯联邦远东和北极发展部与俄罗斯联邦北极地区社会委员会协商批准了北极地区居民与在北极地区生活或进行传统经营活动的原住少数民族的交往中的特殊责任标准，其中包括建议北极地区居民在与北方原住少数民族交往时使用的原则清单。

俄罗斯联邦远东和北极发展部监督北极地区居民遵守责任标准，每年7月1日前在其官方网站上发布关于居民遵守上述责任标准的报告。

## 十五、北极投资平台网站

北极投资平台网站（Arctic-Russia. ru）是北极地区创业者的“统一窗口”，其创建是为了全面促进北极地区发展。平台为北极地区居民注册提供一站式服务，包含所有关于北极地区立法、税收和行政优惠的必要信息。

投资者填写表格即可注册个人账户，在申请过程的各个阶段，投资者都可以获得及时的技术支持：服务经理将回答可能出现的任何问题，免费检查必要文件，并就个人账户的使用提供咨询。

## 十六、位于北极地区的超前发展区——“北极首都”

北极首都超前发展区根据2020年5月12日第656号俄罗斯联邦政府令建立，位于摩尔曼斯克州，是北极地区第一个适用远东地区优惠的超前发展区，为商业和其他类型的活动建立了特殊的法律制度，旨在创造有利条件吸引投资者，确保社会经济加速发展。截至2022年4月27日共注册了8个居民，总投资1622亿卢布，创造了4579个工作岗位。

1. 超前发展区的专业：港口活动、物流、工业建筑。

2. 税收优惠。

（1）社会保险费优惠：

费率7.6%，适用10年，从获得居民资格的下一个月的1日开始。

其中：

养老保险基金6%；

社会保险基金1.5%；

强制医疗保险基金0.1%。

（2）财产税优惠：前5年税率为0%，从被列入经济特区居民登记册的纳税期开始。

(3)利润税优惠:前5年税率为5%,随后的5年税率为12%,从收到第一笔利润时起。

(4)土地税优惠:适用3年税率0%,从获得居民资格时开始,或者从获得地块所有权时开始。

(5)矿产开采税优惠:

削减系数:

$K=0$,0—2年;

$K=0.4$,4—6年;

$K=0.6$,6—8年;

$K=0.8$,8—10年。

从适用利润税率优惠时开始,每2年对矿产开采税基适用一个削减系数。

3. 行政优惠。

(1)在北极地区居民已开发和设置装备的地块,可适用自由关税区的程序。

(2)以优惠的租金和价格向居民提供实施投资项目所需的地块,每块地的租金按照优惠系数单独计算。

(3)减少对企业检查的时间,进行定期检查的时间不得超过15个工作日。

(4)雇用外国员工无配额限制。

(5)管理公司有权在法庭上代表和保护居民的利益。

4. 居民资格。

(1)在超前发展区内注册的法人和个体工商户,如果在超前发展区以外没有分支机构,可以获得超前发展区居民地位,在另一个超前发展区的分支机构和代表处除外;

(2)最低投资额不少于50万卢布(不包括增值税);

(3)申请人在商业计划书和申请书中指定的商业活动类型应符合2020年5月12日第656号俄罗斯联邦政府令《关于建立"北极首都"社会经济超前发展区》中规定的活动类型;

(4)申请人不能是地方投资项目参与者;

(5)申请人必须不处于重组、清算或破产程序中;

(6)申请人未拖欠超过申请人资产账面价值25%的俄罗斯联邦国家非预算基金的税款和保险费,以及无拖欠俄罗斯联邦预算系统预算的其他强制性付款;

(7)申请人不应拖欠超过申请人资产账面价值25%的过去一年的税费、划入俄罗斯联邦国家非预算基金的保险费、划入俄罗斯联邦预算系统的其他强制性付款；

(8)根据所提供的信息和文件，该项目获得融资的可能性很大(说明了真实的融资来源、提供贷款的条件)。

### 3.7.5　社会经济超前发展区

#### 一、主要法律依据

1. 2014年12月29日《俄罗斯联邦社会经济超前发展区法》(Федеральный закон от 29 декабря 2014 г. N 473－ФЗ “О территориях опережающего социально-экономического развития в Российской Федерации”)。

2. 2015年6月22日第614号俄罗斯联邦政府令《关于在俄罗斯联邦单一产业城镇设立社会经济超前发展区特别规定”的决定》。

#### 二、主要优惠政策

(一)税收优惠

1. 企业利润税：1—5年为0%(布里亚特共和国、摩尔曼斯克州为5%；在后贝加尔边疆区从事某些活动为2%；)；5—10年为12%(地区优惠政策由联邦主体确定)。

2. 土地税：3—5年为0%—1.5%。

3. 财产税：1—5年为0%—0.3%；5—10年为0.5%—2.2%。

4. 社会保险费：7.6%。

5. 矿产资源开采税参数：投资项目盈利起算，1—10年为0%—1%。

(二)雇佣外国员工便利

居民企业雇佣外国员工无须办理许可，外国人就业不受配额制度限制，可获得经营协议中经审批通过的外国员工岗位数量。

(三)其他便利条件

1. 为居民企业提供土地租金优惠、为接入基础设施提供便利条件。

2. “一个窗口”行政服务，缩短行政审批事项办理时间。

3. 统一审批行政机关对居民企业的现场检查，需经俄罗斯联邦远东和北极发展部批准。

4. 管理公司可以为居民企业提供法律服务，接受委托代理法院出庭。

5. 设立自由关税区的，缩短通关时间、不征收进口关税。

## 三、如何成为社会经济超前发展区的居民企业

（一）社会经济超前发展区投资准入门槛基本要求

1. 超前发展区

（1）申请人须是在拟入驻区域注册的法人或个体工商户，且在区域外无分支机构；

（2）拟投资额度、拟经营项目应符合该区设置的标准（超前发展区投资额≥50 万卢布）；

（3）申请人没有向联邦预算欠缴数额超过上一报告期资产账面价值的 25% 的税款、保险费、其他强制性规费；

（4）申请人不处于清算、重组、破产程序中；

（5）经营项目属于俄罗斯联邦政府关于设立各超前发展区决定中列明的行业范畴。

2. 单一产业城镇超前发展区的特殊规定

（1）单一产业城镇超前发展区初设期限为 10 年，由当地政府相关部门直接管理。

（2）入驻第一年创造的就业岗位不得少于 10 个、实际投入资本不得少于 250 万卢布，各区域规定不同。

（3）与当地中心企业及其子公司的合作不计入居民企业的投资项目，和/或居民企业将投资项下所产货物/服务向中心企业及其子公司出售的销售收入占投资项目总销售收入的比重不得超过 50%。

（4）雇佣外国职工的比例不得超过全体职工的 25%。

（5）经营项目不得与中心企业主营项目相同，且经营项目的人力需求量不得超过中心企业平均在册员工量的 20%。

（6）不得从事的行业：批发零售小轿车和摩托车（维护及维修小轿车、摩托车和机动车除外）；原油天然气开采；为石油天然气开采提供服务的行业；管道运输业；石油产品生产；除小轿车和摩托车外的批发零售业；采林业；等等。具体见 2015 年 6 月 22 日第 614 号俄罗斯联邦政府令中要求的第 1 条。

超前发展区初设年限为 70 年（单一产业城镇超前发展区初设年限 10 年），俄罗斯联邦政府以决定的方式批准各超前发展区和自由港设立，并在决定中指

明该区域享受优惠政策的行业项目、最低投资额度、区域划界、是否在域内设立自由关税区等信息。

（二）向管理公司申请登记为居民企业

1. 申请人向管理公司提交申请和投资经营项目策划等材料。

2. 管理公司在15个工作日内对申请进行审核。

3. 审核结果出来后10个工作日内告知申请人，审核通过的，与拟居民企业订立经营协议。

4. 经营协议订立后3个工作日，管理公司将其登记为居民企业，并通知居民企业所在地税务机关、海关。

5. 居民企业应适当履行经营协议。

6. 管理公司：远东发展集团股份公司（АО《Корпорация развития Дальнего Востока》，КРДВ），是俄罗斯联邦政府全资公司，负责远东地区超前发展区和自由港的管理和发展，在莫斯科市和符拉迪沃斯托克市均设有管理机构，并在远东地区各联邦设立分支机构和子公司负责当地事务。

7. 申请材料。

（1）基本材料：登记为居民企业申请表（拟经营项目、拟经营期限、需要俄方提供的土地面积、电网等其他设施条件、拟设就业岗位等）、商业项目计划书、企业登记证明、税务登记证明、公司设立文件等。

（2）补充材料：投资项目的财务模型（对商业计划中给出的指标进行论证）、过去3年的会计报告和按活动类型划分的收入明细（正常经营的企业提供）、地块的产权文件复印件（如有）。

8. 不予登记的事由：申请人不符合该区行业项目规定或投资门槛、俄方无法提供申请人经营所需的设施条件、申请人处于非正常经营状态（破产、重组等）、申请人向联邦预算欠缴的税款、保险费、其他强制性规费数额超过上一报告期资产账面价值的25%。

## 四、什么样的居民企业有权享受税收优惠

居民企业享受优惠须满足以下前置条件：

1. 在区域内注册的公司，且不得在该区域外设立分支机构；

2. 属于营利性组织，但银行、保险、非国有性质养老基金、证券市场从业、融资租赁行业除外；

3. 不得同时享有其他税收优惠政策，即居民企业不得是纳税人联盟的成

员、不得是其他经济特区居民企业、不得是区域投资项目投资者；

4. 采用一般计税方法，即采用简易计税方法、农业计税方法等特别税制的除外；

5. 经营协议约定营业项目的收入与其他收入分别核算，且经营协议项下营业项目收入占比不得低于应税收入总额的90%，且汇率变动收益不计入应税收入总额。

### 3.7.6　符拉迪沃斯托克自由港

#### 一、主要法律依据

1. 2015年7月13日《符拉迪沃斯托克自由港法》生效（Федеральный закон от 13 июля 2015 г. N 212-ФЗ "О свободном порте Владивосток"）。

2. 2015年10月20日第1123号俄罗斯联邦政府"关于符拉迪沃斯托克自由港居民企业审批标准"的决定（Постановление Правительства РФ от 20 октября 2015 года №1123 "Об утверждении критериев отбора резидентов свободного порта Владивосток"）。

3. 2017年7月4日符拉迪沃斯托克自由港执行委员会第8号会议纪要《关于不享受国家扶植政策的经营行业》。

4. 2019年12月20日符拉迪沃斯托克自由港执行委员会第12号会议纪要《关于自由港居民企业不得从事的经营行业》。

#### 二、居民企业行业准入和投资门槛

1. 第1123号俄罗斯联邦政府决定确定的审批标准为：自由港内企业或个体工商户的新设投资项目、新拓展的经营项目，且自登记为居民企业后其前3年的资本投入不得少于50万卢布。

2. 自由港采用"行业准入负面清单"制度，即自由港执行委员会（наблюдательный совет）制定关于哪些经营行业不得享受特定优惠的负面清单。

禁止自由港居民企业从事的行业：

（1）石油天然气开采；

（2）管理辅助服务行业（从事租赁或融资租赁农机和农用设备、建筑民建机械设备和交通工具、空运水运和铁路运输交通工具、发动机、涡轮、机床、其他机

械设备材料的除外,从事旅游业组织代理活动及其他旅游业服务的除外);

(3)从事消费税应税商品生产(生产以发动机油、航空燃油、柴油、机车油为燃料的小轿车、摩托车除外);

(4)交通工具停放服务。

以下行业不享受国家扶植优惠政策:金融保险业;博彩业;零售批发业(经营协议中另有规定的除外)。

俄罗斯联邦内务部于2020年5月15日作出第284号令,要求远东联邦区超前发展区居民企业、远东自由港居民企业在外国投资者完成或终止投资项目后的3天内,向相关部门做备案。

## 三、主要优惠政策

### (一)税收优惠

企业利润税:投资项目盈利起算,1—5年为0%;5—10年为12%(地区优惠政策由联邦主体确定)。

财产税:1—5年为0%;5—10年为0.5%。

土地税:1—3年为0%。

社会保险费:1—10年为7.6%。

### (二)海关优惠

1. 便捷的海关通关流程,24小时通关制度。

2. 简化外国人入境签证办理手续,电子商务签证,有效期30日,俄罗斯境内停留期不超过8日。

3. 居民企业在自由关税区享受关税免税制度的有:外国货物的进口、保管和使用;设备出口;外国设备进口。

### (三)雇佣外国员工便利

居民企业雇佣外国员工无须办理许可,外国人就业不受配额制度限制,可获得经营协议中经审批通过的外国员工岗位数量。

### (四)其他优惠

1. 缩短行政机关对居民企业进行监督检查的时间。

2. “一个窗口”行政服务,缩短行政审批事项办理时间。

3. 设立自由关税区的,缩短通关时间、不征收进口关税。

4. 管理公司可以为居民企业提供法律服务,接受委托代理法院出庭。

## 四、如何成为符拉迪沃斯托克自由港的居民企业

(一)符拉迪沃斯托克自由港投资准入门槛基本要求

1. 申请人须是在拟入驻区域注册的法人或个体工商户;

2. 申请人拟开展新型经营活动;

3. 从授予居民身份之日起的3年内,资本投资的最低金额至少为50万卢布;

4. 申请人没有向联邦预算欠缴数额超过上一报告期资产账面价值的25%的税款、保险费、其他强制性规费;

5. 申请人不处于清算、重组、破产程序中。

(二)向管理公司申请登记为居民企业

1. 申请人向管理公司提交申请和投资经营项目策划等材料,订立经营协议并登记为居民企业。

2. 管理公司在15个工作日内对申请进行审核。

3. 审核结果出来后10个工作日内告知申请人,审核通过的,与拟居民企业订立经营协议。

4. 经营协议订立后3个工作日,管理公司将其登记为居民企业,并通知居民企业所在地税务机关、海关。

5. 居民企业应适当履行经营协议。

6. 管理公司:远东发展集团股份公司,是俄罗斯联邦政府全资公司,负责远东地区超前发展区和自由港的管理和发展,在莫斯科市和符拉迪沃斯托克市均设有管理机构,并在远东地区各联邦设立分支机构和子公司负责当地事务。

7. 申请材料。

(1)基本材料:登记为居民企业申请表(拟经营项目、拟经营期限、需要俄方提供的土地面积、电网等其他设施条件、拟设就业岗位等)、商业项目计划书、企业登记证明、税务登记证明、公司设立文件等。

(2)补充材料:投资项目的财务模型(对商业计划中给出的指标进行论证)、过去3年的会计报告和按活动类型划分的收入明细(正常经营的企业提供)、地块的产权文件复印件(如有)。

8. 不予登记的事由:申请人不符合该区行业项目规定或投资门槛、俄方无法提供申请人经营所需的设施条件、申请人处于非正常经营状态(破产、重组等)、申请人向联邦预算欠缴的税款、保险费、其他强制性规费数额超过上一报告期资产账面价值的25%。

## 五、何种居民企业有权享受税收优惠

居民企业享受优惠须满足以下前置条件：

1. 在区域内注册的公司，且不得在该区域外设立分支机构；

2. 属于营利性组织，但银行、保险、非国有性质养老基金、证券市场从业、融资租赁行业除外；

3. 不得同时享有其他税收优惠政策，即居民企业不得是纳税人联盟的成员、不得是其他经济特区居民企业、不得是区域投资项目投资者；

4. 采用一般计税方法，即采用简易计税方法、农业计税方法等特别税制的除外；

5. 经营协议约定营业项目的收入与其他收入分别核算，且经营协议项下营业项目收入占比不得低于应税收入总额的90%，且汇率变动收益不计入应税收入总额。

## 六、自由港发展状况

据远东发展集团股份公司官网数据，截至2022年5月中旬，自由港登记居民企业共有2093家，申报投资额达12,470亿卢布。

### 3.7.7　滨海边疆区特别行政区——罗斯岛

## 一、主要法律依据

1. 2018年8月3日通过并生效的《加里宁格勒州和滨海边疆区特别行政区法》(Федеральный закон от 3 августа 2018 г. № 291－ФЗ “О специальных административных районах на территориях Калининградской области и Приморского края”)。

2. 2018年8月3日通过并生效的《跨国公司法》(Федеральный закон от 03.08.2018 № 290－ФЗ “О международных компаниях и международных фондах”)。

## 二、居民企业资质要求、行业限制和投资门槛

(一)获得跨国公司地位的条件

1. 外国公司于2022年3月1日之前根据自己国家法律设立；

2. 以简单的书面形式承诺在俄罗斯投资(1年内以出资或资本投资的形式

投资 5000 万卢布)；

3. 申请签订作为特别行政区参与者经营的合同；

4. 在 FATF 成员国或玛纽尔注册；

5. 禁止下列行业的公司成为跨国公司：信贷业、非信贷金融业、支付结算系统运营商、结算基础设施服务运营商。

(二)获得跨国控股公司地位的条件

1. 外国公司于 2022 年 3 月 1 日之前根据自己国家法律设立，重新注册为跨国公司，且自其成立之日至其按照程序注册为跨国公司已 3 年以上。

2. 重新注册的外国公司的控制人(超过 15%)在 2022 年 3 月 1 日前成为其控制人(不适用于开放式公司和受制裁的实体)。

3. 在获得跨国公司身份的 15 个工作日内，向税务机关提交：

(1)外国组织在注册为跨国公司之日前最近一个财务年度的财务报表；

(2)无保留意见审计报告；

(3)跨国公司的控制人的信息(超过 15%)。

4. 符合下列条件时，为获得跨国控股公司地位不考虑控制人的指标：

(1)如果跨国公司在 2022 年 3 月 1 日是上市公司；

(2)如果跨国公司直接、间接合计持有上市公司 100%的股份；

(3)截至 2022 年 3 月 1 日，跨国公司的控制人(持股比例>25%)均在制裁名单上。

5. 符合下列条件时，跨国公司丧失其跨国控股公司地位：

(1)如果跨国控股公司决定以不与跨国公司合并或兼并的方式进行重组；

(2)如果跨国公司控制人在一年内发生变化(不适用于上市公司和受制裁的实体)；

(3)如果根据《跨国公司法》失去了跨国公司的地位；

(4)跨国公司在 2 年内没有被从外国法律实体的登记册中删除(除非法律规定了更长的期限)；

(5)如果跨国公司地址迁出特别行政区。

## 三、主要优惠政策

1. 外汇管理方面：

(1)非外汇居民无须开立账户，在俄罗斯境内转汇外币和卢布不受限。

(2)非外汇居民无须开立账户，从俄罗斯汇出或向俄罗斯汇入外币或卢布不受限。

(3)非外汇居民可以用外币和卢布现金结算。

2. 特别行政区居民企业或其子公司可同时是符拉迪沃斯托克自由港居民企业。

3. 行政优惠：

(1)“单一窗口”制度。

(2)协助选择注册地点。

(3)法律和会计服务。

(4)建设基础设施的能力。

4. 税收优惠：

(1)跨国公司股息红利所得——0%所得税，适用前提：持股比例超过 15%且已持有 1 年以下，且分红公司不得是离岸公司。

(2)跨国公司向外国投资者分股息红利——5%所得税，适用前提：持股比例超过 15%且已持有 1 年以上，且分红公司不得是离岸公司，不动产占总资产比例不超过 50%；跨国公司注册一年内股权未计入跨国公司注册资本(包括通过重组获得的)。

(3)实际控制人利润中属于跨国公司的利润——不征税。

(4)跨国公司收入中属于被控外国公司的利润——不征税(至 2029 年)。

(5)在确定利润税税基时，不考虑来自船舶运营的收入(在俄罗斯公开的船舶登记册上登记)。

(6)进口到俄罗斯境内的船舶的增值税——0%(在俄罗斯公开的船舶登记册上登记)。

(7)航空器和海船交通税——0%(在俄罗斯公开的船舶登记册或国家民用飞机登记册上登记)。

(8)船员的保险费率——0%(在俄罗斯公开的船舶登记册登记，至 2027 年)。

## 四、如何入驻特别行政区

向管理公司远东发展集团股份公司提交申请，签订经营协议并进行入驻登记。申请随附材料有：跨国公司注册申请、外国法人国家登记证明文件、外国法人公司章程复印件、关于将外国法人改变公司司法管辖的决议以及确认跨国公司章程的决议、修改后的跨国公司章程、年度财务报告、证明提交申请的人有权在没有授权书的情况下行事以及确定单一执行机构的决议的文件、外国法人的受益人信息、证明符合跨国公司标准的文件、登记跨国公司发行股票所需的文件、确认股票已经上市的文件(开放股份公司提交)。

# 4. 外商投资的行业限制

## 4.1 战略行业外商投资法

为了保护国防和国家安全，俄罗斯总统普京于2008年4月29日签署了《关于外国资本对保障国防和国家安全具有战略意义的经营公司进行投资的程序法》（Федеральный закон от 29 апреля 2008 г. N 57-ФЗ《О порядке осуществления иностранных инвестиций в хозяйственные общества, имеющие стратегическое значение для обеспечения обороны страны и безопасности государства》，以下简称《战略行业外商投资法》），以限制外国投资人对俄罗斯战略企业的控制。

### 一、战略行业及战略企业

《战略行业外商投资法》第6条规定了47项对保护国防和国家安全具有战略意义因而限制外国投资人投资的行业，包括矿产、国防、核能、航空航天、保密设备、通信传媒、环境、交通安全、自然垄断行业、水生物资源开采、水运等，从事战略行业的商业组织称为战略企业。外国投资人进行涉及战略企业的投资活动时，应当遵守《战略行业外商投资法》对于投资比例、投资主体、投资对象、投资程序等方面的禁止或限制性规定。

其中，从事联邦级矿产开发利用以及水生物资源开采企业被视为特殊战略企业，《战略行业外商投资法》对涉及特殊战略企业的交易设置了更加严格的限制。

## 二、受限制对象

### （一）外国投资人概念

1. 根据其设立国的法律有权在俄罗斯境内进行投资的外国法人；
2. 根据其设立国的法律有权在俄罗斯境内进行投资的外国非法人组织；
3. 外国投资人控制的组织，包括其在俄罗斯领土建立的组织；
4. 根据其国籍国的法律有权在俄罗斯境内进行投资的外国公民；
5. 具有另一国籍的俄罗斯公民；
6. 根据其永久居住国家的法律有权在俄罗斯境内进行投资的永久居住于俄罗斯境外的无国籍人；
7. 俄罗斯法律确定的外国；
8. 根据俄罗斯的国际条约有权在俄罗斯境内进行投资的国际组织。

### （二）特殊外国投资人

在外国投资人中，外国，国际组织，未报告其受益人、实益拥有人及控制人信息的外国法人、外国非法人组织以及受这三类主体控制的组织，包括在俄罗斯境内设立的以上组织被视为特殊外国投资人。对特殊外国投资人的限制更加严格。

## 三、受限制行为

### （一）一般规定

外国投资人进行涉及战略企业的资产收购、股权收购、执行权力机构任命、商业决定裁决权转让等行为会受到《战略行业外商投资法》的规范。

### （二）放宽规定

2020 年 3 月 9 日，俄罗斯总统普京签署了一项针对《战略行业外商投资法》的修正案，不再禁止外国国企控制某些俄罗斯战略企业，修正案还新增了批准外资进入战略行业的简化程序。

1. 允许外国国企控制某些俄罗斯战略企业

之前，受外国国家控制的组织被完全禁止控制俄罗斯战略企业，而此次修法后，上述组织获得前置批准即可控制从事特定战略性活动的俄罗斯战略企业。

(1)控制的概念

<table>
<tr><th>序号</th><th>被视为控制的行为</th><th>一般战略企业</th><th>特殊战略企业</th></tr>
<tr><td rowspan="3">1</td><td rowspan="3">外国投资人直接或依据各类合同持有一定比例的表决权股</td><td>50%以上表决权股</td><td rowspan="3">25%及以上表决权股</td></tr>
<tr><td>50%以下表决权股,但其同其他股东的关系使其可以裁决战略企业的商业决定</td></tr>
<tr><td>特殊外国投资人各自持有表决权股总和在50%以上,或50%以下,但他们同其他股东的关系使他们可以裁决战略企业的商业决定</td></tr>
<tr><td>2</td><td>外国投资人有权任命董事会、监事会、集体执行机构或其他集体管理机构一定比例的成员</td><td>50%以上(不包括50%)成员</td><td>25%及以上成员</td></tr>
</table>

(2)允许外国国企控制的俄罗斯战略企业应当满足以下2个条件

A. 俄罗斯战略企业从事下列战略性活动,但不是作为其主营业务:a. 按照俄罗斯法律规定需要办理许可证的与传染病病原体使用相关的活动,药品生产除外,主营业务是食品生产相关活动的战略企业除外;b. 自然垄断主体名录中的企业使用集中系统及公共基础设施系统进行的供排水服务。

B. 在外国投资者提交前置批准申请之日前3年,该战略企业每一个会计年度内用于进行上述业务的财产的账面价值不超过该战略企业资产账面价值的1%。

据俄罗斯联邦反垄断局官网信息,上述涉及传染病病原体使用的战略企业可以包括肉类加工厂、家禽养殖场、育种厂、餐厅、香水和化妆品生产企业以及提供消毒服务的企业等。

2. 一般外国投资人有机会通过简化批准程序控制上述俄罗斯战略企业

修正案新增了简化批准程序,一般外国投资人申请控制符合上述条件的俄罗斯战略企业时,俄罗斯联邦反垄断局可以依据联邦权力执行机关出具的鉴定意见直接批准交易,而不用通过俄罗斯联邦政府外资监管委员会。

俄罗斯联邦反垄断局接到批准申请后,应当函询联邦权力执行机关出具鉴定意见。如果俄罗斯联邦国防部、俄罗斯联邦安全局、俄罗斯联邦消费者权益及公民平安保护监督局、俄罗斯联邦建设和住房公用事业部、俄罗斯联邦经济发展部认定没有必要将申请提交俄罗斯联邦政府外资监管委员会审查，并且俄罗斯联邦国防部、俄罗斯联邦安全局认定交易不会对俄罗斯国防和国家安全构成威胁，则俄罗斯联邦反垄断局可以直接批准交易。

## 四、违法后果

违反《战略行业外商投资法》可导致交易无效、股东表决权被剥夺等后果，除此之外，根据《俄罗斯联邦行政违法法典》的规定，相关人员还将受到行政罚款。

## 五、相关部门权责

### （一）俄罗斯联邦政府外资监管委员会

俄罗斯联邦政府外资监管委员会主席根据俄罗斯联邦反垄断局提供的信息就外国投资人对俄罗斯战略企业进行的交易是否需要前置批准作出决定。

### （二）俄罗斯联邦反垄断局

俄罗斯联邦反垄断局对外国投资人投资战略企业进行监督。根据《战略行业外商投资法》，俄罗斯联邦反垄断局有权依法调阅文档和信息，有权组织对战略企业中的外国投资人可接触的国家秘密资料进行专家鉴定，有权要求持有战略企业股票的自然人和法人在规定期限内提供真实文件、书面或口头证词等，包括法律保护的国家、商业、服务秘密。俄罗斯联邦反垄断局不得披露其获得的受法律保护的秘密信息，俄罗斯法律规定的情况除外。自然人或法人由于俄罗斯联邦反垄断局披露信息而造成的损失依据俄罗斯法律规定程序进行赔偿。俄罗斯联邦反垄断局负责对外国投资人协议义务的履行情况进行检查。

### （三）俄罗斯联邦安全局

俄罗斯联邦安全局侦察分队有权依法进行侦调活动，以确定外国投资人是否对战略企业形成控制，以及外国投资人是否与其他第三方存在以控制俄罗斯战略企业为目的的协议或协议行为，侦调结果可作为司法诉讼的证据。

### （四）俄罗斯联邦国防部

在俄罗斯联邦反垄断局询问俄罗斯联邦国防部时，俄罗斯联邦国防部提供交易是否将对国防产生威胁的结论。在准备此结论时，俄罗斯联邦国防部在必要时向相关的联邦行政机关和组织发送请求，这些机关和组织应将必要的信息发送给俄罗斯联邦国防部。

## 六、管辖

根据《战略行业外商投资法》第 15 条第 6 款的规定，与违反《战略行业外商投资法》要求有关的案件将由仲裁法院审理。

## 七、外国投资人进入战略行业风险及其规避方式

### （一）外国投资人在承担义务方面面临较大不确定性

俄罗斯联邦政府外资监管委员会可以对战略行业的外商投资行为作出附加条件的批准，比如保密义务、产品供应保障、产品价格保证、人员雇佣义务、战时和紧急情况下动员等，上述义务共计 15 项，在《战略行业外商投资法》中均有明文规定。但是，2017 年 7 月 18 日修订版的《战略行业外商投资法》赋予俄罗斯联邦政府外资监管委员会更大的权力，俄罗斯联邦政府外资监管委员会有权在作出前置批准决定时，对外国投资人附以上述 15 项义务之外的其他任何附随义务。如此一来，外国投资人在对项目进行前期调研或可行性分析时，也很可能面临较大程度的不确定性。

### （二）离岸公司的注意事项

一般来说，出于对隔离风险、筹划税收、募集资金、充当投资争议解决连接地等因素考虑，跨境投资项目中往往会在第三国搭建中间平台公司，离岸地区则是中间平台公司搭建的常见选项。俄罗斯联邦财政部 2007 年 11 月 13 日第 108 号《离岸地区清单》中包括外国投资人向俄罗斯投资前经常选择的平台公司搭建地，比如英属维尔京群岛、开曼群岛、泽西岛、百慕大群岛、阿联酋。

《战略行业外商投资法》2017 年 7 月 1 日修订版中，将离岸公司归为特殊外国投资人，受到针对特殊外国投资人的限制，而在《战略行业外商投资法》2018 年 6 月 12 日修订版中，将离岸公司从特殊外国投资人的行列中除去，同时新增加了一类特殊外国投资人，即“未报告其受益人、实益拥有人及控制人信息的外国法人、外国非法人组织以及受这三类主体控制的组织”。

因此，虽然《战略行业外商投资法》2018 年 6 月 12 日之后的修订版中，将离岸公司从特殊外国投资人中除名，但是，若离岸公司不按照规定报告受益人、实益拥有人及控制人信息，依然将被视为特殊外国投资人，受到与特殊外国投资人同样的限制。

无论是离岸公司还是一般的外国企业，想要进行《战略行业外商投资法》规定需要经过预先审批的交易，都需要在向俄罗斯联邦反垄断局提交预先审批材

料时(并且在交易预期完成日期之前至少 30 天),一并提交自己的受益人、实益拥有人、控制人信息,具体材料及程序见 2018 年 12 月 1 日第 1456 号《外国法人、外国非法人组织及前两者控制的组织向控制外国投资的俄罗斯联邦执行机构上报受益人、实益拥有人及控制人信息的规则》。否则,就会被归为特殊外国投资人,受到更严格的控制,包括触发预先审批门槛更低、允许收购战略企业的股权比例更低、禁止控制战略企业等。

(三)俄罗斯公民双重国籍制度更加严格

拥有其他国籍的俄罗斯公民不再被视为俄罗斯税收居民,其持有超过 50%(不包括)表决权股的组织进行涉及战略企业的交易时,同样受到《战略行业外商投资法》的限制。

(四)注意通报程序

完成收购某战略企业 5%及以上表决权股的交易,或完成被批准的受限制交易之后,没有向俄罗斯联邦反垄断局通报交易的完成,将导致法院下令剥夺外国投资人在股东会上的表决权,直至其办理通报并被承认,在此情况下,属于外国投资人的投票数不得计入该战略企业股东大会法定票数,也不计入该战略企业股东大会投票。

## 4.2 外国国企受到的限制

根据《俄罗斯联邦外国投资法》的规定,外国、国际组织或前两者控制的组织进行针对俄罗斯企业(即使不属于战略企业)的下列交易需要按照《战略行业外商投资法》规定的程序获得前置批准:交易可以使其获得俄罗斯企业 25%以上表决权股,或者获得裁决俄罗斯企业管理机构所作决议的权力。违反上述规定的交易将导致《战略行业外商投资法》第 15 条规定的法律后果,比如交易无效、剥夺股东表决权等。

## 4.3 其他行业限制

除对外资进入战略行业的限制外,俄罗斯对外资的限制还体现在某些行业的部门法立法领域，多是通过股权比例限制方式来影响外商在相关行业的直接投资活动。

## 一、保险业

依照《俄罗斯联邦保险活动组织法》(Закон РФ "Об организации страхового дела в Российской Федерации")第6条的相关规定，具有不低于5年的保险领域从业经验的外国保险公司在俄罗斯设立的子公司或者此类外国投资者持股比例超过49%的保险公司有权在俄罗斯境内从事保险业务。如果保险公司中外资参股比例超过50%，那么俄罗斯保险监管部门将终止向该外国主体子公司或该外资持股比例超过49%的保险公司签发保险从业许可。身为外国主体子公司的保险公司，或外资持股比例超过49%的保险公司，不得从事由政府机构从俄罗斯联邦财政系统划拨出资的公民人寿健康保险和财产保险、与国家或地方政府采购有关的保险以及国家组织和地方自治组织的财产保险。

## 二、银行业

依照《俄罗斯联邦银行和银行活动法》(Федеральный закон от 2 декабря 1990 г. N 395-I《О банках и банковской деятельности》)第18条的规定可知，俄罗斯外资银行中外资持股比例上限为50%，否则俄罗斯中央银行将驳回外资银行注册申请且不予颁发银行业从业许可证。对于违反该上限要求的股权交易，俄罗斯中央银行有权向法院申请确认交易无效。

除持股比例限制外，《俄罗斯联邦银行和银行活动法》还从监管角度对外资银行提出了更高的要求：

在设立阶段，需要外资银行提供外国股东资信材料，投资主体是外国法人的，需要额外提供附有审计意见的近3年财务报告，自然人则需要提供由国际公认的一流外国银行出具的资信证明，另外，如果投资主体所在国依法对从事境外金融机构投资有审批性规定的，则需该外国投资主体提供相应国家的审批手续。

在运营阶段，俄罗斯中央银行有权依法对外资银行报表申报、负责人披露、银行业务范围等方面提出更多的要求。

## 三、航空运输

《俄罗斯联邦航空法典》(Воздушный кодекс РФ от 19 марта 1997 г. N 60-ФЗ)

第 61 条明确规定，航空企业外资持股比例不得超过 49%，且外资航空企业的负责人必须是俄罗斯公民，领导层成员中外国公民所占比重不得超过 1/3。

## 四、大众传媒

《俄罗斯联邦大众传媒法》从资金来源、业务领域、最终控制人等方面，来认定大众传媒是否受到外国投资主体的影响，从而对大众媒体外国投资主体进行限制，但俄罗斯订立的国际条约另有规定的除外。

依照该法律，外资持股比例超过 20%的公司，作为股东投资到媒体企业时，其所投资的媒体企业依然会落入该法律规定的业务限制。

### （一）广播业务

不允许外国法人、外国自然人、外资参股的俄罗斯法人以任何方式对从事大众媒体创立、编辑以及广播业务的企业和该类企业的股东公司形成控制，或者能够直接或间接地管理该类企业，抑或能够影响该类企业的决策。其中：

外国自然人、外国法人、外资参股的俄罗斯法人，不得单独或者共同创立从事广播业务的媒体企业。

外国自然人、外国法人、外资持股比例超过 20%的俄罗斯法人，不得单独或共同对从事大众媒体创立、编辑以及广播业务主体之股东公司享有占有权、管理权，或者直接或间接控制该股东公司 20%以上的股权。

### （二）收视规模调研领域

仅可授权俄罗斯法人从事收视规模调研活动，但外资持股比例超过 20%的俄罗斯法人不得被授权。同时，也不允许外国自然人、外国法人以任何方式对从事收视规模调研的授权主体形成控制、管理或影响到该主体的决策。

### （三）网络电视传播领域

仅可授权给俄罗斯法人以从事网络电视传播，但外资持股比例超过 20%的俄罗斯法人不得被授权。同时，也不允许外国自然人、外国法人以任何方式对从事收视规模调研的授权主体形成控制、管理或影响到该主体的决策。

### （四）资金来源

如果从事大众媒体编辑、出版和广播业务的企业接收的资金来源于外国自然人、外国法人、被俄罗斯登记为外国代理人的组织以及由上述主体投资的俄罗斯企业，则相关单位应当定期按规定向相关的联邦部门上报信息。

### 五、博彩业

2009年俄罗斯开始限制开设赌场,赌场只能在政府划定的赌博专区范围内开设(目前共有5个专区)。根据《俄罗斯联邦组织开展博彩活动国家监管法》,只有俄罗斯法人才可以获得博彩业许可,但并未对外商投资博彩业作出限制性规定,也就是说,对外资进入博彩业的要求是设立俄罗斯法人。

除上述法律之外,俄罗斯的其他许多法律中也均有明确规定,如果外商所在国对俄罗斯资本进入该国的某些领域有限制措施,则俄罗斯可根据对等原则对该国在俄罗斯的投资予以相应的限制。所以,中国企业在选择俄罗斯的投资领域时,不仅要考虑俄罗斯的法律限制,也要考虑中国法律对外资的限制是否会导致俄罗斯采取对等的限制措施。

### 六、农业

对外资进入农业领域的限制,主要来自对农业土地所有权方面的规定,依照《俄罗斯联邦农业用地流转法》(Федеральный закон от 24 июля 2002 г. N 101-ФЗ "Об обороте земель сельскохозяйственного назначения")第3条,外国自然人、外国法人以及外资股权比例超过50%的俄罗斯法人仅可租赁农业用地。

### 七、私人安保行业

《俄罗斯联邦私人侦探和安保活动法》(Закон РФ от 11 марта 1992 г. N 2487-I "О частной детективной и охранной деятельности в Российской Федерации")规定,外国自然人、外国法人以及外资公司都不可以设立私人安保公司。

## 4.4　政府采购对外国产品的限制性规定

依照《俄罗斯联邦政府采购法》(Федеральный закон от 5 апреля 2013 г. N 44-ФЗ "О контрактной системе в сфере закупок товаров, работ, услуг для обеспечения государственных и муниципальных нужд")相关规定,除离岸公司外,外国公司与本国公司一样,均可参与政府采购项目。但是,出于对发展国

民经济的需要,保护本国工业、国防安全,俄罗斯政府对特定品类商品的政府采购项目提出了本地化生产要求,客观上限制了外国商品在俄罗斯的市场份额。也就是说,政府采购限制所针对的是外国商品,而对于参与主体的外资性质不予要求,所以,对于政府采购设限商品,外国投资者可以通过在俄罗斯境内设厂的方式,达到其对本地化采购的要求。从俄罗斯相关法律法规来看,政府采购对外国产品或服务的排斥性呈加强趋势,为俄罗斯本土产业发展以及欧亚经济联盟成员国产业发展提供了市场保护空间。

在对本地化产品服务判定层面,一般遵循产地证明认定标准,即产品信息是否已列入俄罗斯工业商品目录(реестр российскойпромышленной продукции),或者是否有欧亚经济联盟成员国职能机构签发的产地证明。

## 一、为本地产品提供采购份额保障

俄罗斯联邦财政部 2018 年 6 月 14 日第 126 号决定的规定,政府在采购本决定附件所列产品时,应保证俄罗斯本地化产品占到 15%或 20%的份额,并给予 15%或 20%的合同价格优惠,享受优惠政策的产品主要涉及种植业、畜牧业、渔业、奶制品业、机械制造、纺织、工程机械等等。

## 二、第三方多余规则

2022 年 4 月 30 日,俄罗斯联邦政府出台第 617 号决定,对于本决定附件所列产品,当有不少于两个的供应方同时满足以下情况时,订购方应搁置所有的外国工业品供应申请(欧亚经济联盟成员国除外):

(1)所供工业产品均产自欧亚经济联盟成员国;

(2)对供货申请进行比较,确定报价的同一种产品不是来自同一家生产商或依照《保护竞争法》第 9 条被认定为同一集团旗下的生产商。

也就是说,如果有两家竞标者提供满足标准的本地化产品时,政府将不会采购外国产品服务,即第三方多余规则。

列入清单的产品涉及 174 项,其中包括:尿布、本、夹子、染色剂、酒精和一系列化学物质、氮磷钾肥、清洗剂、油膏、燃料添加剂、轮胎、带膛线的运动武器、弹药、电梯、童车以及钢琴、吉他等一系列乐器。

同日,俄罗斯联邦政府还出台了第 616 号决定,根据该决定内容,禁止政府采购该决定附件所列的外国产品或服务。

被列入禁止清单的产品主要有:轻型汽车、货车、吊车、消防车、救援车、警车、救护车、游轮和观光船、渡轮、油轮、直升机、某些种类的家具等。

## 三、第二方多余规则

2021 年 8 月 28 日俄罗斯联邦政府第 1432 号决定,进一步对部分产品的政府采购作出限制,将禁止采购外国产品的适用范围扩大到电子集成电路、智能卡、笔记本电脑、平板电脑、计算机、服务器和照明器材等。

与此同时,该决定还对部分无线电电子产品执行第二方多余规则,即只要有一家竞标者提供了满足标准的本地化产品,政府就不得采购外国产品。该决定附件所列的此类无线电电子产品主要包括安全和火灾警报器、通信设备、音响设备、监视器、导航和测量设备、断层扫描仪、X 光机、内窥镜系统、心电图仪等。

# 5. 风险防范

## 5.1　政治风险防范

俄乌冲突爆发后，西方国家对俄罗斯实施全方位的较为严厉的经济制裁措施，与此同时，俄罗斯政府也发起了反制裁措施，加大了政府对经济活动的管控力度。

2022 年 3 月 5 日，以俄罗斯总统令形式颁布了“不友好国家”清单，对不友好国家外国人的交易实施特别规定，对于清单中国家的实体，禁止资产出境，限制外汇操作，购买俄罗斯能源需要以卢布结算，其作为权利人的部分产品可以平行进口到俄罗斯。

2022 年 3 月 31 日，普京签署了以卢布进行天然气贸易结算的法令。2022 年 6 月 9 日，普京签署总统令，取消了出口商强制结售汇 50%的要求。根据总统令，现在出口商必须卖出外汇收入（换成卢布）的比例将由俄罗斯联邦政府委员会决定。

与此同时，针对西方国家企业大批撤出俄罗斯的行动，普京曾表示过，支持对撤离俄罗斯市场的外国企业采取果断行动，对其在俄罗斯资产引入“外部管理”，避免对俄罗斯本土供应商造成损失。普京同时强调，对继续留在俄罗斯市场的外国投资者和合作伙伴给予可靠保护。据俄罗斯媒体报道，针对撤出的外国企业，联邦政府准备制定包括破产和外国企业财产国有化在内的措施，但目前尚未正式出台相关文件。

虽然，俄罗斯政府对经济的干预措施具有反制裁的临时性特点，而且在适用范围上具有典型的针对性，但客观上还是对外商投资造成了不利影响。

## 5.2 社会风险防范

### 一、社会稳定性

俄罗斯仍属于犯罪率高的国家。据俄罗斯联邦最高法院院长对2021年法院工作总结公布的数据，2021年，俄罗斯法院审理的刑事案件共涉78.3万人。其中，77%(60.3万人)被定罪，22%(17.2万人)被终止刑事起诉，无罪判决不到1%。

从犯罪类型来看，与毒品有关的犯罪越来越多，涉案人员8万名，而2020年该人数为7.35万名。2021年，682人因恐怖主义罪被定罪，606人因极端主义罪被定罪。

涉经济犯罪方面，2021年俄罗斯法院审理了5500起涉6000人的企业活动领域的刑事案件，67%为有罪判决，涉案4000人，其中9%的罪犯被判以实刑。

### 二、社会经济状况

在新冠疫情对全球经济影响、俄乌冲突引发西方制裁的双重压力下，俄罗斯社会经济状况面临巨大挑战。

2021年，俄罗斯仲裁法院审理了160万件经济纠纷，与2020年的150万件相比，增加了6.7%，受理的大多数案件是违反合同义务的纠纷，占总数的57.0%。破产案件18.9万件，与2020年10.2万件相比，增加了85.3%，公民破产数量急剧增加，从7.46万件增加到14.6万件，增长95.7%。

2019年年末，俄罗斯失业率大概为4.95%。受到新冠疫情的冲击，自2020年4月起，失业率大幅度攀升，至2020年8月达到6.4%。随着俄罗斯联邦政府出台一系列抗危机经济措施，就业率开始回升，直至2021年年底，失业率回落到4.3%左右。据俄罗斯媒体公布的数据，2022年4月失业率为4%，达到历史最低水平。2022年5月，俄罗斯劳动和社会保障部长安东·科佳科夫表示，俄罗斯劳动力市场形势稳定，目前俄罗斯失业人数约为310万人，这一数字近期没有增长。

# 5.3 尽职调查风险防范

## 一、商业伙伴尽职调查范围

商业伙伴范围包括但不限于：承包商、分包商、供应商、项目业主、采购商、销售代理、经销商、合资方、顾问、代理、中介等，向公司及其关联公司提供货物、服务或向公司及其关联公司采购货物、服务，或与其建立类似关系的任何其他公司和个人。

## 二、商业伙伴尽职调查基本程序

（一）事前调查

1. 在俄罗斯进行公司尽职调查（初步报告）包括的基本内容

注册时间、注册地址、注册编号及税号、主营业务及其他经营项目、总经理（法定代表人）、注册资本金、出资人名称及出资比例、股权质押状况、经营状态、财务报表公示查询（近 3 年）、俄罗斯仲裁法院案件涉诉情况公示查询、强制执行情况公示查询、欠缴税款情况公示查询、俄罗斯政府部门检查情况公示查询、被申请破产情况公示查询、许可证持有情况公示查询、员工人数情况公示查询、注册地址不真实情况公示查询、总经理担任多家公司总经理情况公示查询、自然人股东担任多家公司股东情况公示查询、俄罗斯政府部门公示的其他情况查询。

2. 事前调查的基本方法

（1）要求拟合作伙伴提供相应资质文件，以降低合同效力争议的发生几率：

A. 公司章程。

目的：确认拟合作伙伴法定代表人权限、拟交易项目是否需要拟合作伙伴股东会或其他机构的决议等。

B. 签约人授权委托书。

目的：当签约代表不是拟合作伙伴法定代表人时，需要提供该文件，以确认其签约权限。

C. 其他相关资质文件。

目的：当拟合作项目需要拟合作伙伴持有从业许可、物权凭证等时，需要其提供相关资质文件，以确认其主体资格。

(2)通过俄罗斯政府部门公示信息，查询拟合作伙伴的资信状况：

A. 俄罗斯联邦税务局官网。

确认拟合作伙伴主体资格，了解拟合作伙伴的股东结构、经营范围、运营期长、重要信息变动情况等信息。

查询拟合作伙伴是否存在“一日公司”迹象，其中包括：法定代表人和注册地址信息是否存疑、法定代表人是否存在职业禁止令。

确认拟合作伙伴是否存在欠缴税款情况。

B. 俄罗斯联邦仲裁法院官网。

了解拟合作伙伴商事争议的涉诉情况，评价履约信用。

C. 俄罗斯联邦最高法院。

了解拟合作伙伴作为诉讼当事人的其他类型案件信息及相关司法文书。

D. 俄罗斯联邦法警局。

了解拟合作伙伴是否有被法院强制执行的信息，评价履约信用、财务风险。

E. 俄罗斯联邦检察院。

查询拟合作伙伴是否存在行政违法处罚。

F. 俄罗斯联邦统计局。

查询近3年来拟合作伙伴申报的资产负债表，初步了解其资产及运营状况。

G. 俄罗斯联邦公证协会。

查询拟合作伙伴经公证的动产抵押信息。

H. 俄罗斯联邦统计局。

查询拟合作伙伴不动产登记及抵押信息。

I. 俄罗斯联邦经济主体重大法律行为信息登记簿。

查询拟合作伙伴是否存在破产申报、重组、进行重大股权交易等情况。

(二)事中跟踪

一般情况下，建议以一个月为周期，通过俄罗斯政府部门公示信息，监测并跟踪商业伙伴的主体资格和运营状态，并结合合同履行情况，综合评估商业伙伴存在的潜在违约风险。建立违约风险预警机制，对于出现违约迹象的或发生影响商业伙伴履行合同能力的重大事件，及时向审计法务部通报。

交易要求商业伙伴具有特定从业资格的，还需通过相关部门网站定期查询其资质效力状况。

（三）事后救济

1. 商业伙伴违约

依照合同条款，及时向商业伙伴发出书面索赔报告并积极和其沟通，以督促商业伙伴适当履约。同时，妥善保管来往通信材料，进行合同管理台账登记。

2. 商业伙伴出现破产迹象等影响履约能力

（1）及时与商业伙伴沟通，了解其资产情况，可以让商业伙伴通过提供担保等方式为合同履行作出保障。

（2）及时与商业伙伴沟通，了解其资产情况，对于合同继续履行风险较大的或存在商业伙伴出现破产迹象等不可逆事件的，应与商业伙伴协商终止合同，及时止损。

（3）债务人商业伙伴出现破产迹象的，应及时向审计法务部报告，可向其注册地仲裁法院提起破产诉讼。

3. 商业伙伴发生重大重组、破产情况

（1）商业伙伴发生分立、剥离重要资产的，应及时向审计法务部报告，对履约能力和风险作出评估，通过让商业伙伴提供担保、提前履行债务、终止合同等方式，降低合同履行风险。

（2）商业伙伴进入破产程序的，应及时向审计法务部报告，积极与破产管理人或破产案受案法院取得联系、申报债权，尽可能降低损失。

（四）避免"不正当税收利益"的尽职调查

《俄罗斯联邦税法典》第 54. 1 条是关于不正当的税收利益的规定，纳税人错误体现经济事件信息，错误体现纳税客体时不得抵扣税基。纳税人仅在满足下列条件时，才能够抵扣税基：（1）纳税人未主观避税；（2）交易由合同中的交易双方完成。

该条反避税规则注重合理的商业目的和实质，成为近年来俄罗斯联邦税务局和纳税人诉讼的关注重点。为了防止被税务机关认定为通过与实际不履行合同义务的"技术"公司签订虚假合同而偷逃税款，公司应对合作伙伴做好调查，并在与其的业务往来中注意留存证据。

2021 年 3 月 10 日，俄罗斯联邦税务局发布编号为 БВ-4-7/3060 的函件，根据 2017 年以来的司法判例和实践对第 54. 1 条的应用进行了详细指导和说明，提出了应用第 54. 1 条的多项标准和相应的税务后果。合规管理部门在进行商业伙伴尽职调查时应当主要考虑以下方面。

1. 交易的真实性

交易不满足真实性则不能抵扣所得税和增值税，无须考虑其他标准。

如果纳税人明知或应当知道合同相对方的虚假地位，且己方并未履行合同义务，则需承担相应的法律责任。纳税人可以通过对己方和合同实际履行方的谈判信息进行举证来证明己方并无偷逃税款的意图。税务机关认定虚假合同相对方的着重点在于证据的收集，相关证据主要包括：

(1)资金提现且后续为纳税人或其关联方所使用的事实；

(2)与合同相对方使用相同的 IP 地址；

(3)在纳税人办公室发现合同相对方的印章；

(4)资金的“循环”性质。

实践中，存在税务机关质疑商品未实际送达，通过研究用料技术性标准质疑材料未收货等情况，但服务在提供后的结果很难被证明，被质疑真实性的概率最高，企业需重视准备能够证明服务确实提供了的文档(服务报告等)。

2. 适当人员完成交易

交易需要由签订合同的一方完成，或者签约方合法转包的其他公司完成。如果在交易链条中存在“技术”公司，则不符合这一标准。

若纳税人主观明知，则所得税和增值税不能抵扣，适用 40%罚款。

若纳税人非主观明知，纳税人需证明其尽到了审慎性调查义务，有足够的证据认为合作方非“技术”公司，且满足交易真实完成，可主张抵扣增值税和所得税。

3. 尽职调查要求

俄罗斯联邦税务局在 2021 年 3 月 10 日第 БВ-4-7/3060 号函件中提到的关于判断纳税人未尽审慎调查义务的标准有二十几条之多，以下列举了其中的一些重点标准：

(1)不知道合同相对方实际位置；

(2)纳税人缺失合同相对方是否有履行义务能力的信息；

(3)公开渠道中缺失合同相对方是否实际运营的信息；

(4)纳税人未对在俄罗斯联邦税务局网站上查询可获取的合同相对方信息尽到审慎调查义务；

(5)合同所涉交易为非核心业务或高风险业务，且与总的业务战略相矛盾；

(6)不使用货币而使用票据或对第三方享有的债权等进行交易；

(7)合同中存在关于长期延付的条款；

(8)选择合同相对方的理由不恰当,如果公司报价远低于市场价格,纳税人需要考虑价格低的理由,如果是因为该公司税务不合规带来的报价低,该种情况下视作纳税人未履行尽调义务;

(9)缺失同类交易中通常会提供的文件,例如建筑工地交接书等。

按照俄罗斯联邦税务局向纳税人提出的判断诚信合同相对方的建议,合规管理部门对合作伙伴进行尽职调查时还应当将下列情况作为判断依据:市场知名度、公司从业经验、业务规模、广告和资产自有情况等。

4. 交易目的标准

交易需要有商业实质,而不是仅仅以避税为目的。

5. 恰当使用税收优惠标准

企业组织架构中包含享受税收优惠的企业的,如果进行企业分割仅是为了享受税收优惠,需补交税款。

## 5.4　争议解决风险防范

西方国家对俄罗斯经济制裁,客观上使得俄罗斯经营主体无法依约履行合同,或者无法参与境外机构的仲裁程序,对此,出于维护本国经营主体利益的需要,俄罗斯对仲裁等争议解决方式的立法作出了调整。

2020 年 6 月 19 日,俄罗斯总统普京签署的第 171 号联邦法律生效,使得俄罗斯仲裁法院对涉及受制裁的俄罗斯实体的争议取得了事实上的专属管辖权,即使当事人约定了管辖权条款,如果制裁导致俄罗斯当事人无法行使权利,则视为该管辖权协议无法执行,俄罗斯仲裁法院依然会获得专属管辖权。该法律为受到西方制裁的俄罗斯法人和自然人单方面改变管辖权约定提供了法律依据。俄罗斯还出台了禁诉令制度。

因此,在与俄罗斯经营主体就解决争议方式选择仲裁机构时,建议暂不选择斯德哥尔摩仲裁院、伦敦国际仲裁院等仲裁机构,在当前国际形势下,这种选择很可能会遭遇仲裁审理和裁决执行的阻力。

# 6. 争议解决

在俄罗斯现行法律制度之下，基于投资活动产生的争议可以通过各种方式进行解决，包括诉讼、仲裁和调解等国际通行方式。但由于历史传统和立法价值取向等方面，俄罗斯的仲裁法院(国家法院)制度和2015年改革之后的商事仲裁制度独具特色，需要予以特别的关注和了解，这对于识别和规避投资风险具有特别重要的意义。

## 6.1 俄罗斯仲裁法院

### 6.1.1 俄罗斯法院体系的基本构成

根据《俄罗斯联邦法院体系法》第4条之规定，俄罗斯法院体系由联邦法院和联邦主体的宪法法院、和解法官构成。

联邦法院包括俄罗斯联邦最高法院、俄罗斯联邦宪法法院、普通管辖法院(三审普通管辖法院、复审普通管辖法院、共和国法院、边疆区法院、州法院、联邦级市法院、自治州法院、自治区法院、区法院、军事法院和专门法院)和仲裁法院(大区仲裁法院、复审仲裁法院、联邦主体仲裁法院和专门仲裁法院)。

### 6.1.2 俄罗斯仲裁法院体系的构成

最初，根据1991年7月4日的《俄罗斯联邦仲裁法院法》，从1992年开始实施的俄罗斯仲裁法院体系，由4个级别的仲裁法院构成，即俄罗斯联邦最高仲裁法院（俄文全称：Высший арбитражный суд Российской Федерации，俄文简称：ВАС РФ，1992 年 1 月 23 日成立，是这一法院体系中最高级别的审判机构，也是管辖和审理经济纠纷案件的最高法院）、10 个联邦大区仲裁法院、21 个复审仲裁法院和 85 个联邦主体仲裁法院。俄罗斯仲裁法院主要根据 1995 年 7 月 1 日生效的《俄罗斯联邦仲裁法院法》和 2002 年 9 月 1 日起实施的《俄罗斯联邦仲裁程序法典》对经济类案件进行管辖和审判。

但是，在 2013 年的圣彼得堡国际经济论坛上，俄罗斯总统普京提出建议，将俄罗斯联邦最高法院和俄罗斯最高仲裁法院进行合并，统一为唯一的最高法院。2014 年 2 月 6 日，俄罗斯总统普京签署法律，俄罗斯联邦最高仲裁法院将被撤销并入俄罗斯联邦最高法院。2014 年 8 月 6 日，该法律正式生效，俄罗斯联邦最高仲裁法院不复存在。在俄罗斯联邦最高仲裁法院撤销之后，在俄罗斯联邦最高法院成立了一个新机构——经济案件审判委员会，作为仲裁法院体系内经济纠纷案件第二次上诉的审判机构。

2003 年 7 月 3 日开始，设在莫斯科的俄罗斯仲裁法院体系中的第一个专门法院——知识产权仲裁法院开始正式运行，管辖和审理知识产权案件，既是一审法院，也是三审法院。

### 6.1.3　仲裁法院不“仲裁”

需要特别指出的是，俄罗斯的仲裁法院，俄语是 арбитражный суд，虽然带有“仲裁”字样，但并非一般所理解的商事仲裁机构，其实质就是国家法院，只是为了区别于普通管辖法院。

在俄语和俄罗斯法律中，中国法律意义上的商事仲裁机构，如仲裁院、仲裁中心、仲裁庭，有时也是 арбитражный суд（俄罗斯法律一般将商事仲裁机构称为 третейский суд），与国家法院没有任何关系。在指代商事仲裁机构时，арбитражный суд 就只是商事仲裁机构的意思，如俄罗斯联邦工商会国际商事仲裁院（Международный коммерческий арбитражный суд при Торгово－промышленной палате Российской Федерации，МКАС），这里就不是仲裁法院了，而是仲裁院的意思。

### 6.1.4　俄罗斯仲裁法院的管辖范围

1. 从案件的性质上，属于仲裁法院管辖的案件应当是经济纠纷案件以及其他与进行经营性活动和其他经济活动有关的案件。

2. 从案件的当事人身份上，仲裁法院主要管辖的案件当事人应当是具有法人资格的组织和进行经营性活动和其他经济活动的公民（不设立法人进行经营性活动，并且具备依法取得的个体经营者资格），作为特殊情况，在《俄罗斯联邦仲裁程序法典》和其他联邦法律有明确规定时，仲裁法院还受理俄罗斯联邦、俄罗斯联邦主体、市政、国家机关、地方自治机关和其他不具备法人资格的机关、公职人员和组织以及不具备个体经营者资格的公民为当事人的案件。

仲裁法院依法按照管辖范围受理案件后，尽管在其后的审理过程中加入无独立请求权的第三人，且该第三人并非具有个体经营者资格的公民，仲裁法院仍然要对案件进行实体审理，并作出判决。

关于涉外案件管辖，如果俄罗斯订立的国际条约未有其他规定，则案件当事人不论是不是进行经营性活动和其他经济活动的外国组织、外国公民、无国籍人士和外资组织，仲裁法院均有管辖权。

3. 俄罗斯仲裁法院基于不同法律关系和审理程序的管辖依据。

（1）仲裁法院受理民事法律关系中的经济纠纷，通过一般诉讼程序审理。

（2）行政法律关系和其他公共性质法律关系中产生的经济纠纷，则通过行政诉讼程序审理，而这种性质的经济纠纷主要是由于组织和公民进行经营性活动和其他经济活动而产生的，比如以下几种情形：

A. 对规范性法律文件提出异议，如果这些文件涉及申请人在经营性活动和其他经济活动中的权利和合法权益，并且联邦法律将这种纠纷的审理归于仲裁法院；

B. 对俄罗斯联邦权力机关、俄罗斯联邦主体国家权力机关和地方自治机关的非规范性文件以及国家机关、地方自治机关、其他机关和公职人员的决定和行为（不作为）提出异议，如果这些非规范性文件、决定和行为（不作为）涉及申请人在经营性活动和其他经济活动中的权利和合法权益；

C. 行政违法案件，如果联邦法律将其审理归于仲裁法院；

D. 向进行经营性活动和其他经济活动的组织和公民征收强制性款项和罚款的案件，如果联邦法律没有规定其他的征收方式；

E. 其他从行政和其他公共性质法律关系中产生的案件，如果联邦法律将其管辖归于仲裁法院。

4. 通过特别诉讼程序，仲裁法院审理案件确认事实，事实指对组织和公民在经营性活动和其他经济活动中的权利的产生、变更和终止均有法律意义的事实。

5. 对仲裁庭裁决提出异议和对仲裁庭裁决签发执行令的案件也归仲裁法院管辖,但是,范围有严格限制,即仲裁庭的裁决必须仅限于就进行经营性活动和其他经济活动中产生的争议而作出的裁决。

6. 承认和执行外国法院判决和外国仲裁裁决的案件归仲裁法院管辖,同样,外国法院的判决和外国仲裁裁决也必须仅限于就进行经营性活动和其他经济活动中产生的争议而作出的判决和裁决。

7. 仲裁法院专属管辖的案件:

(1)破产案件;

(2)组织设立、改组和解散纠纷;

(3)对法人和个体经营者拒绝国家登记或者拖延登记的案件;

(4)股份公司与股东之间以及其他形式公司出资人之间在公司活动中产生的纠纷,劳资纠纷除外;

(5)关于保护经营性活动和其他经济活动中的商业信誉的纠纷;

(6)根据联邦法律规定的特殊情况,其他产生在经营性活动和其他经济活动中的纠纷。

法律同时明确规定,对于上述专属管辖案件,不论当事人的身份是否为法人、个体经营者或者符合法律特别要求的其他组织和公民,仲裁法院均必须予以审理,即没有上述第二项关于当事人身份的限制。

### 6.1.5 仲裁法院管辖权的确定

#### 一、级别管辖

根据法律规定由仲裁法院管辖的案件,其一审均由俄罗斯联邦主体仲裁法院进行,但属于俄罗斯联邦最高法院受理的除外。

俄罗斯联邦最高法院作为一审法院受理以下案件:

(1)对俄罗斯联邦总统、俄罗斯联邦政府、执行权力联邦机关涉及申请人在经营性活动和其他经济活动的权利和合法权益的规范性文件提出的异议;

(2)对俄罗斯联邦总统、俄罗斯联邦会议联邦委员会和国家杜马、俄罗斯联邦政府不符合法律且涉及申请人在经营性活动和其他经济活动中的权利和合法权益的非规范性文件提出的异议;

(3)俄罗斯联邦与俄罗斯联邦主体之间以及俄罗斯联邦主体之间的经济

纠纷。

## 二、地域管辖

同中国一样，俄罗斯仲裁法院管辖的基本原则也是原告就被告，应当向被告所在地或者被告居住地仲裁法院提出诉讼。

(1)对于住所地或者居住地不明确的被告，可以向其财产所在地、其最后住所地或者其最后居住地仲裁法院提起诉讼；

(2)对于居住或者位于俄罗斯不同地域的多个被告的诉讼，可以向被告之一的所在地或者居住地仲裁法院提出；

(3)对于处于或者居住在其他国家的被告的诉讼，可以向被告在俄罗斯领土上的财产所在地提出；

(4)对于合同之诉，并且合同中规定了履行地点，则可以向合同履行地的仲裁法院提出；

(5)对于法人的诉讼，如果诉讼是由法人的分公司或者分支机构引起的，而分公司和分支机构与法人处于不同地点，则可以向法人所在地和其分公司或者分支机构所在地的仲裁法院提出；

(6)要求赔偿因船舶碰撞而导致损失之诉和要求支付海难救助费用之诉可以向被告船舶所在地和被告船舶登记港所在地仲裁法院和侵权损失发生地仲裁法院提出。

上述受理法院的选择权属于原告。

## 三、协议管辖

对上述管辖范围内仲裁法院的选择，原告与被告可以进行协商。

## 四、专属管辖

(1)不动产之诉由不动产所在地仲裁法院管辖；

(2)船舶、航空器、内陆船舶、太空器所有权之诉由其国家登记地的仲裁法院管辖；

(3)对承运人因货物运输合同以及乘客和行李运输合同产生的诉讼，即使承运人只是被告之一，同样只能向承运人所在地仲裁法院提出；

(4)破产申请向债务人所在地法院提出；

(5)确认具有法律意义事实的申请向申请人所在地或者居住地仲裁法院提

出,但是,申请对不动产权利的产生、变更和终止具有法律意义的事实予以确认的申请应当向不动产所在地仲裁法院提出;

(6)对执行法警的决定和行为(不作为)的异议申请应当向执行法警所在地仲裁法院提出;

(7)在外国领土内进行活动或者拥有财产的俄罗斯组织之间的纠纷之诉,应当向组织在俄罗斯领域内的国家登记地仲裁法院提出;

(8)在外国领土内进行活动或者拥有财产的俄罗斯组织,如果在俄罗斯没有进行国家登记,则其之间的纠纷之诉由莫斯科州仲裁法院受理;

(9)对仲裁庭裁决提出异议之申请和要求对仲裁庭裁决颁发强制执行令的申请,向作出仲裁裁决的仲裁庭所在地域的俄罗斯联邦主体仲裁法院提出;

(10)承认和执行外国法院判决和外国仲裁裁决的申请由该外国法院判决的胜诉一方向被执行人所在地或者居住地仲裁法院提出,如果被执行人的所在地或者居住地不明确,则向被执行人财产所在地仲裁法院提出;

(11)反诉向本诉所在地仲裁法院提出。

### 6.1.6　仲裁法院的审判程序

俄罗斯仲裁法院实行三审制,即一审法院作出判决,当事人可以提出复审(二审),不申请复审或者复审申请被驳回后,判决生效,对生效的判决可以提出上诉(三审),如果驳回后仍然不服,可以向俄罗斯联邦最高法院经济案件审判委员会提起第二次上诉。

对最终生效判决不服的,可以依照审判监督程序向俄罗斯最高法院提出再审申请。

以莫斯科市仲裁法院为例,简要说明如下:

对莫斯科市仲裁法院的判决和裁定(一审)可以在其作出后 1 个月内提出复审申请,如果对判决和裁定没有提出复审申请,则判决和裁定在作出之日起 1 个月后生效;如果申请复审后判决和裁定没有撤销或者改判,则该判决和裁定自二审裁定作出之日起生效。

对莫斯科市仲裁法院判决的复审通过莫斯科市仲裁法院提出,以邮寄方式或者直接向莫斯科市仲裁法院提交申请,而该院应当在 3 日内将复审申请书及案卷转交给第九复审仲裁法院。对该院裁定的复审申请,直接向第九复审仲裁法院提出。

对莫斯科市仲裁法院的生效判决和裁定,可以在其生效后 2 个月内向莫斯科大区联邦仲裁法院提出上诉。上诉通过莫斯科市仲裁法院提出，以邮寄方式或者直接向莫斯科市仲裁法院提交申请，而该院应当在 3 日内将上诉申请书及卷宗转交给莫斯科大区联邦仲裁法院。

对于已经生效的判决和裁定，如果在上诉之后，当事人依然认为判决和裁定严重违反实体法和程序法，损害了其权益，则该当事人还可以向俄罗斯联邦最高法院经济案件审判委员会提起第二次上诉。在此情况之下，第二次上诉申请直接向俄罗斯联邦最高法院提交。

对于莫斯科市仲裁法院的生效判决和裁定，如果已经经过上诉程序，或者提出上诉申请的期限已经届满，则在最后的争议法院文书生效后 3 个月内，也可以按照审判监督程序直接向俄罗斯联邦最高法院提出再审申请，由俄罗斯联邦最高法院主席团依照审判监督程序在 2—3 个月的期限内予以审理。

在程序方面，俄罗斯联邦最高法院的再审程序同样分为两个阶段。在实际审理再审案件之前，俄罗斯联邦最高法院的一名法官在 2—3 个月的时限内决定，是否有正当理由由俄罗斯联邦最高法院主席团对已经过第二上诉审程序审理的案件开庭审理。如果案件移送主席团，俄罗斯联邦最高法院将在 2 个月内对移送的案件进行审理。对拒不受理再审申请的决定不服，可以向俄罗斯联邦最高法院院长或副院长提出异议。如果异议成立，则案件移送俄罗斯联邦最高法院主席团开庭进行再审审理。

俄罗斯联邦最高法院主席团在再审程序中作出的裁决不得进一步上诉。

## 6.2　俄罗斯商事仲裁

### 6.2.1　俄罗斯商事仲裁的基本法律规定

从 2002 年《俄罗斯联邦仲裁机构法》开始实施之后，一直到 2016 年 9 月 1 日《俄罗斯联邦仲裁法》生效之前，俄罗斯主要有 2 部管理仲裁的法律，即《俄罗斯联邦仲裁机构法》管理国内仲裁，而《俄罗斯联邦国际商事仲裁法》管理国际仲裁。俄罗斯在这一时期的仲裁法律制度，不论是关于国内仲裁，还是关于国际仲裁，都是与国际仲裁的世界趋势相一致的，特别是《俄罗斯联邦国际商事仲裁法》完全以《联合国国际贸易法委员会国际商事仲裁示范法》为蓝本，也体现了 1958 年在纽约签订的《承认及执行外国仲裁裁决公约》（以下简称《纽约公约》）的基本原则。

2015 年 12 月 15 日，俄罗斯通过《俄罗斯联邦仲裁法》，对俄罗斯仲裁制度进行了革命性的改革，取代 2002 年《俄罗斯联邦仲裁机构法》，成为管理仲裁的基本法律，而《俄罗斯联邦国际商事仲裁法》成为管理国际仲裁的特殊法律。

### 6.2.2　俄罗斯仲裁改革

2013 年 12 月 12 日，俄罗斯总统普京在发表国情咨文时提出，俄罗斯的经济纠纷解决机制与国际先进经验还有距离，俄罗斯应当认真提高仲裁机构的权威性。为此，普京要求俄罗斯联邦政府和俄罗斯工业家企业家联盟、俄罗斯联邦工商会要在最短的时间内就从根本上完善仲裁制度提出立法建议，并且向国家杜马提交。在普京提出要求之后，俄罗斯各个相关部门迅速行动，基本上是俄罗斯联邦司法部和俄罗斯联邦会议在主导，对仲裁法和相关法律进行了大幅度的修改。俄罗斯之所以要修改仲裁法有国内和国际两方面的原因。

#### 一、国内原因

在《俄罗斯联邦仲裁法》的立法说明中，对国内原因做了明确的说明。2002 年《俄罗斯联邦仲裁机构法》对设立仲裁机构没有任何限制，也没有相应机制对仲裁机构进行适当的司法监督，导致任何一个法人都可以成立仲裁机构，仲裁机构鱼龙混杂，业务水平也参差不齐，很多人滥用仲裁机构进行违法犯罪活动。很多仲裁机构甚至连固定的办公场所都没有，在业界称之为“可以放在口袋里的仲裁机构”。很多俄罗斯大型企业也成立了自己的仲裁机构，将所有与本企业有关的争议强制规定由自己的仲裁机构解决，俄罗斯联邦宪法法院也裁定这种情况不属于利益冲突。这种情况持续了很多年，导致人们对仲裁公正性、独立性和裁判水平产生严重的不信任，在司法实践中选择仲裁作为争议解决方式的情况也越来越少。

#### 二、国际原因

在俄罗斯发布的所有官方文件中，都没有提及尤科斯案件的影响。但是，可以理解，这是俄罗斯进行仲裁改革的原因之一。

2006 年 9 月，根据尤科斯卢森堡子公司的申请，俄罗斯联邦工商会国际商事仲裁院裁定俄罗斯石油公司应当偿还借款 4.9 亿美元。2006 年荷兰阿姆斯特丹法院承认了该仲裁裁决，俄罗斯石油公司的海外资产被法院查封。俄罗斯石油公司提出撤销申请,莫斯科市仲裁法院裁定撤销仲裁裁决,理由是仲裁员曾经参加申请人代理人所在的律师事务所出资主办的研讨会,双方有过接触,仲裁员的公正性和独立性存在问题。但是,尽管该仲裁裁决在仲裁地俄罗斯被撤销(原俄罗斯联邦最高仲裁法院亦认可撤销的合法性),但荷兰最高法院对该仲裁裁决依然予以承认,而对俄罗斯仲裁法院撤销该仲裁裁决的一系列裁定均不予承认。

2014 年 7 月 31 日,欧洲人权法院裁定俄罗斯联邦政府向尤科斯前股东支付 18.6 亿欧元。为了应对执行裁决的风险,俄罗斯 2015 年 12 月 14 日对《俄罗斯联邦宪法法院法》作出修改,规定俄罗斯联邦宪法法院可以对国际人权机构裁决在俄罗斯的可执行性作出裁定。2017 年 1 月 19 日,根据俄罗斯联邦司法部的申请,俄罗斯联邦宪法法院作出裁决,认定欧洲人权法院的前述裁决违反了俄罗斯宪法,因而俄罗斯联邦政府没有义务履行。

2014 年 7 月 18 日,海牙的国际常设仲裁法院裁定俄罗斯联邦政府向尤科斯前股东支付 500 亿美元赔偿。俄罗斯联邦政府于 2014 年 1 月 10 日提出撤销申请,2016 年 4 月 20 日海牙地方法院以仲裁庭没有管辖权为由判决撤销仲裁裁决。尤科斯原股东提起上诉,2020 年 2 月 18 日海牙上诉法院撤销海牙地方法院的判决,维持 500 亿美元的仲裁裁决。

通过上述一系列案件,俄罗斯联邦政府强烈意识到,国际商事仲裁是一把“双刃剑”,如果控制不好,极有可能给控制俄罗斯经济命脉的大型国有公司造成致命伤害,对俄罗斯联邦政府也极其危险。所以,一定要从法律上进行改革,把国际商事仲裁的这种潜在危险性控制在笼子里。

### 6.2.3　俄罗斯主要的常设仲裁机构

《俄罗斯联邦仲裁法》对设立常设仲裁机构的条件作出明确规定,对设立常设仲裁机构实行审批制,只有在取得法律规定的授权机关(之前为俄罗斯联邦政府,现在为俄罗斯联邦司法部)批准之后方才取得仲裁机构的资质。

在俄罗斯,常设仲裁机构必须在非营利性组织之中设立。常设仲裁机构只有在设立该机构的非营利性组织取得授权行使的常设仲裁机构职能之后才可以从事活动。俄罗斯联邦工商会下设的国际商事仲裁院和海事仲裁委员会行使常设仲裁机构职能,无须取得授权,得到法律的豁免。

俄罗斯联邦国家权力机关、俄罗斯联邦主体国家权力机关、地方自治机关、国家机构和地方机构、国家集团、国家公司、政党、宗教组织、律师事务所、俄罗斯联邦主体律师协会、俄罗斯联邦律师协会、公证员协会、联邦公证员协会不得设立常设仲裁机构。不得在两个或者两个以上的非营利性组织同时设立一个常设仲裁机构。

只有外国仲裁机构在根据《俄罗斯联邦仲裁法》第44条取得行使常设仲裁机构职能的授权时,方可认可其为《俄罗斯联邦仲裁法》意义上的常设仲裁机构。如果外国仲裁机构没有根据《俄罗斯联邦仲裁法》被认可为常设仲裁机构,其管理的仲裁庭在俄罗斯境内作出的裁决在《俄罗斯联邦仲裁法》意义上将被视为临时仲裁裁决。

### 6.2.4　可以交由商事仲裁解决的争议类型

《俄罗斯联邦仲裁法》和《俄罗斯联邦国际商事仲裁法》均有明确规定,根据当事人的协议,民事法律关系当事人之间的争议可以交付仲裁解决,除非联邦法律另有规定。联邦法律可以作出规定,限制将某些类型的争议交付仲裁解决。

需要注意的是,“纯粹”的民事法律关系是重点。俄罗斯法律将民事法律关系确定为可仲裁性的基础。如果争议双方的关系不是民事法律关系性质,则不可以将相关争议交由仲裁解决。在俄罗斯的司法实践中,只要争议双方关系涉及公共关系或者公共权力的行使,则可能被定性为非民事法律关系,不可以仲裁解决。

### 6.2.5　俄罗斯仲裁法与联合国仲裁示范的对比

《俄罗斯联邦国际商事仲裁法》是以《联合国国际贸易法委员会国际商事仲裁示范法》为蓝本制定的,所以,俄罗斯的商事仲裁制度,特别是国际仲裁规范,基本上是与《联合国国际贸易法委员会国际商事仲裁示范法》的基本原则保持一致的。但是,在俄罗斯仲裁改革之后,俄罗斯仲裁法与《联合国国际贸易法委员会国际商事仲裁示范法》的一些差异还是值得关注的。

#### 一、仲裁协议的书面形式要求

《联合国国际贸易法委员会国际商事仲裁示范法》第7条第2款规定:“仲裁协议应是书面的。协议如载于当事各方签字的文件中,或载于往来的书信、电传、电报或提供协议记录的其他电讯手段中,或在申诉书和答辩书的交换中当事一方声称有协议而当事他方不否认,即为书面协议。在合同中提出参照载有仲裁条款的一项文件即构成仲裁协议,如果该合同是书面的而且这种参照足以使该仲裁条款构成该合同的一部分的话。”为了适应国际商业实践发展和现代通信技术发展的需要,联合国国际贸易法委员会 2006 年对《国际商事仲裁示范法》第 7 条进行了修订,在该条下提供了两个备选案文以供选择。备选案文一规定仲裁协议应为书面形式,仲裁协议的内容以“任何形式记录下来的,即为书面形式,不管该仲裁协议或合同是以口头方式、行为方式还是其他方式订立的”。也就是说,只要仲裁协议的内容得到记录,仲裁协议的订立可以采取任何形式,包括口头订立。而备选案文二则更进一步,完全取消了所有形式要求,实际上承认口头仲裁协议。

对仲裁协议,《俄罗斯联邦仲裁法》和《俄罗斯联邦国际商事仲裁法》没有认可口头协议的形式,而是要求以书面形式作出,但规定了一系列情况也视为达成了书面仲裁协议,包括:

(1)如果仲裁协议通过交换信函、电报、电传、传真和其他文件(包括通过电子通信渠道交换的可以准确认定其来自于另外一方当事人的电子文件)的方式订立,则书面的要求将视为得到遵守。

(2)如果仲裁协议通过交换程序文件(其中包括仲裁申请书和仲裁答辩书)而订立,即一方当事人在这些文件中声明存在仲裁协议,而另一方当事人对此没有提出异议,仲裁协议同样视为以书面形式订立。

(3)合同对含有仲裁条款文件的援引构成以书面形式订立的仲裁协议,如果这一援引可以将该仲裁条款视为合同的组成部分。

(4)对于依据俄罗斯联邦法律登记的机构招标规则或者清算规则,仲裁协议可以通过在招标规则或者清算规则中加入仲裁条款的方式订立。对于机构招标的参与人和在机构招标中根据机构招标订立合同之当事人或者清算参与人,这些仲裁条款属于仲裁协议。

(5)在俄罗斯成立法人之股东与法人的全部或者部分争议适用公司争议仲裁规则解决,将其交由仲裁解决的仲裁协议可以通过写入章程的方式订立。含有这种仲裁条款的章程,以及约定这种仲裁条款的章程修改和变更,由该法人全体股东一致通过的法人最高管理机构(股东会)决议予以批准。对于有其他人士参与的法人股东的争议和法人本身的争议,只有在其他人士直接表示其同意接受根据本条程序订立的仲裁条款约束时,该仲裁条款方才适用。

同时,《俄罗斯联邦仲裁法》明确规定,在解释仲裁协议时,对任何疑问应当作出有利于仲裁条款有效和可执行的解释。

《俄罗斯联邦工商会国际商事仲裁院仲裁规则》明确规定,如果当事人之间的法律关系应当适用国际条约,而该条约规定相应争议应当通过仲裁方式解决,即使当事人之间的合同没有援引该国际条约,该仲裁机构依然对争议享有管辖权。

## 二、可仲裁事项范围

在可仲裁事项的范围方面,《联合国国际贸易法委员会国际商事仲裁示范法》第 7 条采用了"契约性与非契约性争议"的提法,作出了比较广泛的界定。《联合国国际贸易法委员会国际商事仲裁示范法》中的"非契约性争议"一词,通常指合同纠纷以外的其他纠纷,而侵权纠纷则是其中最为常见的。非契约性争议既包括财产性的非契约性争议(如不当得利、无因管理、财产侵权、继承纠纷等),又包括非财产性的非契约性争议(如人身侵权、物上请求权纠纷、权属纠纷、法定非财产之债纠纷等)。所以,根据《联合国国际贸易法委员会国际商事仲裁示范法》的规定,则大部分因侵权行为而产生的争议将被列入可仲裁的范围。

根据《俄罗斯联邦仲裁程序法典》第 33 条第 1 款、《俄罗斯联邦民事诉讼程序法典》第 22.1 条第 1 款、《俄罗斯联邦仲裁法》、《俄罗斯联邦国际商事仲裁法》第 1 条第 6 款以及 2019 年 12 月 10 日俄罗斯联邦最高法院全体会议第 53 号《关于对仲裁和国际仲裁履行协助和监督职能的决议》(以下简称第 53 号司法解释)第 17 条之规定,所有的民事法律争议,包括公司争议,都允许通过仲裁方式解决,除非联邦法律另有规定。如果特定的联邦法律没有明确将某些特定争议排除适用仲裁解决,则相关争议可以仲裁解决。在法律层面,可以排除适用仲裁解决的只能是联邦法律。但是,2022 年 6 月 30 日,俄罗斯总统普京签署 416 号总统令,明确规定萨哈林 2 号石油及天然气复合开发项目一切相关争议都由莫斯科市仲裁法院解决。

俄罗斯在立法层面就对可仲裁事项作出了诸多限制,通过联邦法律明确限制或者排除仲裁,包括在投资过程中涉及的各种类型的公司争议,只能在俄罗斯仲裁法院诉讼解决。

## 三、机构仲裁与临时仲裁

《联合国国际贸易法委员会国际商事仲裁示范法》明确规定允许临时仲裁,其第 2 条规定:仲裁是指无论是否由常设仲裁机构进行的任何仲裁。

俄罗斯仲裁法对机构仲裁和临时仲裁有区分,并且有专门的规定。《俄罗斯联邦仲裁法》第 1 条第 5 款规定,《俄罗斯联邦仲裁法》不仅适用于常设仲裁机构管理的仲裁,也同样适用于临时仲裁,除非《俄罗斯联邦仲裁法》另有特别规定。

《俄罗斯联邦仲裁法》第 2 条第 9 款规定,常设仲裁机构是指非营利性组织中固定履行仲裁管理职责的专门机构;第 2 条第 17 款规定,为解决特定争议所组建之仲裁庭(临时仲裁庭)是指在没有常设仲裁机构管理而进行仲裁的仲裁庭(但是,如果常设仲裁机构根据当事人约定履行某些特定管理职责,并不影响临时仲裁的性质)。

《俄罗斯联邦仲裁法》第 44 条第 3 款规定,外国仲裁机构只有在根据本条之规定取得行使常设仲裁机构职能的授权时方可被认可为《俄罗斯联邦仲裁法》意义上的常设仲裁机构。如果外国仲裁机构没有根据《俄罗斯联邦仲裁法》被认可为常设仲裁机构,其管理的仲裁庭在俄罗斯境内作出的裁决在《俄罗斯联邦仲裁法》意义上将被视为临时仲裁庭所作出的裁决。

区分机构仲裁和临时仲裁的要点在于,如果仲裁裁决不是由依照《俄罗斯联邦仲裁法》获得常设仲裁机构资质的常设仲裁机构作出的,则属于临时仲裁裁决。

虽然俄罗斯法律并不禁止临时仲裁(包括国内争议的临时仲裁),但是,在 2015 年仲裁改革之后,越来越多的单行法律明确将某些特定类型的争议排除在临时仲裁之外,规定只能由常设仲裁机构进行仲裁。

2015 年仲裁改革时,将重点放在机构仲裁方面,而没有重视临时仲裁的作用和影响。2018 年 12 月 27 日,俄罗斯通过第 531 号联邦法律,对《俄罗斯联邦仲裁法》作出修改(第 3 次),第 44 条第 20 款明确规定,任何个人和法人,如果没有按照《俄罗斯联邦仲裁法》获得常设仲裁机构的牌照,则禁止履行管理仲裁的职能,如指定仲裁员、决定仲裁员回避和仲裁员权力终止问题以及其他与进行临时仲裁有关的行为(收取仲裁费、经常性为仲裁开庭或者仲裁会议提供场地等)。同时,也不得发布这方面的广告,包括在互联网上的广告,不得公开提供临时仲裁服务。如果违反前述禁止性规定,仲裁机构或者临时仲裁庭所作出的裁决将被视为违反《俄罗斯联邦仲裁法》规定的仲裁程序。同时,该法律也对《俄罗斯联邦广告法》作出修订,增加了第 30.2 条,规定如果没有按照《俄罗斯联邦仲裁法》获得常设仲裁机构的牌照,则不得对仲裁活动(包括临时仲裁活动)发布广告,包括在互联网发布广告。

## 四、域外仲裁

《联合国国际贸易法委员会国际商事仲裁示范法》明确定义无涉外因素的国内争议提交域外仲裁地的为“国际仲裁”，即允许纯国内争议提交域外仲裁：

《联合国国际贸易法委员会国际商事仲裁示范法》第 1 条第 3 款规定：“仲裁如有下列情况即为国际仲裁：……(B)下列地点之一位于当事各方营业地点所在国以外：(a)仲裁协议中确定的或根据仲裁协议而确定的仲裁地点……”也就是说，只要当事各方约定将争议提交仲裁的仲裁地位于境外，即使当事各方营业地点均为同一国家，也是允许的，也认定为国际仲裁，《联合国国际贸易法委员会国际商事仲裁示范法》也适用于规范此类仲裁。

俄罗斯法律通过区分国内争议和国际争议(不属于国际争议的就属于国内争议)，明确规定只有国际争议才可以交由俄罗斯境外的国际仲裁机构解决，没有涉外因素的国内争议不得交由俄罗斯境外的国际仲裁机构解决。在俄罗斯的司法实践中，如果国内争议由国际仲裁机构仲裁解决，则其仲裁裁决会因规避法律而在俄罗斯无法得到承认和执行。

根据《俄罗斯联邦国际商事仲裁法》第 1 条第 3—5 款的规定，基于民事法律关系而产生的以下争议属于国际争议：

(1)至少一方当事人的营业地点在俄罗斯境外。

(2)当事人主要债务的履行地在俄罗斯境外。

(3)与争议标的具有更加紧密联系的地点在俄罗斯境外。

(4)争议是由于在俄罗斯进行外国资本投资或者俄罗斯资本在俄罗斯境外进行投资而产生的；例外：如果争议的一方当事人是俄罗斯商事组织，其股权也属于外国投资人，但争议的产生并不是由于外国资本在俄罗斯进行投资，或者缺少其他应当按照国际争议解决的条件，则该争议依然属于国内争议(第 53 号司法解释)。

(5)俄罗斯的国际条约或者联邦法律规定的需要将投资争议交由国际商事仲裁的其他情况。

## 五、仲裁管辖权

《联合国国际贸易法委员会国际商事仲裁示范法》在其“仲裁庭的管辖权”一章中规定仲裁庭有权就提起仲裁的争议之管辖权的异议作出裁定，包括仲裁协议的有无与效力问题的异议。有关仲裁庭无权管辖的抗辩不得在提出答辩书之后提出。当事一方已委任或参与委任仲裁员的事实，不妨碍其提出此种抗辩。有关仲裁庭超越其权力范围的抗辩，应在仲裁程序中被指越权之情事出现后立即提出。在这两种情况下，仲裁庭如认为有正当理由，均可准许推迟提出抗辩。另外，仲裁庭可以根据案情将当事人对于仲裁庭管辖权的抗辩或者有关仲裁庭超越其权力范围的抗辩作为一个初步问题裁定或在实体裁决中裁定。如果仲裁庭将抗辩作为一个初步问题裁定它有管辖权，当事任何一方均可在收到裁定通知后30天内要求第6条规定的法院对这一问题作出决定，该决定不容上诉；在等待对这种要求作出决定的同时，仲裁庭可以继续进行仲裁程序和作出裁决(《联合国国际贸易法委员会国际商事仲裁示范法》第16条)。

根据《俄罗斯联邦仲裁法》第16条第1款和《俄罗斯联邦国际商事仲裁法》第16条的相关规定，仲裁庭自行决定其管辖权问题，包括自行评估是否遵守俄罗斯的强制性仲裁法律规范。仲裁规则可以规定，在仲裁庭组庭之前，管辖权问题由常设仲裁机构的授权部门决定。如果仲裁庭对预先问题裁定享有管辖权，则任何一方当事人可以在收到作出该裁定通知后的一个月内向有管辖权的法院提出申请，要求判决仲裁庭没有管辖权。当事人仲裁协议规定仲裁由常设仲裁机构管理的，当事人可以通过直接协议排除该问题由法院解决的可能性，即排除法院对管辖权问题的决定权。向法院提出前述申请本身并不妨碍仲裁庭继续仲裁，并作出仲裁裁决。

### 六、当事人对仲裁员提出异议的规定

《联合国国际贸易法委员会国际商事仲裁示范法》允许当事人对此意思自治，并赋予法院一定的监督决定权，俄罗斯也有基本相同的法律规定。

《联合国国际贸易法委员会国际商事仲裁示范法》第13条规定，当事人可以自由地就对仲裁员提出异议的程序进行约定，如果当事人没有约定对仲裁员提出异议的程序，那么，对仲裁员提出异议的一方当事人应当在规定期限内向仲裁庭提出书面陈述，仲裁庭应当在规定条件下对当事人的异议作出决定。如果仲裁庭作出当事人异议不成立的决定，提出异议的一方当事人不服的，可以在收到仲裁庭的决定之日起30日内请求有关法院作出决定。

《俄罗斯联邦仲裁法》第13条规定，当事人可以自行约定仲裁员的回避程序。如果没有特殊约定，准备申请仲裁员回避的当事人，应当在其得知仲裁庭组庭或得知回避事由之后15天内以书面形式向仲裁庭提出申请回避的理由。如果被申请回避的仲裁员未提出自行回避，或者另一方当事人不同意其回避，

则其回避问题由仲裁庭决定。如果回避请求被驳回，申请回避的当事人自收到驳回回避请求的一个月内可以向有管辖权的法院提交支持回避请求的申请。当事人仲裁协议规定仲裁由常设仲裁机构管理的，当事人可以通过直接协议排除该问题由法院解决的可能性。向法院提交回避申请并不妨碍仲裁程序的进行，也不妨碍被申请回避的仲裁员继续参与仲裁并作出仲裁裁决。

## 七、仲裁临时措施

《联合国国际贸易法委员会国际商事仲裁示范法》规定仲裁庭与法院均有权发布临时措施的"并行模式"，俄罗斯也有基本相同的法律规定。

《联合国国际贸易法委员会国际商事仲裁示范法》第 17 条第 1 款规定：除非各方当事人另有约定，仲裁庭经一方当事人的请求，可准予采取临时措施。其第 9 条规定："在仲裁程序进行前或进行期间内，当事一方请求法院采取临时保护措施和法院准予采取这种措施，均与仲裁协议不相抵触。"根据该规定，仲裁庭及法院都有权作出临时措施，即当事人既可向法院也可向仲裁庭申请临时措施。在这种"并存权力"模式之下，仲裁庭通过立法的明确规定而获得临时措施的决定权，保证了其在整个仲裁程序中的主导性，有利于其对仲裁有关事项包括临时措施问题及时作出处理从而节约时间成本。

《俄罗斯联邦仲裁法》第 9 条规定，在仲裁程序开始之前或者仲裁程序当中，当事人向法院申请采取保全措施，以及法院作出保全措施决定，与仲裁协议并不相互排斥。

《俄罗斯联邦仲裁法》第 17 条规定，仲裁庭有要求采取保全措施的权力。如果当事人未有其他约定，仲裁庭可根据任何一方当事人的请求而要求由某一方当事人采取仲裁庭认为必要的保全措施。仲裁庭可以要求任何一方当事人就前述措施提供适当的担保。当事人应当执行仲裁庭关于采取保全措施的裁定和其他程序性文件。当事人还可以通过协议规定，常设仲裁机构在仲裁庭组庭之前有权要求由某一方当事人采取常设仲裁机构认为必要的保全措施。

## 八、争议实体适用法

《联合国国际贸易法委员会国际商事仲裁示范法》第 28 条规定了对于争议所应适用的实体法，当事人有约定的从其约定，没有约定的由仲裁庭决定；且不强制国内争议适用本国法。

《俄罗斯联邦仲裁法》对争议实体适用法律作出了原则规定：仲裁庭根据俄

罗斯法律规范解决争议，或者根据俄罗斯法律当事人可以选择外国法律作为其法律关系之适用法律的情况下，仲裁庭根据当事人指示的争议实体适用法律规范解决争议。如果没有当事人的前述指示，则由仲裁庭根据其认为应当适用的冲突规范所确定的实体法规范来解决争议。对某一国家法律或法律体系的援引应当解释为直接指向其实体法，而不是指向其冲突法规范。

但是，在当事人选择适用的实体法时，还要考虑《俄罗斯联邦民法典》第1210条第5款的限制性规定，即当事人应当选择与争议有实质性联系之国家的法律，而不能借实体法选择来规避与争议有实质性联系之国家的法律的强制适用。

### 6.2.6　临时仲裁

俄罗斯仲裁法对机构仲裁和临时仲裁有区分，并且有专门的规定。

《俄罗斯联邦仲裁法》第1条第5款规定，《俄罗斯联邦仲裁法》不仅适用于常设仲裁机构管理的仲裁，也同样适用于临时仲裁，除非《俄罗斯联邦仲裁法》另有特别规定。

《俄罗斯联邦仲裁法》第2条第9款规定，常设仲裁机构是指非营利性组织中固定履行仲裁管理职责的专门机构；第2条第17款规定，为解决特定争议所组建之仲裁庭（临时仲裁庭）是指在没有常设仲裁机构管理而进行仲裁的仲裁庭（但是，如果常设仲裁机构根据当事人约定履行某些特定管理职责，并不影响临时仲裁的性质）。

《俄罗斯联邦仲裁法》第44条第3款规定，外国仲裁机构只有在根据本条之规定取得行使常设仲裁机构职能的授权时方可被认可为《俄罗斯联邦仲裁法》意义上的常设仲裁机构。如果外国仲裁机构没有根据《俄罗斯联邦仲裁法》被认可为常设仲裁机构，其管理的仲裁庭在俄罗斯境内作出的裁决在《俄罗斯联邦仲裁法》意义上将被视为临时仲裁庭所作出的裁决。

所以，区分机构仲裁和临时仲裁的要点在于，如果仲裁裁决不是由依照《俄罗斯联邦仲裁法》获得常设仲裁机构资质的常设仲裁机构作出的，则属于临时仲裁裁决。

虽然俄罗斯法律并不禁止临时仲裁（包括国内争议的临时仲裁），但是，在2015年仲裁改革之后，越来越多的单行法律明确将某些特定类型的争议排除在临时仲裁之外，规定只能由常设仲裁机构进行仲裁。

许多机构不再试图办理常设仲裁机构的牌照，而是以临时仲裁的名义招揽业务,组织临时仲裁庭,以临时仲裁的形式作出仲裁裁决。这是立法机关没有想到的,也给获得牌照的常设仲裁机构的业务造成影响。

2018 年 12 月 27 日,俄罗斯通过第 531 号联邦法律,对《俄罗斯联邦仲裁法》作出修改(第 3 次),第 44 条第 20 款明确规定,任何个人和法人,如果没有按照《俄罗斯联邦仲裁法》获得常设仲裁机构的牌照,则禁止履行管理仲裁的职能,如指定仲裁员、决定仲裁员回避和仲裁员权力终止问题以及其他与进行临时仲裁有关的行为(收取仲裁费、经常性为仲裁开庭或者仲裁会议提供场地等等)。同时,也不得发布这方面的广告,包括在互联网上的广告,不得公开提供临时仲裁服务。如果违反前述禁止性规定,仲裁机构或者临时仲裁庭所作出的裁决将被视为违反《俄罗斯联邦仲裁法》规定的仲裁程序。同时,该法律也对《俄罗斯联邦广告法》作出修订,增加了第 30. 2 条,规定如果没有按照《俄罗斯联邦仲裁法》获得常设仲裁机构的牌照,则不得对仲裁活动(包括临时仲裁活动)发布广告,包括在互联网发布广告。

## 6. 3　如何聘请俄罗斯律师

### 6. 3. 1　审查和确认俄罗斯律师和律师事务所的资格

同中国一样,在俄罗斯从事律师业务,也要具备相应的资格。对于律师事务所而言,要有相应的法人国家登记证书(个人执业律师事务所除外);对于律师而言,要有相应的有效律师资格。在俄罗斯的每一个联邦主体的司法部门或者律师协会,都有专门的律师执业机构目录和律师目录,在聘请律师之前要进行相应的查询,看其律师资格是否有效或者律师事务所是否进行了相应的国家登记、个人执业律师事务所是否进行了备案。

俄罗斯联邦律师协会公布的数据显示,截至 2022 年 1 月,俄罗斯登记在册律师共 82, 877 人,其中 75, 504 人正常执业。律师人数超过 1000 人的地方律师协会有 22 个,其中莫斯科市律师 12, 816 人,莫斯科州律师 7283 人,圣彼得堡律师 5053 人,克拉斯诺达尔边疆区律师 4339 人,罗斯托夫州律师 3107 人。从律师性别看,男律师 48, 367 人,占 58. 4%;女律师 34, 510 人,占 41. 6%。从年龄结构看,30 岁以下的律师 9701 人,占 11. 7%;30—60 岁的律师 57, 074 人,占 68. 9%;60 岁(含)以上的律师 16, 102 人,占 19. 4%。从执业年限看,执业不满

1 年的律师 3681 人，占 4.4%；执业 1—5 年的律师 14,812 人，占 17.9%；执业 5—15 年的律师 31,743 人，占 38.3%；执业 15—25 年的律师 23,901 人，占 28.8%；执业 25 年以上的律师 8740 人，占 10.5%。

俄罗斯律师事务所有 4 种形式：个人执业律师事务所、协会制律师事务所、合伙律师事务所和法律咨询事务所。截至 2022 年 1 月，俄罗斯律师事务所共 26,887 家，其中，协会制律师事务所 3356 家，合伙律师事务所 928 家，个人执业律师事务所 22,521 家，法律咨询事务所 82 家。目前，发展迅速的是个人执业律师事务所，因为限制少，而且开业方便，一个律师提出申请就可以，而合伙律师事务所的数量相对比较少，因为合伙人要承担无限连带责任，而俄罗斯没有律师执业责任保险，所以，为规避法律风险，选择协会制律师事务所的比较多。

根据俄罗斯法律，对委托人而言，承担责任的是律师本人，而不是律师事务所或者其他合伙人（合伙律师事务所除外），所以，选择俄罗斯律师时不仅仅要看律师事务所的规模，具体承办律师的个人信誉和经验尤为重要。

从 2019 年 10 月 1 日开始，根据俄罗斯法律对出庭委托代理人资格的限制，只有律师和获得俄罗斯法律高等教育的人员可作为委托代理人出庭，除非法律另有规定。对于委托代理人的国籍，俄罗斯法律并没有限制。

### 6.3.2　如何与俄罗斯律师签订委托合同

根据俄罗斯法律，在聘请俄罗斯律师提供法律服务时，一般可能有 3 种合同形式的选择：委托合同、有偿服务合同、提供法律帮助合同。

上述 3 种合同，其各自的法律依据以及当事人的权利和义务各不相同，委托人应当根据实际需要和具体情况进行选择，但是，不论选择哪一种合同形式，委托人必须在合同中明确以下内容：一是委托人明确委托并同意支付费用的法律服务，要在合同中或者合同的附件中逐条一一列明，表述要清晰准确。二是对律师费的数额或者计算方式要明确，最好是对每一项法律服务的价格单独列出明细。三是要明确委托人单方解除合同的条件和方式，以及合同解除时律师费的结算方式。

### 6.3.3　律师费

根据俄罗斯法律，律师费不能支付给律师个人，要支付给律师所在的律师执业机构，律师执业机构要出具相应的付款凭证。

在很长的一段时间里，根据俄罗斯法律以及俄罗斯联邦最高法院和俄罗斯联邦宪法法院相关判决的精神,风险代理的律师费收取方式(律师的收费以法院或者仲裁的胜诉或者败诉为前提)在俄罗斯被视为无效条款,得不到法院的支持。所以,在委托律师进行诉讼或者仲裁代理时,俄罗斯律师一般也不接受这种方式。

但是,早在2007年1月23日,俄罗斯联邦宪法法院在作出第1号裁决时就曾经指出,联邦立法机关有权将这种律师收费方式制度化。

2019年12月2日,俄罗斯总统普京签署了第400号联邦法律《关于修改〈俄罗斯联邦律师法〉》,修改后的《俄罗斯联邦律师法》于2020年3月1日生效,其中新增了关于风险代理的规定。

《俄罗斯联邦律师法》规定,在与律师签订的法律帮助合同中可以规定风险代理条款。根据风险代理条款,律师收费与否及收费数额将取决于其法律服务的结果。适用风险代理收费的规则由联邦律师协会制定(也是风险代理的前提条件),但是,在刑事案件和行政诉讼案件中不得使用风险代理。

根据俄罗斯法律,尽管当事人的律师费支出不被视为当事人的损失,但胜诉一方有权要求败诉方承担其律师费支出,具体数额由法庭酌情认定。所以,如果中国投资人在俄罗斯遭遇诉讼,如果有胜诉的把握,都可以考虑聘请俄罗斯律师解决问题,法院会判定律师费由对方承担,但承担的数额会比较有限。

在俄罗斯当地进行投资时,如果适用俄罗斯法律,就要注意俄罗斯法律关于律师费和诉讼费的一个特别规定。《俄罗斯联邦仲裁程序法典》第111条规定,如果一方违反了俄罗斯法律或者双方合同中规定的争议索赔程序或者诉前调解程序,如逾期答复对方索赔或者拒不答复索赔,则法庭有权判令该当事人承担全部的诉讼费用(诉讼费和律师费),而不论哪一方最终胜诉。同时,对于滥用诉讼权利或者不履行诉讼义务的当事人,如果其行为导致庭审的中断、诉讼程序的推延、妨碍案件的审理和法庭作出合法而正确的司法文书时,则法庭有权判令该当事人承担全部的诉讼费用。

鉴于上述法律规定,当争议事项或者纠纷适用俄罗斯法律时,当事人要根据合同约定及时回复俄罗斯当事人的索赔,并且及时提出异议和相关的证据,积极参与诉讼,而不能消极对抗,否则在程序上会处于不利的法律地位。

### 6.3.4 如何对俄罗斯律师的服务提出异议

在俄罗斯的各个联邦主体内,都设有律师协会,律师协会的执业委员会负责处理对律师的投诉,但律师的具体行为或者不作为是否违反律师执业规范或者该律师是否履行了其义务的认定则由律师协会的执业委员会以投票表决方式作出裁定。所以，如果当事人认为律师不履行合同或者侵害其利益时，可以向联邦主体的律师协会执业委员会进行投诉，也可以聘请其他律师进行投诉。

如果律师严重违反执业规范或者违法，则律师协会执业委员会可以终止其律师资格。与中国的律师管理制度不同，俄罗斯政府司法部门无权终止律师资格，如果其认为某一律师的资格应该被终止，其可以向律师协会提出建议，只有在律师协会不采取相应措施时，司法部门才可以向法院要求终止该律师的律师资格。

## 6.4 中国仲裁裁决在俄罗斯的承认与执行

### 一、法律依据

《俄罗斯联邦仲裁程序法典》第 241 条第 1 款规定，外国法院就经营和其他经济活动中产生的争议和其他事由所作出的判决、商事仲裁院和国际商事仲裁庭于其他国家境内就经营和其他经济活动中产生的争议和其他事由所作出的裁决，如果俄罗斯订立的国际条约和联邦法律规定应予以承认和执行的，则其在俄罗斯由仲裁法院承认和执行。

俄罗斯和中国均是《纽约公约》缔约国。该公约第 3 条规定，各缔约国应承认仲裁裁决具有拘束力，并依援引裁决地之程序规则及下列各条所载条件执行之。承认或执行适用本公约之仲裁裁决时，不得较承认或执行内国仲裁裁决附加过苛之条件或征收过多之费用。

1992 年 6 月 19 日，中国与俄罗斯在北京签订《中华人民共和国和俄罗斯联邦关于民事和刑事司法协助的条约》（以下简称《中俄司法协助条约》），《中俄司法协助条约》第 21 条规定，缔约双方应根据《纽约公约》，相互承认与执行在对方境内作出的仲裁裁决。

### 二、具体流程

（一）申请人

外国裁决的胜诉方当事人。

（二）受理机关

被申请人住所地的俄罗斯联邦主体仲裁法院，住所地不明的，则是被申请人财产所在地的俄罗斯联邦主体仲裁法院。

（三）申请时效

外国裁决应在其生效日起算的 3 年期限内申请强制执行。如超过该时效限制，则可以按照《俄罗斯联邦仲裁程序法典》规定的一般程序向俄罗斯仲裁法院申请恢复。

（四）申请材料

1. 承认和执行外国法院或仲裁机构裁决的申请书，书面形式提出，由申请人或其代理人签字确认。

2. 除俄罗斯签署的国际条约另有规定外，以下随附文件均应提供俄文翻译，域外文件需经领事认证或者加签，可以网上提交：

（1）外国法院或仲裁机构裁决书原件或公证件；如果裁决书上未注明关于该裁决书的生效信息，则需再提供证明该裁决书已生效的文件公证件。

（2）仲裁协议原件或公证件。

（3）证明已适当及时通知被申请人外国法院审理案件事实的文件。

（4）证明申请人有权在承认和执行外国法院或仲裁机构裁决书之申请书上签字的授权委托书或其他文件的公证件。

（5）确认承认和执行外国法院或仲裁机构裁决书之申请书已送达被申请人的文件。

（6）承认和执行外国法院或仲裁机构裁决书申请的国家规费已付单据。

此外，《俄罗斯联邦国际商事仲裁法》第 35 条还规定，各国作出的商事仲裁裁决均具有强制力，根据《俄罗斯联邦程序法典》规定和《俄罗斯联邦国际商事仲裁法》第 35 条和第 36 条规定的程序向管辖法院提出书面申请予以承认和执行。需要提交外国仲裁机构所作仲裁裁决的副本且副本由仲裁员签字确认，以及证明仲裁协议订立的文件。如果文件由外语书就，则当事人应提供俄语翻译件。

（五）申请费用

根据《俄罗斯联邦税法典》第 333.21 条第 1 款第 11 项的规定，申请承认和执行外国法院判决或外国仲裁裁决的诉讼费为 3000 卢布。

（六）审理程序

申请按照一审程序由独任法官审理，审理期限不得超过 1 个月。

仲裁法院会向案件当事人作开庭通知,可缺席审判。审理时,仲裁法院不得对外国法院或仲裁机构的裁决作实质性审理,可就当事人提交的材料和答辩裁判有无承认和执行外国法院或仲裁机构裁决的依据。

如果被申请承认和执行的裁决在外国法院被申请撤销或终止执行,则仲裁法院可根据申请方当事人的申请中止审理案件,并可要求另一方按照《俄罗斯联邦仲裁程序法典》的规定程序提供担保。在外国法院案件审毕后,根据俄罗斯订立的国际条约和联邦立法规定参考外国法院作出的相关司法文书来对案件进行审理。

## 三、申请被驳回的法定事由

《俄罗斯联邦仲裁程序法典》第244条第3款规定,除俄罗斯订立的国际条约另有规定外,外国仲裁机构裁决根据1993年7月7日第5338-Ⅰ号《俄罗斯联邦国际商事仲裁法》规定的法定事由不予承认和执行。

《俄罗斯联邦国际商事仲裁法》第36条规定,外国仲裁机构仲裁裁决不予承认和执行的法定事由有:

(一)承认和执行外国仲裁裁决申请中的被申请人向受案法院提出以下证据之一的

1. 订立仲裁协议的当事人属于不完全民事行为能力人的。

2. 根据仲裁协议中当事人约定的适用国法律,仲裁协议无效的;如果无此约定,则根据仲裁裁决作出国法律,仲裁协议无效的。

3. 承认和执行外国仲裁裁决申请中的被申请人未就仲裁员选任和仲裁审理得到适当通知的,其中包括仲裁庭开庭时间和地点,或者因正当理由未能作解释答辩的。

4. 仲裁裁决事项超出仲裁协议范围或不受仲裁协议条款约束的,或仲裁裁决事项含有超出仲裁协议范围之外内容的。如果仲裁裁决中超出仲裁协议范围的裁决事项可以与仲裁协议范围内裁决事项相分离的,则未超过仲裁协议范围的事项可以予以承认和执行。

5. 仲裁庭组庭或仲裁程序违反当事人约定或违反仲裁地所在国法律规定的。

6. 外国仲裁裁决因该国管辖机关或依据法律适用国法律规定尚不对仲裁当事人具有强制约束力的或已被撤销的或中止的。

(二)经申请的管辖法院判定

1. 根据俄罗斯法律,争议具有不可仲裁性的;

2. 外国仲裁裁决的承认和执行违反俄罗斯公共秩序的。

如果承认和执行申请的被申请人以上述第 1 款第 6 项的理由向受案法院申请撤销或中止执行外国仲裁裁决的,在法院认为理由充分的情况下,法院可以根据申请人提出的申请要求被申请人提供适当的担保。

出现第 2 款规定的情形的,即使被申请人未提出申请,法院也有权根据该款驳回承认和执行外国仲裁裁决的申请。

## 四、裁判结果形式及上诉

对于承认和执行外国仲裁裁决申请的判定结果,仲裁法院将根据《俄罗斯联邦仲裁程序法典》的一般规定作出裁定书。裁定书包含的内容有:作出裁决书的外国仲裁院名称及仲裁庭组成、债权人和债务人的名称、关于该外国仲裁裁决的信息、承认并执行或者不予承认并执行的裁判结果。

对于仲裁法院所作裁定书不服的,应在裁定书作出日起算的 1 个月内按照三审程序向大区级仲裁法院提出上诉。

## 五、申请强制执行程序的依据(执行令)

外国仲裁裁决的强制执行,凭作出承认并执行外国仲裁裁决裁定书的仲裁法院签发的强制执行令进行。执行程序则按照《俄罗斯联邦仲裁程序法典》和《俄罗斯联邦执行程序法》的一般规定进行。

《俄罗斯联邦执行程序法》第 11 条规定,外国判决或裁决在俄罗斯的执行程序按照俄罗斯订立的国际条约、俄罗斯法律规定和本法进行。

### (一)强制执行程序的启动

申请执行人依据强制执行令向司法警察局申请启动强制执行程序。

### (二)强制执行程序的受理机关

被申请人为自然人的,向被申请人住所地、现居地或财产所在地司法警察机关申请执行;被申请人为法人的,向被申请人登记地、财产所在地或其分公司、代表处所在地的司法警察机关申请执行。

### (三)强制执行的申请要求

应向司法警察机关提交强制执行令和申请书。

申请书应由申请执行人或其代理人签字,代理人签字的,应随附相应的授权委托书。申请书中可以提出查封冻结被申请人财产、依法对被申请人实施限制性措施。申请人可以在申请书中注明其所知道的被申请人信息并随附关于被申请人、被申请人财产状况等有利于全面及时实现执行的相关信息。

## 6.5 制裁对争议解决的影响

从2014年克里米亚事件之后,俄罗斯受到西方逐步升级的制裁,也波及了国际商事仲裁领域。如果合同约定的仲裁机构在对俄罗斯实施制裁的国家,俄罗斯公司就会面临无法支付仲裁费或者无法选定仲裁员的问题,俄罗斯就此认为,在这些国家的仲裁中俄罗斯公司无法得到公平对待,仲裁裁决也不会是公正的。

2020年6月8日,俄罗斯总统普京签署了第171号联邦法律(6月19日生效),使得俄罗斯仲裁法院对涉及受制裁的俄罗斯实体的争议取得了事实上的专属管辖权。该联邦法律全称为《关于修订〈俄罗斯联邦仲裁程序法典〉以保护个人和法律实体在外国、国家联合和(或)联盟以及外国、国家联合和(或)联盟的国家(国家间)组织实施的限制性措施中的权利的联邦法律》。根据这一法律,在《俄罗斯联邦仲裁程序法典》中增加了第248.1条和第248.2条,为受到西方制裁的俄罗斯法人和自然人单方面改变管辖权约定提供了法律依据,并且出台了禁诉令制度。

### 一、第248.1条,俄罗斯仲裁法院取得专属管辖权

除非俄罗斯参加的国际条约规定或者当事人协议约定,案件应当由外国法院、俄罗斯境外的国际商事仲裁机构管辖,否则俄罗斯联邦仲裁法院对以下案件享有专属管辖权:

(1)案件当事人受到制裁;

(2)案件是对俄罗斯公民或者俄罗斯法人适用制裁而导致的。

上述当事人(实体)包括俄罗斯公民、俄罗斯法人,也包括外国法人,如果对这些外国法人适用制裁是对俄罗斯法人和公民适用制裁而导致的。

受到制裁的当事人(实体)可以:

(1)向其住所地或者居住地的俄罗斯联邦主体仲裁法院申请解决争议,如果外国法院或者俄罗斯境外的国际商事仲裁机构没有受理相同当事人基于同一个理由和同一个标的而发生的争议;

(2)根据第248.2条之规定,申请禁止在外国法院或者俄罗斯境外的国际商事仲裁机构开始和继续进行诉讼(仲裁)。

如果由于争议一方的当事人受到制裁,妨碍该当事人获得司法保护,导致当事人将争议交由外国法院或者俄罗斯境外的国际商事仲裁机构审理的约定无法执行,则本条规定也依然适用。

本条的规定并不妨碍外国法院或者俄罗斯境外的国际商事仲裁机构依据受制裁当事人申请所作出裁判的承认和执行,受制裁实体没有反对由外国法院或者俄罗斯境外的国际商事仲裁机构审理其作为当事人的案件,包括没有对外国法院或者俄罗斯境外的国际商事仲裁机构申请禁诉令。

## 二、第248.2条,受制裁当事人可以在俄罗斯申请禁诉令

如果受制裁实体在外国法院或者俄罗斯境外的国际商事仲裁机构被起诉或仲裁,或者有证据证明将会对这些受制裁实体提起诉讼或仲裁,则这些受制裁实体有权在其住所地或者居住地申请禁止在外国法院或者俄罗斯境外的国际商事仲裁机构对其启动或者继续诉讼或仲裁。

禁诉令的申请由仲裁法院的法官单独审理,但要结合本条规定的特殊程序进行。

仲裁法院需要根据《俄罗斯联邦仲裁程序法典》规定的程序通知案件当事人开庭的时间和地点,得到适当通知的当事人拒不出庭的,不影响案件开庭审理。

俄罗斯仲裁法院关于禁诉令作出的裁定,自其作出后1个月内可以向三审法院申请上诉。

如果该当事人没有执行俄罗斯仲裁法院的裁决,基于公正、适当和不得利用非法或者恶意行为获得利益等原则,并且根据申请人的申请,仲裁法院可以裁定被禁止诉讼的一方当事人向申请人支付赔偿金。赔偿金的数额,不得超过在外国法院或者俄罗斯境外的国际商事仲裁机构提起的诉讼或仲裁请求数额和当事人支出的诉讼费用。

根据上述“反制裁”法案,可以推定俄罗斯仲裁法院对受制裁个人和法人争议的专属管辖权,除非国际条约或者当事人协议另有约定;而且,即使当事人约定了管辖权条款,如果制裁导致俄罗斯当事人无法行使权利(如无法缴纳仲裁费或者聘请代理人),则视为该管辖权协议无法执行,俄罗斯仲裁法院依然会获得专属管辖权。受制裁的俄罗斯当事人,随时可以申请禁诉令,在俄罗斯境外

进行的仲裁或者诉讼程序具有不确定性(可能无法在俄罗斯执行)。

原则上来说,"反制裁"法案是用来对付美国和欧洲这些不友好国家和地区的,但是,对于中国公司和俄罗斯公司签署的合同,如果俄罗斯公司(或者实际控制人)受到制裁,上述全部风险对于中国公司同样存在。

## 6.6　关于订立争议解决条款的建议

随着中俄经贸投资合作的进一步深入、俄罗斯仲裁法改革导致的法律变化以及欧美制裁对俄罗斯法律和实践的深刻影响,如何签订一份有效的争议解决条款,已经成为中国企业在开展对俄贸易投资过程中的一个重要课题。根据俄罗斯法律的最新规定和司法实践,我们建议中国企业在订立涉及俄罗斯法律的争议解决条款时,特别注意以下几个方面的问题。

### 一、俄罗斯国家法院的专属管辖权

俄罗斯仲裁法院(国家法院)对很多案件享有专属管辖权,特别是关于公司争议纠纷的案件,只能在俄罗斯法律规定的仲裁法院通过诉讼解决。所以,中国企业在俄罗斯进行公司设立和股权收购等投资行为时,订立的争议解决条款一定不能违反俄罗斯法律中的专属管辖权规定,否则会因为违反俄罗斯法律而无效,相应的仲裁裁决在俄罗斯也不会得到承认和执行。

### 二、选择取得仲裁资质的俄罗斯常设仲裁机构

特定类型的争议(包括公司争议),只能选择取得仲裁资质且有专门争议仲裁规则的俄罗斯常设仲裁机构(见上文6.2.3.),选择其他仲裁机构将导致仲裁条款无效,或者据此作出的仲裁裁决将被视为临时仲裁裁决,会受到诸多的法律限制。在俄罗斯进行投资时,可能出现的股东之间的争议、股权买卖纠纷等争议,都只能约定在俄罗斯常设仲裁机构解决,而不能约定在中国或者其他国家的仲裁机构解决。

### 三、公司争议的仲裁地必须是俄罗斯

在订立公司争议的仲裁条款时,俄罗斯法律限制性规定仲裁地必须是俄罗斯,不可以将仲裁地约定为其他国家,同时强制适用俄罗斯仲裁法的有关规定。

## 四、明确排除《中苏交货共同条件》的适用

《由中华人民共和国向苏维埃社会主义共和国联盟和由苏维埃社会主义共和国联盟向中华人民共和国交货共同条件议定书》(以下简称《中苏交货共同条件》)由中苏两国于1990年3月13日在北京签订,苏联解体后俄罗斯继承了该条约,该条约继续适用于中俄之间的货物买卖合同。《中苏交货共同条件》第52条规定了“原告就被告”的争议解决条款,如果被诉方是中国的外贸企业和组织,则由设在北京的中国国际经济贸易仲裁委员会根据该委员会的规则进行仲裁;如果被诉方是苏联的企业和组织,则由设在莫斯科的苏联工商会仲裁庭根据该庭的条例进行仲裁,除非当事人另有约定。

很多中俄企业并不知道《中苏交货共同条件》的存在及其强制适用的法律地位,在没有约定有效的仲裁条款,也没有排除其适用的情况之下,就只能在对方国家依据《中苏交货共同条件》提起仲裁。所以,我们建议中国企业在订立货物买卖合同时,最好订立一个约定明确的仲裁条款,或者明确排除《中苏交货共同条件》的适用。

## 五、优先考虑仲裁机构

在订立仲裁条款时,各方当事人需要就仲裁机构、适用法律、仲裁语言、仲裁规则、仲裁员等多个事项达成一致,方可达成一个有效的且可执行的仲裁条款。在无法就前述全部事项达成一致时,我们建议中国企业优先考虑仲裁机构,争取选择中国仲裁机构或者自己熟悉的仲裁机构,在法律适用和仲裁语言方面则可以向对方作出让步,以便达成一致,这样可以在后续可能的争议解决程序中取得更加有利的优势地位。

## 六、中国仲裁机构的选择

针对中俄贸易过程中的货物买卖合同,不论适用俄罗斯法律还是中国法律,当事人是可以自由选择任何一家仲裁机构的。我们建议中国企业优先考虑中国仲裁机构,包括中国国际经济贸易仲裁委员会、北京仲裁委员会、上海国际仲裁中心、深圳国际仲裁院等,都具有丰富的涉外仲裁经验,完全可以公平、公正地维护各方当事人的合法权益,公平合理地解决争议。